STEPHAN ORTH

COUCHSURFING
IN CHINA

STEPHAN ORTH

COUCHSURFING IN CHINA

Durch die Wohnzimmer der
neuen Supermacht

Mit 58 farbigen Fotos,
43 Schwarz-Weiß-Abbildungen
und einer Karte

MALIK

Mehr über unsere Autoren und Bücher:
www.malik.de

Zum Schutz der Personen wurde die Mehrzahl
der Namen im Text geändert.
Einige Gespräche wurden mithilfe einer Handy-Übersetzungssoftware
geführt; manche öffentlichen Schriftzeichen wurden zunächst fotografiert
und später von Muttersprachlern übersetzt.

Für Xiao Bai

ISBN 978-3-89029-490-2
2. Auflage 2019
© Piper Verlag GmbH, München 2019
Redaktion: Ulrike Ostermeyer, Berlin
Fotos: Stephan Orth; mit Ausnahme der Fotos im ersten Bildteil auf S. 1, 10
oben und unten, 16 oben und unten, im zweiten Bildteil auf S. 1, 2 oben
und unten, 3 oben und unten, 5 rechts unten, im Innenteil auf S. 124 sowie
in der hinteren Innenklappe unten Mitte und rechts: Stefen Chow.
Fotos im Innenteil auf S. 35 und in der hinteren Innenklappe,
Mitte: Stephan Orth/Pitu-App
Karte: Birgit Kohlhaas
Satz: Kösel Media GmbH, Krugzell
Litho: Lorenz & Zeller, Inning am Ammersee
Druck und Bindung: CPI books GmbH, Leck
Printed in the EU

Bei der Bezeichnung »Couchsurfing« handelt es sich um eine
eingetragene Marke der Couchsurfing International, Inc. Der Titel
dieses Buchs und der Verlag stehen in keiner Beziehung zur Marke.
Weiterhin besteht kein Lizenzverhältnis zum Markeninhaber.

Ein Großvater und sein Enkel betrachten von einem Hügel die Aussicht. Der Enkel sagt: Das Neonlicht ist sehr schön, weil dadurch die Stadt so bunt wirkt. Der Großvater darauf: Als das Neonlicht nicht existierte, konnten die Menschen die Sterne sehen, was viel schöner war.

Schreibe einen Text über dieses Thema!

Aufgabe für Schüler bei der gaokao-*Prüfung, die über die Uni-Zulassung entscheidet, in der Provinz Liaoning, 2014*

ANKUNFT IN DER ZUKUNFT

In einem fliegenden Auto rase ich durch ein Wolkenkratzer-Labyrinth aus Glas und Stahlbeton. Der Himmel ist schwarz, und die Fenster leuchten kalt, anstelle von Straßen zeigen Linien aus Neonlicht die Route an. Ich höre eine Hupe, was für ein seltsam altmodisches Geräusch, und reagiere mit einem blitzschnellen Ausweichmanöver nach oben. Gerade noch rechtzeitig, denn nur um Zentimeter entgehe ich der Kollision mit einem entgegenkommenden Fluggerät, das aussieht wie ein Zugwaggon. Auf LED-Verkehrsschildern stehen ein paar Daten: 21. Oktober 2052, 21.45 Uhr, 23 Grad Celsius, Regen.

Plötzlich überholt mich ein schwarzer Cabrio-Sportwagenflieger, der am Heck mit einem riesigen Totenschädel verziert ist. Der Fahrer hat einen menschlichen Kopf mit Augenklappe, aber den Körper eines Roboters. Er bremst direkt vor mir und schießt aus dem Arm einen Lichtstrahl ab, der meine Beifahrerin einhüllt und in sein Auto zieht. Sie hat rosafarbene Augen und Haare und ebenfalls die metallenen Glieder eines Roboterkörpers.

Er gibt Gas, ich folge ihm durch Häuserschluchten und über einen schwarzen See, in dem sich die cyanfarbenen Lichter der Zukunftsstadt spiegeln. Ein paar Polizei-Jets kommen mir zu Hilfe, schwirren rechts und links um mich herum und rammen dann das Fluggerät des Fieslings. Er stürzt ab, die Dame fällt heraus, mit einem blitzschnellen Flugmanöver und einem beherzten Handgriff kann ich sie retten. »Winner is human«, steht auf dem Bildschirm.

Ich nehme die Virtual-Reality-Brille ab, löse den Anschnallgurt und stehe auf. Auf dem Weg zum Ausgang muss ich durch einen Shop, der Plastikschwerter und Horoskoptassen anbietet, Drohnen und Roboter, selbst elektrische Marienkäfer sind dabei und ein »first robot for baby«. Ich kaufe nichts.

Zurück an die frische Luft. »Chinas erster Big-Data-Demonstrations-Park« steht auf einem Poster an der Wand des dunkelgrauen Gebäudes, »Oriental Science Fiction Valley« auf einem anderen. Beide Bezeichnungen für die 134 Hektar große Anlage in Guiyang sind ein bisschen irreführend. Denn was hier »orientalisch« sein soll, erschließt sich nicht, und »Big Data« bezieht sich nicht auf die massenhafte Verarbeitung statistischer Daten, sondern auf die riesigen Rechnerkapazitäten, die zur Erschaffung der digitalen 3-D-Welten nötig waren. Kann trotzdem nicht schaden, wenn ein wichtiges Schlagwort der Zukunft in den Köpfen der Besucher mit einem positiven Erlebnis verbunden wird.

Fröhliche junge Familien spazieren über das Areal, die Kinder rennen voraus zu weiteren dunkelgrauen Gebäuden, in denen sich Attraktionen wie »Alien Battlefield«, »Sky Crisis« und »Interstellar Lost« verbergen.

Der neu eröffnete Park sei völlig überlaufen, man müsse oft stundenlang anstehen, hieß es in Online-Bewertungen. Heute spüre ich davon nichts, aber vielleicht ist es noch zu früh am Tag. Die Mitarbeiter tragen hellblaue Uniformen mit silbernen Streifen, eine Mischung aus Star-Trek-Outfit und Trainingsanzug. Auf dem Revers ist der Kopf eines Roboters abgebildet, umgeben von acht Strahlen, wie die Darstellung eines Heiligen. Wenn sie auf Besucher treffen, heben die jungen Männer und Frauen die rechte Hand zum Spock-Gruß.

In der Mitte des Parks ragt eine 53 Meter hohe Skulptur in die Höhe, die an eine übergroße »Transformers«-Actionfigur erinnert. Riesige Füße, auffallend kleiner Kopf. Das Gesicht ist das gleiche wie auf den Uniformen, die Körpersprache lässt an einen Anführer denken, der eine Armee vorwärtstreibt. Eine Armee aus Dutzenden kleineren Statuen von Cyborgwesen, die am Rand des sauber geteerten Rundwegs stehen. Stumme Beobachter mit Waf-

fen in der Hand, die aber zugleich nicht ganz unfreundlich wirken. Ich bin hergekommen, um zu erfahren, wie sich China die Zukunft vorstellt, und ich finde mächtige Maschinengötter und auf Homogenität getrimmte Menschen.

Ein Clown knotet aus Luftballonschlangen niedliche Tiere für Kinder. Er passt nicht so recht in die Science-Fiction-Landschaft, aber vielleicht haben die Parkmanager ihn engagiert, weil sie gemerkt haben, dass all die grauen Gebäude und Roboter doch ein bisschen trostlos wirken. Gäbe es einen Preis für den deprimierendsten Vergnügungspark der Welt, hätte dieser gute Chancen.

Leichte Unterhaltung verspricht immerhin das Fahrgeschäft »Fly over Guizhou«, eine virtuelle 3-D-Reise zu den Top-Ten-Orten der Guizhou-Provinz: Huangguoshu-Wasserfall, Drachenpalasthöhle, Hongfeng-See. Ein paar Dutzend Metallgeländerserpentinen führen zu einem Zugwaggon mit acht Sitzplätzen.

Ich bin der einzige Passagier. Alleinsein in China, das ist mal ein exklusives Erlebnis. Das Gefährt rumpelt los, doch irgendwas stimmt nicht. In meiner Digitalbrille ist nur eine Art Innenhof zu sehen, die Mauern um mich herum sind hellgrau und dunkelgrau wie die der Gebäude draußen, aber nach allen Seiten hin abgeschlossen, ohne Ausweg. Eine Frauenstimme wiederholt immer wieder den gleichen Satz auf Chinesisch, ich verstehe kein Wort. Ich kann mich umsehen, einmal um 360 Grad, aber sonst kann ich nichts machen, nichts selbst entscheiden, keine Initiative ergreifen.

Ich nehme die Datenbrille ab. Die Gleise verlaufen in einer langen Kurve auf Pfeilern durch eine dunkle leere Halle, an der Wand hängen die Rohre eines Belüftungssystems. Links und rechts geht es zwei Meter nach unten, zehn Meter vor mir scheint eine Art Tür zu sein. Der Waggon bewegt sich nicht.

Datenbrille auf, zurück in den digitalen Raum. Nichts hat sich dort geändert. Die Wände bleiben verschlossen, die Stimme sagt ihren Satz. Eben hieß es noch »Winner is human«. Jetzt bin ich in einem digitalen Niemandsland, gefangen in einem Fehler der virtuellen Realität.

HAMBURG

Einwohner: 1,7 Millionen

DER CHINESISCHE TRAUM

Drei Monate vorher

Jede Reise beginnt mit einer Idee. In diesem Fall mit Yangs Idee, mein Gesicht auf eine Wurstpackung zu drucken. »Du wirkst vertrauenswürdig. Mit deinem Foto würde sich eine chinesische Wurst gleich doppelt so gut verkaufen«, sagt sie.

Ich stelle mir ein solches Produkt im Supermarktregal vor. So ganz entspricht das nicht meinen beruflichen Ambitionen, zum Glück hat sie noch ein paar andere Vorschläge.

»Du könntest Filmstar werden. Für Nebenrollen brauchen die immer Ausländer. Oder in eine Datingshow gehen. Jede Frau wird dich wollen. Du könntest als falscher CEO jobben. Zieh einen Anzug an und gib dich auf Messen als deutscher Manager aus. Chinesische Firmen bezahlen dich dafür, weil sie ein internationales Image wollen.«

Yang kauert auf einem Klappstuhl in meiner Altbau-Küche in Hamburg-Eimsbüttel, trinkt grünen Tee und schildert mir ihre Heimat als ein Land der unbegrenzten Möglichkeiten. Zumindest für Langnasen wie mich. »Englisch- oder Deutschlehrer. Das klappt immer. Die nehmen jeden und zahlen dir dreimal so viel wie den Einheimischen. Du könntest auch Werbung für Hautweißercreme machen. Oder als Prospektverteiler arbeiten in einem Kostüm, für das man groß sein muss. Als Drache oder Bär.«

Meine chinesische Besucherin redet schnell und fast ohne Atempause, als wäre jede Zehntelsekunde Stille Zeitverschwendung. Nur manchmal verrät ein winziges Zucken um die Mundwinkel, dass sich eine gute Prise Humor in ihrem Wort-Stakkato verbirgt.

»Du könntest Wahrsager werden, mit Millionen Online-Followern. Lass dir einen Bart wachsen, und man nimmt dir das ab. Oder Miet-Verlobter fürs Neujahrsfest. Um Eltern zu beruhigen, die wollen, dass die Tochter endlich heiratet. Du wirkst gesund, du könntest eine Niere verkaufen, in Südchina gibt es dafür einen riesigen Markt. Aber pass auf, dass sie dir nicht einfach so geklaut wird, dann hast du nichts davon. Was immer geht für Deutsche: eine Bar eröffnen, eine Bäckerei oder eine Metzgerei. Es ist so unfair. Mich fragen sie in Europa nur, ob ich massieren kann. Aber wenn du nach China gehst, kannst du alles werden, was du dir erträumst. Bald bist du reich und berühmt.«

Yang hat mich bei *couchsurfing.com* gefunden und nach einer Übernachtungsmöglichkeit gefragt, jetzt wohnt sie für ein Wochenende auf meiner Couch. Während ich ihrem Monolog zuhöre, fällt in meinem Kopf die Entscheidung über mein nächstes Reiseziel. Yang selbst war schon einige Monate nicht mehr dort. Für ihr Masterstudium in Biologie ist sie aus Südchina nach Berlin gezogen.

»Seit ich in Deutschland bin, habe ich das Gefühl, jeden Tag ein bisschen weiter abgehängt zu werden«, sagt sie. »Ich werde faul.«

»Wie meinst du das?«

»In China geht alles schneller voran. Die Leute haben Ziele und beginnen jeden neuen Tag mit großem Elan. In Deutschland wacht man auf und überlegt als Erstes: ›Wann ist endlich Wochenende?‹«

Es ist Samstagnachmittag, und sie plaudert stundenlang mit mir. Hat das träge Europa schon so stark abgefärbt, dass sie zu derartigem Müßiggang fähig ist? Gleichzeitig wirkt sie alles andere als träge, verrät alles an ihr eine gewisse Eile. Ihr zackiger Gang, ihre bunten Joggingschuhe, selbst der Polohemd-Kragen, der sich an einer Seite über, an der anderen Seite unter dem Halsbund ihres blauen Pullis befindet.

»Vielleicht wollen Chinesen einfach jeden Tag so leben, als wäre es ihr letzter«, sagt Yang. »Hart arbeiten, weil es morgen schon vorbei sein kann.«

»Wenn ich heute wüsste, morgen ist mein letzter Tag, würde ich 1000 Dinge tun, aber ganz bestimmt nicht schuften.«

»In China nennen wir so eine Einstellung: Die Jugend verschwenden, die produktiven Jahre des Lebens verprassen. Wenn du produktiv bist, trägst du etwas zum Allgemeinwohl bei, verdienst Geld oder tust wenigstens etwas für dich. Du sitzt nicht herum und verschwendest Sauerstoff.«

»Ich finde Sauerstoff verschwenden manchmal ganz okay.«

»Du lazy *laowai*!«, sagt sie und lacht. *Laowai* heißt »alter Fremder«, eine andere mögliche Übersetzung lautet aber auch: »Für immer ein Fremder«. Ein klarer Hinweis darauf, dass ihr Land es dem Besucher nicht ganz leicht macht.

Dreimal bin ich schon in China gewesen. 2008, 2014 und 2017. Jedes Mal kam mir das Land wie ein anderes vor, so schnell verändert es sich. Neue Hochhausviertel, neue Erfolgsfirmen, neue Technologien, neue Benimmregeln. Mehr Bahngleise, mehr Flughäfen, mehr Hightech, mehr Verbote, mehr Menschen, und in meinem Kopf mit jedem Mal mehr Wissen, aber auch mehr Fragen. Wenn ich diesen Wandel schon so intensiv erlebe, wie muss er sich erst für Chinesen anfühlen? Wie wirken sich Veränderungen im Eiltempo auf die Menschen und ihren Alltag aus? Und was kommt auf uns zu, wenn China in Zukunft das Weltgeschehen immer mehr prägt?

Nicht nur wegen der von Yang geschilderten Verheißungen will ich nun noch einmal hin. Ich möchte versuchen zu begreifen, wie Chinesen die Welt sehen. Ich will mit ihnen über Träume und Ängste sprechen, das Leben und die Liebe und darüber, wohin dieses Riesenland steuert.

»China muss die Welt besser verstehen, und die Welt muss China besser verstehen«, sagte Präsident Xi Jinping kürzlich. Das stimmt, kaum ein anderes Land mit einem vergleichbaren weltpolitischen Einfluss ist uns Europäern trotz Tourismus und Globalisierung so fremd geblieben.

Und gerade jetzt ist eine Reise ins Reich der Mitte besonders interessant, weil sich eine epochale Veränderung vollzieht: Nach Jahren eines unfassbaren Wirtschaftsbooms, in dem clevere Nachahmung eine zentrale Rolle spielte, entsteht zurzeit etwas Eigenes, Neues. Präsident Xi will unter dem Motto »Made in China 2025« die digitale Zukunft gestalten, setzt auf künstliche Intelligenz, Hightech und eine Art Überwachungsstaat, wie es ihn vorher noch nicht gegeben hat. Zugleich kauft China sich weltweit in Unternehmen ein, entwickelt mit der »One Belt, One Road«-Initiative neue Handelsrouten, macht ganze Staaten mit Krediten von sich abhängig. Weltweit verlieren westliche Handelspartner an Boden, seit China sich einen Großauftrag nach dem anderen sichert. Weil das Land außenpolitisch relativ leise auftritt, fällt kaum auf, wie groß der wirtschaftliche Einfluss bereits ist. Während sich der nördliche Nachbar Russland geopolitisch als Scheinriese aufführt, verhält China sich wie ein Scheinzwerg. »Verstecke deine Stärke und sei geduldig«, die Losung des früheren Parteiführers Deng Xiaoping, erwies sich als geniale Strategie. Während sich der Gegenspieler USA mit der Parole »America first« gerade aus der außenpolitischen Verantwortung zieht und Bündnisse aller Art aufkündigt, steht China bereit, die Weltwirtschaft nach eigenen Regeln neu zu gestalten. Gewissheiten, die jahrzehntelang gültig schienen, geraten ins Wanken: Durch den ökonomischen Erfolg dieser neuen Weltmacht ist ein ernst zu nehmendes ideologisches Gegenmodell zur Demokratie entstanden, gegen dessen irrwitzige Dynamik das komplexe Gebilde Europa zurzeit träge, zerstritten und ratlos daherkommt.

Yang hat also recht, und Xi Jinping auch. In China geht alles schneller voran, und wir müssen mehr übereinander wissen. Als das Wochenende vorbei ist und Yang meine Couch wieder verlassen hat, lade ich mir einen Visumsantrag herunter.

KEIN BUCH ÜBER CHINA

Wer individuell durch China reisen will, muss ein bisschen tricksen. Denn China will nicht, dass Ausländer jenseits der speziell für sie gedachten Hotels unterwegs sind. China will nicht, dass sie privat übernachten, ohne sich bei der lokalen Polizei zu registrieren. China will nicht, dass sie Rückständigkeit oder Armut erleben, wenn das öffentliche Bild stets den Fortschritt betont. China will Claqueure statt Fragensteller, Propaganda statt Realismus, Honig ums Maul statt Haar in der Suppe.

Und China will Touristen, die die Sehenswürdigkeiten abklappern. Doch wer nur reist, um die Top-Attraktionen abzuhaken, ist für mich wie jemand, der Bill Gates, Banksy und Angela Merkel auf einer Pyjama-Party kennenlernt und nachher nur berichtet, wie hübsch der Kronleuchter in der Diele war. Chinas großartige Sehenswürdigkeiten sollen für mich bei dieser Reise nur am Rande eine Rolle spielen. Ich will hinter die Kulissen der neuen Supermacht schauen. Ich will in die Wohnzimmer.

An einem trüben Februarmorgen fahre ich mit dem Rad zur Elbchaussee, einer Prachtstraße mit Villen von Reedereibossen, klassizistischen Landhäusern und Sternerestaurants. Hier residiert auch der chinesische Konsul, und er hat mich zu einem persönlichen Gespräch gebeten. Ist das nun eine Ehre oder eher eine Drohung?

Konsul, das klingt nach einem Raum mit holzvertäfelten Wänden, schweren Ledersesseln und altem Whisky. Doch weit gefehlt. Der öffentliche Bereich des chinesischen Generalkonsulats ist im Vergleich zu den Nachbarhäusern pures Understatement, eher Dorfpostamt als Vorzeigepalast. Plastikstühle, ein Ständer mit chinesischen Zeitungen, Wartende mit Formularstapeln in Klarsichtfolie, es riecht nach Kopiergerät, Jasmintee und Fußbodenreiniger.

Der Wachmann führt mich zu einem Schalter im nächsten Raum. Eine Angestellte, die hinter einer Wand aus Sicherheitsglas sitzt, fordert mich durch eine zu tief platzierte Sprechöffnung auf, meine Hände auf einen Quader mit einer durchsichtigen Kunststoffplatte zu legen. Vier Finger rechte Hand, vier Finger linke Hand, dann beide Daumen. Grünes Licht signalisiert, dass die Abdrücke registriert worden sind.

Dann begrüßt mich ein Mitarbeiter, ein ernst blickender Mann in gestreiftem Hemd und mit runden Brillengläsern. An einem winzigen Ecktisch nehmen wir Platz, nachdem er zwei Chinesinnen verscheucht hat, die nun im Stehen warten müssen, dafür aber alles mithören können.

Schweigend überfliegt er den Ausdruck meines Visumsantrags. Ohne Zeit mit Small Talk zu verschwenden, beginnt er mit der Prüfung.

»Die Einladende, Frau Wang aus Shanghai, ist Ihre Freundin?«

»Ja, eine Freundin.«

»Normale Freundin oder ...?« Ein vielsagender Blick von Mann zu Mann.

»Normale Freundin«, antworte ich.

»Sie schreiben Reisebücher, über Russland und Iran. Sie sind richtig berühmt«, sagt er. Gut informiert, der Mann, dass ich Autor bin, stand nicht in meinem Antrag.

»Ach nein, nicht sehr berühmt«, antworte ich.

»Wollen Sie auch ein Buch über China schreiben?«

»Nein«, antworte ich.

Würde ich etwas anderes sagen, könnte er verlangen, dass ich ein Journalistenvisum beantrage. Dafür ist eine Extra-Behörde zuständig, die nicht den Ruf hat, besonders entgegenkommend zu sein. Ich müsste für die gesamten drei Reisemonate jedes geplante Thema und jeden Gesprächspartner im Voraus angeben.

Das kann ich nicht, weil ich noch gar nicht weiß, wen ich treffen werde.

»Wollen Sie viel durch das Land reisen?«

»Nur in zwei Städte, nach Shanghai und Chengdu«, behaupte ich.

Ich will einmal quer durchs Land, durch elf oder zwölf Provinzen, von der Hightech-Metropole Shenzhen bis zur Hauptstadt Peking, von der Liaoning-Provinz an der Grenze zu Nordkorea bis in die Yunnan-Provinz an der Grenze zu Myanmar.

»Nach Chengdu? Zusammen mit Frau Wang?«

»Nein, allein. Ich möchte dort viel Hotpot essen.«

»Können Sie scharf essen?«

»Ja. Aber so scharf wie in Sichuan nicht jeden Tag.«

Keine Andeutung eines Lächelns. Das Thema Essen zieht normalerweise immer bei Chinesen, nur dieser Mann ist offenbar immun.

Die beiden vorhin verjagten Chinesinnen stehen nun an einem der Schalter und reden aufgeregt auf die Glaswand ein, anscheinend stimmt etwas mit ihren Visumspapieren nicht. Konsulate sind die Zugbrücken der Neuzeit. Hier werden Festungen verteidigt, Menschen in »erwünscht« und »nicht erwünscht« eingeteilt. Im Spezialfall China ist ein Konsulat zudem ein Ort maximaler Individualität. Weil hier, und nur hier, suggeriert wird, in einem 1,4-Milliarden-Staat könne einer mehr oder weniger tatsächlich einen Unterschied machen.

Weiter mit der Befragung.

»Sie waren 2014 auch in China – wo genau?«

»Shanghai, Peking, Xi'an, Xinjiang-Provinz – einmal mit dem Zug quer durchs Land, von Ost nach West.«

»Wo waren Sie in Xinjiang?«

»In der Hauptstadt Ürümqi.«

»Aha. Auch in Kashgar?«

»Ja, auch in Kashgar.«

»Planen Sie diesmal wieder eine Reise nach Xinjiang?«

Xinjiang ist die Krisen-Provinz im Nordwesten, in der die Regierung Umerziehungslager für Muslime unterhält und ein

Überwachungssystem errichtet hat, das weltweit seinesgleichen sucht. Hier zeigt sich China von seiner grausamsten Seite.
Selbstverständlich will ich nach Xinjiang.
»Nein«, sage ich. »Nur Shanghai und Chengdu. Ich will auf dieser Reise vor allem meine Sprachkenntnisse verbessern.«
»Die Visumsstelle meldet sich bei Ihnen.«
Den Konsul habe ich an diesem Tag nicht kennengelernt.

Mein Wunsch, China besser verstehen zu wollen, widerspricht eigentlich nicht dem »Xi-Jinping-Denken über den Sozialismus mit chinesischen Kennzeichen für eine neue Ära«, wie die gesammelte Weisheit des Staatschefs offiziell in der Verfassung des Landes heißt. Und trotzdem musste ich im Konsulat dieses Theaterstück aufführen.

Die angehende Weltmacht Nummer eins macht sich Sorgen wegen eines einzelnen Reisenden, der keinen Zugang zu Geheimdokumenten sucht, keine Revolution anzetteln will, keinen Giftmord plant, sondern nur ein bisschen durchs Land fahren und davon berichten möchte.

Falls es klappt mit dem Visum, rechne ich damit, dass es eine Abschiedsreise wird, denn nach der Veröffentlichung des Buches werde ich wohl keines mehr bekommen. Weil ich mehr verstehen möchte, als dieses Land preisgeben will. Wie unterschiedlich man das Wort »verstehen« doch interpretieren kann.

Ich logge mich beim Reiseportal *couchsurfing.com* ein, um nach Gastgebern zu suchen. Weltweit bieten hier Millionen Mitglieder kostenlose Unterkünfte an, mehr als 100 000 sind in China registriert. Yang ist erstaunt über die hohe Zahl.

»Die meisten Chinesen sind misstrauisch«, sagt sie, als wir uns noch einmal treffen. »Sie vertrauen ihren Freunden, aber nicht jemandem, den sie gerade erst getroffen haben. Ich fürchte, diese Reise wird eine traumatische Erfahrung für dich.«

»Letztes Mal hast du noch gesagt, ich könnte dort alles erreichen.«

»Das eine schließt das andere ja nicht aus. Aber um Erfolg zu haben, solltest du erst mal *gaofushuai* werden.«

»Was?«

»*Gao fu shuai*. Groß, reich, gut aussehend. Eine chinesische Bezeichnung für den perfekten Mann.«

Yang mustert erst die kleine Küche meiner Zweier-WG, dann mustert sie mich von oben bis unten.

»Groß bist du ja schon«, sagt sie dann.

Nun, vielleicht lassen sich die fehlenden Eigenschaften noch korrigieren. Fürs *fu* beschließe ich, meine Reise im Casino-Paradies Macau zu beginnen. Fürs *shuai* lade ich zwei chinesische Apps herunter, die Selbstoptimierung versprechen und Pitu und My-Idol heißen. Außerdem reserviere ich mir einen Platz in einem Chinesisch-Intensivkurs, hole meine Atemschutzmaske aus dem Schrank, kaufe 15 Packungen Lübecker Marzipan für meine Gastgeber und ein VPN-Programm für mein Handy, das mir ermöglicht, von überall auf blockierte Webseiten zuzugreifen.

Und irgendwann im März kommt der erlösende Anruf aus dem chinesischen Generalkonsulat an der piekfeinen Elbchaussee: Mein Reisepass mit dem Visum liegt zur Abholung bereit.

An: Yang Berlin

Hurra! Es hat geklappt! Kann losgehen.

Von: Yang Berlin

Denk dran, mit beiden Nieren zurückzukommen haha

澳門
MACAU

Einwohner: 651000
Sonderverwaltungszone

MILLIONÄRE IM JOGGINGANZUG

Vier Wochen später lande ich auf dem Flughafen Macau, einem mit sechs Gates eher kleinen Vertreter seiner Zunft. Aus Platzmangel befindet sich die Rollbahn auf einer 3600 Meter langen künstlichen Insel im Südchinesischen Meer, ein bisschen fühlt es sich so an, als würde man auf einem Flugzeugträger landen. Im Vergleich zu den anderen Passagieren komme ich mir ziemlich groß, blond und blauäugig vor. Und nicht besonders *fu*, denn viele tragen Uhren oder Handtaschen, die ein Vielfaches von meinem Flugticket kosten.

Alles strömt zu den bunt bedruckten Gratis-Shuttlebussen, auf denen »Wynn Palace«, »Venetian« oder »Grand Lisboa« steht. Das Glück sollte man nicht warten lassen, warum erst ins Hotel, wenn einen der öffentliche Nahverkehr direkt an den Spieltisch bringt? Wobei die meisten Casinos sowieso über integrierte Riesenhotels mit allem Schnickschnack verfügen. Konsequente Zocker müssen also gar nicht mehr raus in die jetzt neblig-trübe, frühlingswarme Realwelt.

Ich hatte acht potenzielle Gastgeber angeschrieben, von denen sieben laut Online-Profil beruflich mit Casinos zu tun haben. Ich hoffte, von ihnen Tipps zu bekommen, wie ich schnell und unkompliziert steinreich werde. Die achte war May, sie kann Casinos nicht ausstehen, und nur sie lud mich ein. Auch die Gastgebersuche ist ein Glücksspiel.

Aus ihrem Profil weiß ich, dass sie 25 Länder bereist hat, in der Personalabteilung einer Fluggesellschaft arbeitet und den Filmemacher Wong Kar-Wai verehrt. Ihr Lebensmotto hat mir gefallen: »Sei wie ein Kind, aber nicht kindisch.«

Ich habe noch ein paar Stunden Zeit, bis ich sie treffen kann, also nehme ich den Bus ins Grand Lisboa. Die Casinos scheinen mir ein guter Ausgangspunkt auf dem langen Weg zum Chinaversteher zu sein: Geld und Aberglauben haben hier einen hohen Stellenwert, am Spieltisch müssten die Leute also ganz in ihrem Element sein. In Festlandchina ist Glücksspiel verboten, deshalb ist der Andrang enorm.

In Macaus Spielhallen verdichtet sich auf engstem Raum die rasante Entwicklung Chinas der letzten 30 Jahre. Die Chance jedes Einzelnen auf einen plötzlichen Aufstieg bei gleichzeitiger Umdeutung der kommunistischen Ideale. Irrwitzige Erfolgsaussichten, aber auch beträchtliche Risiken. Und das Ziel, die weltweite Führungsrolle zu übernehmen: Der Umsatz der Casinos in Macau liegt knapp fünfmal so hoch wie der in Las Vegas. Chinas Sonderverwaltungszone ist so groß wie Norderney, verfügt aber pro Kopf über das dritthöchste Bruttoinlandsprodukt der Welt.

Direkt neben dem Flughafen passiert der Bus die Baustelle einer Metro-Linie mit fahrerlosen Triebzügen, die in ein paar Monaten eingeweiht werden soll. Und ein nagelneues Fährterminal mit 19 Anlegern und 127 Passkontroll-Schaltern. Allein hier hofft man auf 30 Millionen Besucher pro Jahr. Ein weiterer Passagierhafen befindet sich ein paar Kilometer nördlich.

Die Stadtplaner wollen Touristen, die so sind wie die Mah-Jongg-Steine an einem dieser modernen vollautomatischen Tische: Es rumpelt und rattert ein bisschen, dann öffnet sich eine Luke, und sie stehen in einer Reihe parat, damit das Spiel ohne Verzögerung beginnen kann.

Bald kann ich über ölig schimmerndem Wasser die beleuchtete Skyline der Macau-Halbinsel ausmachen. Deutlich sticht das neue Grand-Lisboa-Casino zwischen den anderen Wolkenkratzern hervor, ein Gebäude, das es fertigbringt, trotz Blütenform und Goldbeleuchtung so bedrohlich zu wirken wie ein riesiger Rachegott aus Beton und Glas.

Der Bus hält an. Durch eine Schiebetür betrete ich eine parfümierte Eingangshalle, an der Rezeption gebe ich meinen Rucksack ab. Auf flauschigen roten Teppichen steht ein Spieltisch neben dem anderen, hauptsächlich Baccara und das chinesische Würfelspiel Sic Bo. Dazu kommen endlose Reihen von Slotmaschinen, die »Dancing Lion« heißen und »Mighty Dragon«, »Golden Goddess« und »Lucky Empress«. Halbkugelförmige Überwachungskameras hängen an goldenen Galgen, in messingfarbenen Geldautomaten und Mülleimern spiegeln sich ihre Benutzer, alles schimmert und blinkt, verheißt und verspricht. Einen Dresscode gibt es nicht, weshalb ungehemmtes Leute-beobachten gleich hinter Unfassbar-reich-Werden der zweitbeste Zeitvertreib im Grand Lisboa ist.

Ohne Anspruch auf empirische Genauigkeit stelle ich fest: Anzugträger haben die schlechtesten Manieren, Männer im Trainingsanzug kompensieren durch besonders hohe Einsätze, und ein NBA-Basketball-Muscleshirt zur Breitling-Armbanduhr ist genauso in Ordnung wie die Hello-Kitty-Handtasche als Zwischenlager für Jetons im Wert einer Dreizimmerwohnung. Ich beobachte einen jungen Mann im Kapuzenpulli, keine 25 Jahre alt, häufig gähnend, der 15 000 Hongkong-Dollar pro Spiel setzt, etwa 1500 Euro (aus irgendeinem Grund werden hier Hongkong-Dollar verwendet und keine Macau-Pataca). Schwungvoll knallt er abwechselnd seine Jetons und die spielentscheidende Karte auf den Tischbezug.

Nach drei erfolglosen Baccara-Runden in Folge hat er keine Chips mehr vor sich liegen, nur noch die Kreditkarte, und mit der erhebt er sich nun langsam und schlendert zu den Umtauschschaltern. Ich schlendere zum Ausgang, um ein Taxi zum verabredeten Treffpunkt zu nehmen.

Am Südende der Ponte da Amizade, der Freundschaftsbrücke, steige ich aus. Die Straßen tragen noch immer portugiesische

Namen, obwohl die meisten Menschen Kantonesisch sprechen. 440 Jahre lang war der Stadtstaat eine Kolonie Portugals, erst seit 1999 gehört er wieder zu China.

Eine junge Frau in einem schwarzen Trägerkleid mit Blumen-Applikationen und strenger weißer Bluse kommt auf mich zu und winkt. Ich werde nie verstehen, warum sich Menschen, die weniger als einen Meter voneinander entfernt stehen, mit einem Winken begrüßen. Aber da denke ich wohl sehr europäisch, in Asien gibt man sich nicht so gern die Hand.

»Hallo May, schön dich kennenzulernen!«, sage ich und winke mit leichter Verzögerung zurück.

»Ebenso! Ich hoffe, du kommst nicht nur zum Spielen«, sagt sie.

»Was hast du gegen die Casinos?«, frage ich.

»Die machen die Stadt kaputt. Viele Einheimische gehen gar nicht erst zur Uni, weil die Jobs als Croupier lukrativer sind. Und die ganzen Neubauten sind nicht gut für die Tierwelt. Im Winter kommen seltene Vögel aus Sibirien hierher. Wegen der Lichtverschmutzung werden es jedes Jahr weniger.«

Wir gehen an einem Wachposten vorbei und gelangen in ihre Wohnsiedlung, die aus zwölf fast identisch aussehenden Hochhäusern, einem Außenpool und einem Kunstrasen-Tennisplatz besteht. Zwischen griechischen Säulen erreichen wir einen Eingang mit poliertem Marmorboden, neben den Aufzügen hängt ein goldgerahmtes Ölgemälde, das eine Cellistin zeigt und ein wenig schief hängt.

Die Wohnung im achten Stock wirkt ähnlich feudal, mit teurem Parkettboden, Ledersofas und einem Riesenfernseher. Auf dem Balkon hängt eine Haushälterin Wäsche auf. May lebt hier mit ihrem Bruder, den ich aber nicht zu Gesicht bekomme. In einer Ecke steht eine Vitrine voller Pokale und Plaketten, Auszeichnungen für besondere Leistungen in der Schule.

»Alles deine?«, frage ich.

»Etwa die Hälfte«, sagt sie, aber ihr Lächeln, halb bescheiden, halb stolz, deutet an, dass sie untertreibt.

»Ich war ein ›Goodie Goodie‹.«

»Ein was?«

»›Goodie Goodie‹. Eine Schülerin, wie Lehrer sie lieben, ich hatte immer die besten Noten.«

Oft reibt sie sich beim Sprechen am Kinn oder nickt andächtig, was sehr gebildet wirkt. Sie ist 28 und spricht ein perfektes amerikanisches Englisch, ein paar Jahre lang hat sie in Portland, Oregon, Linguistik studiert.

Durch die riesige Küche führt sie mich in ein kleines Zimmer, das für die nächsten zwei Tage meines sein wird. Darin stehen ein Bett und ein paar Regale mit Wasserkochern, Bügeleisen und Putzzeug.

Wir nehmen ein Taxi in die Altstadt von Taipa, die nur ein paar Gehminuten vom größten Casinoviertel entfernt liegt. Taipa ist eine von ursprünglich drei separaten Inseln Macaus, die inzwischen durch Landgewinnung und Brücken verbunden wurden. Mangels hoher Gebäude trägt sie nichts Sichtbares zur Skyline bei. Dafür gibt es urige enge Gassen mit Kneipen und Shops, die Mandelplätzchen, Kräutertee und Zigaretten mit absurden Markennamen anbieten.

Wir erreichen einen herrlichen Park, in dem zwischen Feigenbäumen Frösche quaken und Zikaden zirpen. »Das ist Macau. Ein Mix aus alt und neu, natürlich und künstlich, Schönheit und Irrsinn«, sagt May. Sie deutet auf die blinkenden Spieler-Hotels. »Vor ein paar Jahrzehnten war das alles noch Meer.« Wo einst Austernfischer die Einzigen waren, die täglich ihr Glück auf die Probe stellten, wurden für die Casinos mehrere Quadratkilometer Land künstlich aufgeschüttet.

Über dem Park wacht eine goldene Statue des portugiesischen Dichters und Abenteuerreisenden Luís Vaz de Camões, der im 16. Jahrhundert eine Zeit lang als Offizier in Macau lebte. Ob er ein Spieler gewesen sei, frage ich halb im Scherz. »Er reiste damals mit Schiffen zwischen Europa und Asien – das ist so ähnlich wie spielen, aber eher russisch Roulette«, antwortet sie.

Der golden angestrahlte Camões hält das Haupt gesenkt, als könne er den Anblick der Casinos nicht ertragen, und eine Hand ist mit abgespreizten Fingern vorgestreckt, wie zu einem ewigen stummen Vorwurf. Was habt ihr bloß aus meiner Stadt gemacht.

»Die berühmte portugiesische *saudade*, eine Art von Melancholie und Weltschmerz, klingt in vielen seiner Werke durch«, sagt May. Ich frage, wonach sie sich sehnt, wenn sie auf ihre Stadt blickt. »Ich würde gerne in Europa leben. Weil es dort so viele gute Museen gibt«, sagt sie.

Am nächsten Tag, nachdem May zur Arbeit gegangen ist, fahre ich zum größten Casino der Welt. Das Venetian Macau ist eine doppelt so große Nachbildung des Venetian Las Vegas, dessen Architektur wiederum der italienischen Stadt Venedig nachempfunden wurde, und damit ist schon vieles über die globale Verschiebung von wirtschaftlichen Vormachtansprüchen gesagt.

Die Anlage ist auf Sand gebaut, drei Millionen Kubikmeter wurden eigens aufgeschüttet. Neben dem eigentlichen Hotelgebäude, dessen Grundriss die Form eines Bumerangs hat, steht eine karminrote Kopie des Markusturms. Wer von dort die Rialto-Brücke überquert, erreicht in fünf Minuten zu Fuß den Eiffelturm. Vor mir umrahmt eine perfekte Nachbildung des Dogenpalastes den Haupteingang, aus Lautsprechern an Laternenmasten erklingen Vivaldis »Vier Jahreszeiten«. Zwischen gotischen Säulen (rechts und links), poliertem Marmor (unten) und farbenfroh leuchtenden Deckengemälden, die Helden und Göttinnen und Pferde zeigen (oben), arbeite ich mich bis zum North Restaurant in der Nähe des Casinozugangs vor.

Rote Laternen am Fenster, rotes Porzellan auf dem Tisch und rote Seidenwesten an den Kellnerinnen machen gleich mal klar, was hier Glücksfarbe ist. Abergläubische Chinesen tragen beim Spielen rote Unterwäsche und kennen auch sonst ein paar Tricks, die angeblich die Chancen verbessern: im Hotelzimmer alle Lichter brennen lassen, nie durch den Haupteingang ins Casino gehen und hoffen, auf dem Hinweg weder Mönch noch Nonne zu begegnen. Auch gelten neu eröffnete Spielpaläste als weniger Erfolg versprechend als solche, die schon ein paar Jahre bestehen.

Bei so viel Rot im Restaurant kann kein Zweifel an meinem unmittelbar bevorstehenden Reichtum aufkommen, entsprechend schlägt die Kellnerin gleich eine Seite der Getränkekarte auf, die hauptsächlich Spirituosen aus dem vorigen Jahrhundert enthält. Der 50-jährige Kweichow Moutai mit 53 Prozent Alkohol kostet 8000 Euro. Ich entscheide, dass dies ein guter Moment ist, um mich an das landesübliche heiße Wasser zum Essen zu gewöhnen, denn das gibt es gratis. Dazu bestelle ich eine Portion Mapo Doufu, ein Gericht der scharfen Sichuan-Küche.

Die Kunden an den anderen Tischen arbeiten hoch konzentriert die bebilderten Speisekarten durch, eher wie Süchtige als wie Informationssuchende, maximal schnell blätternd, um beim Übergang von einer Seite zur nächsten so wenige Hundertstelsekunden wie möglich zu vergeuden. Kein Moment soll mit dem Nicht-Betrachten von Speisen verschwendet werden, das Gesicht ist ganz nah am laminierten Papier, als könne jedes Detail entscheidend sein. Wer sich ein bisschen mit den Hochgenüssen der chinesischen Küche auskennt, hat volles Verständnis dafür. Und mit »chinesischer Küche« meine ich nicht die Schweinefleisch-Süßsauer-Glutamat-Glückskeks-Höllen, die in Wattenscheid-Ost oder Unterhaching mit jeder servierten B1 oder M4 Rufmord am höchsten Kulturgut ihres Heimatlandes begehen, meist unter den Augen einer äußerlich stoisch ihrem Job nachgehenden, aber innerlich depressiven Winkekatze. Gucken Sie beim nächsten Mal ein bisschen genauer in das Winkekatzengesicht. Da braucht man wirklich keinen Master in Psychologie.

Aber zurück an den Ort, an dem es richtig gemacht wird. Mapo Doufu besteht hauptsächlich aus Schweinehack, Tofu und Sichuanpfeffer und geht bei gekonnter Würzung eine geradezu erotische Verbindung zum Essenden ein. Mit jedem Bissen kribbeln die Lippen ein bisschen stärker, bis knapp vor der Taubheit. Im Idealfall, also heute, ist die Schärfe dabei so dosiert, dass der

Konsument zwar gelegentlich die Nase hochziehen muss, aber noch nicht weint.

Das Kribbeln kommt auch nach dem Essen in gelegentlichen, jedoch graduell schwächer werdenden Schüben wieder. Ich überlege, in welcher Taktung ich Mapo Doufu essen müsste, um permanent dieses Kribbeln zu haben, aber das wäre dann doch ein ziemlich vitaminarmes Leben.

Ich zahle und gehe zu den Spieltischen. Die Regeln für Sic Bo habe ich im Internet gelernt, sie sind ganz simpel. Drei Würfel, und die Spieler wetten auf das Ergebnis. Sie können versuchen, die Gesamtsumme, einen Zweier- oder Dreierpasch oder einzelne Würfelergebnisse vorherzusagen. Je nach Wahrscheinlichkeit variiert der mögliche Gewinn. Die häufigste Wette jedoch geht auf *xiao* oder *da*, »klein« oder »groß«, also eine Summe von maximal zehn oder mindestens elf. Wer richtig liegt, bekommt eine Quote von zwei zu eins.

Für 1000 Macau-Pataca kaufe ich Jetons im Wert von 1000 Hongkong-Dollar. Dann stelle ich mich an einen der Tische, an dem sich schon mehrere Spieler befinden, und setze 300 Hongkong-Dollar auf *da*, »groß«.

Die Würfel klackern, der Croupier hebt die Goldhaube: fünf, fünf, sechs, also 16, gewonnen! Wäre ich schlau, würde ich jetzt aufhören, aber natürlich spiele ich weiter, wette die nächsten Runden 300 auf *xiao*, »klein«, und dann 300 auf ungerade und verliere beide Male.

Frustriert mache ich eine Pause, spiele aber in Gedanken weiter mit. Das Fiese am Glücksspiel ist diese Einfachheit, dieses Kopfkino. Die Zocker-Mentalität entsteht nicht beim Spielen, sondern beim Aussetzen. Ich bilde mir ein, Muster in den Ergebnissen zu erkennen, die Situation unter Kontrolle zu haben. In der Fantasie wette ich mit Riesenbeträgen und interpretiere jedes Ergebnis als Bestätigung meiner Expertise: Siehste, jetzt hätte ich viel Geld gewonnen; oder siehste, total clever, diesmal ausgesetzt zu haben. Das ist übrigens ein sehr westlicher Blick auf den Spieltisch. Laut Umfragen glauben wir eher daran, unser Schicksal selbst in der Hand zu haben, während Chinesen das Schicksal als äußeren Faktor betrachten, den sie nur indirekt mithilfe von Glücksbringern beeinflussen können.

Weiter geht's. 300 auf *xiao*, gewonnen, 300 auf *da*, wieder gewonnen. Habe ich Sic Bo durchschaut, wird diese Glückssträhne ewig weitergehen? Ich werde es nie erfahren, denn ich höre auf und lasse mir 1300 Hongkong-Dollar auszahlen. Mein Gewinn? Umgerechnet 33 Euro. Das reicht immerhin fürs Fährticket ans Festland.

排名排名排名排名排名排名排名排名排名排名排名

MILLIONENSTÄDTE, DIE (FAST) KEINER KENNT

Ort	Einwohnerzahl
1. Shenyang, Liaoning-Provinz	8,3 Millionen
2. Dongguan, Guangdong-Provinz	8,2 Millionen
3. Jinan, Shandong-Provinz	7 Millionen
4. Shantou, Guangdong-Provinz	5 Millionen
5. Zhengzhou, Henan-Provinz	4,3 Millionen
6. Changchun, Jilin-Provinz	3,5 Millionen
7. Taiyuan, Shanxi-Provinz	3,4 Millionen
8. Changzhou, Jiangsu-Provinz	3,3 Millionen
9. Tangshan, Hebei-Provinz	3,2 Millionen
10. Guiyang, Guizhou-Provinz	3 Millionen

Dann schaue ich mir noch Venedig an. Venedig liegt nur eine Rolltreppe weiter oben und besteht aus langen Gängen mit gotischen Fassaden, hinter denen sich Mode- und Handtaschenshops befinden. Sogar der Canal Grande wurde nachgebaut, inklusive Gondolieri auf swimmingpoolfarbenem Wasser, die überraschend versiert Opernarien schmettern. »O sole mio«, ohne echte Sonne weit und breit, dafür simuliert die Deckenbeleuchtung einen strahlend blauen Himmel mit Schäfchenwölkchen. Das kommt sicher gut an. Es gab mal eine Erhebung unter chinesischen Reisebloggern, was ihnen an Europa gefällt. »Blauer Himmel« war ganz vorne dabei, weil das in ihrem Heimatland ein eher seltenes Phänomen ist.

Am Markusplatz-Nachbau stehen Touristengruppen aus Shanghai und Chengdu, sie tragen rote Kappen und machen Fotos, genau wie am echten Markusplatz. Hinter den Fassaden können sie bei Victoria's Secret, Swarovski oder in der Ko Kei Bakery einkaufen. Alle Verkäufer sprechen ihre Sprache, die Selfie-Hintergründe sind hervorragend, und das chinesische Essen schmeckt besser als in Europa. Stellt sich die Frage, was man überhaupt noch im echten Italien soll.

Später erzählt May mir von ihren Geschwistern, die darauf wohl tatsächlich keine überzeugende Antwort hätten. »Die interessieren sich nicht für die Welt da draußen, sondern nur für Shopping und Konsum. Obwohl sie die Chance dazu hatten, wollten sie nicht im Ausland studieren. Ich verstehe sie nicht, und sie verstehen mich nicht«, erzählt sie.

Sie hat vier Schwestern und einen Bruder und ist das zweitjüngste Kind. Ihre Existenz verdankt sie der lockeren Einstellung ihrer Eltern zur Ein-Kind-Politik. »Als ich ein Baby war, gab es noch keine Computer, und meine Mutter war clever. Sie hat bei den Behörden immer behauptet, wir seien ein paarmal umgezogen, und dabei seien die Belege der beglichenen Strafgebühren für die Kinder verloren gegangen. Wir mussten nichts zahlen.«

Mit ihrem eckigen Toyota Minivan fahren wir in den südlichen Stadtteil Coloane. Vorbei an Bambusgerüsten und grünen Gitterplanen, hinter denen neue Prachtbauten entstehen. Vorbei an bereits existierenden Prachtbauten, Symbolen eines Reichtums, der hier vor ein paar Jahrzehnten noch undenkbar schien.

May erzählt von ihrem Vater. So wenig diese bescheidene, nachdenkliche junge Frau nach Macau zu passen scheint, so ty-

pisch ist ihre Familiengeschichte für den rasanten Aufstieg der Region. »Mein Vater kam aus einem Dorf in der Guangdong-Provinz, dort hat er nur die Grundschule besucht. Die Familie war arm, wie die meisten damals. Er jobbte erst in einer Metzgerei, dann als Lieferant, fuhr Waren mit dem Motorrad in die nächstgelegene Großstadt, nach Zhaoqing.«

Wir passieren eine Reihe riesiger Buchstaben am Straßenrand, die zusammen die Worte »City of Dreams« ergeben. Ein paar Meter weiter steht eine Skulptur des Bildhauers Sui Jianguo, die eine aufgestellte Zhongshan-Jacke zeigt, bei uns besser bekannt als »Mao-Anzug«: vier rechteckige Taschen vorne, fünf große Knöpfe. Dieses Exemplar aus rötlichem Metall ist innen hohl, und über dem abgerundeten Kragen fehlt der Kopf. Als wollte der Künstler sagen: Aus der Zeit der Kulturrevolution ist nur noch die Fassade geblieben.

»Mein Vater merkte, dass es zu wenige Motorräder mit Ladefläche gab, um Dinge aus dem Dorf in die Stadt zu transportieren«, fährt May fort. »Also nahm er einen Kredit auf, kaufte mehr Motorräder und stellte Fahrer ein.«

Draußen reflektieren die blauen Scheiben des Casinokomplexes Studio City das Sonnenlicht. Im Zentrum der achttürmigen Anlage drehen Passagierkabinen auf einem senkrechten Riesenrad in Form der chinesischen Glückszahl Acht ihre Runden. So wie hinter den Scheiben die Gäste auf *da* oder *xiao* setzen, war auch ein Kredit für Motorräder eine Wette auf die Zukunft. Doch dabei war vor allem der richtige Instinkt entscheidend, nicht reines Glück.

»Zum ersten Mal hatte mein Vater ein gutes Einkommen. Er erkannte aber auch, dass die Gesellschaft sich änderte, neue Ansprüche entstanden: Die Leute wollten nun selbst Motorräder haben. Mitte der 1980er-Jahre eröffnete er einen Laden und verkaufte Fahrzeuge mit Transportfläche unter dem Namen *xingfu motuoche*, ›Motorräder der Freude‹. Wenn du heute in meinem Dorf danach fragst, kennt immer noch jeder diesen Begriff.«

Wie zur Bekräftigung ihrer Worte knattern rechts von uns, neben einem Golfplatz, ein paar Gokarts auf einer kleinen Rennstrecke um die Wette.

»Er verdiente genug Geld, um in die Stadt zu ziehen. Dort stieg er auf Immobilien um. Er kauft nun Land, baut Hochhäuser und verkauft dann die Apartments.«

»Auch Casinos?«

»Nein, das würde er nicht tun. Meine Eltern halten Glücksspiel für unredlich. Sie finden es traurig, dass mein Bruder neuerdings einen Job im Casino hat. Auch wenn er nur in der Abteilung für Bonuspunkt-Programme arbeitet.«

May parkt das Auto an einer Meerpromenade. Coloane, einst die südlichste Insel des Stadtstaates und inzwischen mit dem Rest verbunden, könnte sich kaum gegensätzlicher anfühlen als die Hochhauswelt, die nur fünf Fahrminuten entfernt liegt. Wie ein Fischerdorf mit Kolonialbauten, engen Gassen, einer christlichen Kapelle und mehreren taoistischen Tempeln. Einige Straßen sind noch ungeteerte Schotterpisten, und am Ufer liegen die verwaisten Ruinen der riesigen Lai-Chi-Vun-Werft. Bis in die 1990er-Jahre hinein bauten Tausende Arbeiter in Handarbeit Fischerdschunken aus Holz, doch dann wurde die Konkurrenz aus Festlandchina mit ihren Metallschiffen und automatisierten Fertigungsprozessen zu stark. Von Coloanes Werfthallen sind nur Stahlskelette geblieben. Sie wirken wie Mahnmale eines brutalen Konkurrenzkampfes, in dem Ästhetik und solides Handwerk zweitrangig sind. Nur derjenige überlebt, der mit der Zeit geht und ständig seine Effizienz optimiert. Riesige Planken und Wellblechstücke liegen herum, es riecht nach feuchtem Holz und Lösungsmittel.

Wir setzen uns in ein Café, das einst die Arbeiter mit Gebäck und Heißgetränken versorgte und heute den Touristen Kaffee mit Kondensmilch serviert. An der Wand hängt ein Bild von Mao Zedong mit dem Wunsch, er möge 10 000 Jahre alt werden. Zu seiner Zeit ging es dem Schiffbau hier noch gut. »Wahrscheinlich werden die Werftruinen bald abgerissen«, sagt May resigniert. »Sie wollen einen Vergnügungspark bauen. Damit noch mehr Touristen kommen.«

Von: Simone Shenzhen

Hi Stephan, wir würden uns freuen, dich zu uns nach Shenzhen einzuladen :) Wir haben 5 Katzen, und du würdest mit ihnen das kleine Wohnzimmer teilen. Kommst du damit klar? Grüße, Simone und Diego

An: Simone Shenzhen

Ich mag Katzen, klingt interessant! Danke für die Einladung und bis bald!

深圳市
SHENZHEN

Einwohner: 12,5 Millionen
Provinz: Guangdong

DIE ELEKTRISCHE STADT

May fährt mich noch zum Fährterminal, wo wir uns verabschieden. Ich kaufe von meinem Casinogewinn ein Ticket und steige in ein blau-weißes Tragflächenboot namens Xunlong 3, das nach Shenzhen fährt. Weil immer von »Festlandchina« die Rede ist, gefiel mir die Idee, meine erste Station auf diesem mysteriösen Gebilde per Schiff zu erreichen. Zumal ich schon als Kind wusste, dass Chinareisen auf dem Seeweg stattfinden sollten, in »Jim Knopf und Lukas der Lokomotivführer« machen sie das ja auch so.

Die Sitze sind fleckig, es riecht nach Kotze und Nudelsuppe, im Viervierteltakt heben und senken schlammfarbene Wellen das Boot. Von der Decke baumeln rote Schriftzeichen aus Plastik, die ein frohes Frühlingsfest wünschen. Wir fahren zunächst an der Hongkong-Zhuhai-Macau-Brücke entlang, einer insgesamt 55 Kilometer langen Straßenverbindung, die über künstliche Inseln und durch einen Tunnel führt. Als gäbe es noch nicht genug Verkehrswege nach Macau, wurde hiermit ein weiterer errichtet, die längste Überwasser-Brücke der Welt.

Auf einem Fernsehschirm läuft der Werbespot eines Herstellers von Gesichtsmasken, in meinem Kopf vermischen sich die poetischen englischen Untertitel mit dem Beat des Schiffsrumpfes. »International Assembly. Aseptic Packaging. Founder Huang. Founder Chen. Customer Feedback. You deserve it.«

Ach ja, das Gesicht. *Gaofushuai* werden, da war doch noch was. Mit *fu* hat es ja nicht so recht geklappt in Macau, also sehen wir doch mal, was sich an der Optik, dem *shuai* machen lässt. Mein Handy beschwert sich mit dem Hinweis »geringe Sicherheit« über das Wi-Fi, aber die Übertragungsqualität ist einwandfrei. Eine Eilmeldung informiert mich darüber, dass Chinas Volkskongress zugestimmt hat, die Beschränkung der Regierungszeit von Xi Jinping aufzuheben. Theoretisch kann er nun bis an sein Lebensende an der Macht bleiben. Da habe ich mir ja einen interessanten Tag für meine Ankunft ausgesucht.

Ich öffne die App Pitu, die mich mit dem Satz »Please put your face in the frame« begrüßt, dazu wird ein rechteckiger Rahmen auf dem Bildschirm angezeigt. Beim dritten Versuch gelingt mir ein halbwegs realistisches Selbstporträt. Damit habe ich nun Hunderte Möglichkeiten, mein Gesicht in Fernsehstars, Comicfiguren oder Fabelwesen hineinzuprojizieren. Oberbegriffe wie »Halbgötter und Halbteufel«, »Weihnachtsträume« und »Frühlings-Schönheit« sollen dabei die Auswahl erleichtern. So ein Kinderquatsch, dafür bin ich nun wirklich zu alt. Versuchsweise verwandle ich mein digitales Alter Ego in einen altchinesischen Schwertkämpfer, in eine Elfin mit spitzen Ohren, in Bran aus »Game of Thrones«, in ein dickes Baby und in einen Rapper im Bruce-Lee-Shirt (in meinen Gedanken wiederholt er immer wieder die Sätze »Customer Feedback. You deserve it.«). Meine Haut ist auf dem Bildschirm ganz rosig, die Augen sind ein bisschen vergrößert, die Augenbrauen perfekt gezupft. Das Ganze wird automatisch optimiert und macht mich um zehn Jahre jünger. Weil diese Art der Brachialverschönerung in China voll im Trend liegt, gibt es sogar einen eigenen Ausdruck dafür: *wanghonglian*, das heißt so viel wie »Internet-Celebrity-Gesicht«. Viele Stars würde man auf der Straße nicht erkennen, weil ihre Online-Identität so großäugig und weichgezeichnet daherkommt. Ich fühle mich also schon sehr chinesisch und speichere ein neues Profilbild im Messengerprogramm We-Chat, das mich mit Hautcremewerbegesicht in der traditionellen Tracht der Zhuang-Volksgruppe zeigt.

Als ich 45 Minuten später vom Handy aufblicke, bin ich kurz vor Shenzhen. Auf der rechten Seite Silos und rot-weiß gestreifte Schornsteine, auf der linken Hafenkräne und Container. Gläsern und kalt wirkt die Skyline der Zwölf-Millionen-Stadt im Nebel, doch bald nimmt das riesige fünffarbig angestrichene Terminal das gesamte Blickfeld ein. Wir legen in der Nähe der ebenfalls riesigen Costa Atlantica an, einem von vielen europäischen Schiffen, die ausschließlich in China eingesetzt werden. Kein Kreuzfahrt-Markt weltweit wächst schneller, die Zahl der Passagiere liegt schon auf Platz zwei hinter den USA.

Ich passiere den »Temperature Monitoring«-Schalter, der automatisch die Körpertemperatur der Ankommenden misst, und werde dann zum Fingerabdruckautomaten geleitet. »Welcome to China«, steht auf dem Bildschirm. Linke Hand. Rechte Hand. Beide Daumen. Ob jemand zwischendurch mal das Glas sauber macht, auf das alle Ankommenden draufpatschen?

Am Passschalter Nummer fünf, dem für »Foreigners«, will der Mitarbeiter noch einmal meinen Daumenabdruck, zum Abgleich mit dem Automatenbild. Der prüfende Blick in mein Gesicht fällt aus, den Abgleich erledigt eine hochauflösende Kamera. Zwei Stempel, Pass zurück, am Pult bittet ein Touchscreen, den Mitarbeiter zu bewerten: »Perfekt«, »Gut«, »Dauerte zu lang« oder »Schlechter Service«. Ich drücke auf »Perfekt« und bin durch.

Ein lautloser Shuttlebus bringt mich zur U-Bahn-Station Shekou Port. Seit Januar 2018 fahren in Shenzhen alle 16 359 öffentlichen Busse mit Batterieantrieb. Eine ebenfalls lautlose Rolltreppe bringt mich zur Sicherheitsschleuse der U-Bahn-Station. Die krankenhausflursauberen Waggons sind vollgehängt mit Werbung für den neuesten elektrisch betriebenen SUV einer Firma namens GAC Motor.

Nach zwei Stationen steige ich aus. Oben auf der Hauptstraße sehe ich mehrere klobige blaue E-Taxis von BYD, einer Firma aus Shenzhen, die zunächst Batterien baute und später auch die Autos drum herum. Etwa 12 500 Stadt-Taxis fahren bereits mit Akku, das sind 100-mal so viele wie derzeit in ganz Deutschland.

Kein Ort symbolisiert den Aufschwung Chinas besser als Shenzhen. Das einst verschlafene Fischernest an der südchinesischen Küste erhielt erst 1980 Stadtrecht, und die Staatsführung rief eine Sonderwirtschaftszone aus, um eines fernen Tages Hongkong Konkurrenz zu machen. Was für ein Größenwahn: Die damals noch britische Kolonie Hongkong hatte fünf Millionen Einwohner, Shenzhen galt mit gerade mal 30 000 als »Dorf«. »Lasst den Westwind herein, Reichtum ist ruhmvoll«, war die Parole von Deng Xiaoping, der nach Mao Zedongs Tod und dem Ende der Kulturrevolution die Führung der Kommunistischen Partei übernahm.

Mit ihm brach China in den Jahren 1979 bis 1997 in ein neues, kapitalistisch orientiertes Zeitalter auf. In Shenzhen entstanden Firmen und Arbeitsplätze, der Wert der Grundstücke vervielfachte sich, Einwohner konnten ihr Land für staatliche Neubauprojekte teuer verkaufen. Shenzhen wurde zum einzigen Ort in China, an dem das Bejahen der Frage »Bist du aus dem Dorf?« bis heute einen hohen Respekt des Gesprächspartners garantiert. Weil man dann vermuten kann, es mit einem Millionär zu tun zu haben. Die Stadtverwaltung baute Highways und Hochhäuser, wollte Moderne um jeden Preis. Zeitweise ging sie sogar so weit, Fahrräder komplett verbannen zu wollen, weil sie nicht als fortschrittlich genug galten.

Diese Entwicklung zumindest hat sich umgekehrt. An jeder Ecke stehen nun Leihräder, in einer Seitenstraße auf meinem Weg liegen sie sogar, alle übereinander, an die 100 gelbe und silbern-orangefarbene Exemplare. Die Marktführer Ofo und Mobike arbeiten ohne Docking-Stationen, nur mit GPS, die Kunden dürfen sie also überall im Stadtgebiet abstellen. Das ist praktisch, hat aber auch Nachteile: Über Nacht sammeln Transporter sie wieder ein, um für Ordnung zu sorgen, doch die kommen kaum hinterher. Was umweltfreundlich ist, bedeutet oft trotzdem keine Verschönerung der Umgebung, das Dilemma von Windrädern und Solarpanelen gilt inzwischen auch für Leihfahrräder.

An der vereinbarten Straßenecke kommen mir Simone und Diego entgegen, zwei heiter wirkende Gestalten um die 30 in Shorts und Sneakers. Simone heißt eigentlich Zidan, aber wie viele aus ihrer Generation hat sie sich einen westlichen Zweitnamen zugelegt, sobald sie anfing, Englisch zu lernen. Häufig klingt das Ergebnis so, als hätten die Fremdsprachennovizinnen zwecks Inspiration mit LSD experimentiert. Man sollte nicht irritiert reagieren, wenn eine Gesprächspartnerin sich als »Sugar«, »Honey«, »Candy«, »Bunny«, »Happy«, »Flower« oder »Monday« vorstellt. Diego dagegen heißt seit seiner Geburt so, er stammt aus Kolumbien und hat lange in England gelebt. In Shenzhen arbeitet er als Videoproduzent für Werbefilme, Simone ist Kunstlehrerin.

Der übliche Small Talk zum Kennenlernen fällt aus, weil ich das Paar inmitten einer lebhaften Diskussion über »Schneewittchen« antreffe. Sie findet das Märchen absolut ungeeignet für Kinder. »Der Prinz küsst eine minderjährige Tote, es geht also um Pädophilie und Nekrophilie gleichzeitig. Was stimmt nicht mit euch Europäern?« Ein kritischer Blick in meine Richtung.

Mir fällt keine überzeugende Antwort ein, also versuche ich es mit Whataboutism: »Ach komm, und ihr Chinesen dichtet ›Bruder Jakob‹ um und macht euch darin über das Leid von niedlichen Tieren lustig. Was sollen Kinder daraus lernen?« Den chinesischen Text habe ich im Sprachkurs gelernt, er lautet: »Zwei Tiger, zwei Tiger laufen schnell, laufen schnell, einer hat keine Augen, einer hat keinen Schwanz, sehr komisch, sehr komisch.«

»Vermutlich versteckt sich in beidem irgendeine tiefere Wahrheit über unsere Länder«, sagt Simone, die ein paar Jahre in der Schweiz studiert hat.

Sie selbst steht nicht unter dem Verdacht mangelnder Tierliebe. Ein wackliger Aufzug bringt uns in den elften Stock eines verwitterten Hochhauses, und in der Wohnung lerne ich Mitzi, Munchi, Alba, Pickwick und Pumpkin kennen, die vierbeinigen Mitbewohner, mit denen ich das Wohnzimmer teilen werde. Jede Sitzgelegenheit ist derart mit Katzenhaaren übersät, dass mein Merinopullover beim Hinsetzen erfährt, wie sich ein Schnitzel im Paniermehl fühlt. Aber ich war ja vorgewarnt und habe kein Fünfsternehotel gebucht. An der Wohnzimmerwand hängt ein Kalender, der das Alte Rathaus in Bamberg zeigt, Sofa und Bücherregal sind mit Decken katzensicher verpackt. Die Einrichtung komplettieren ein opulenter mausgrauer Kratzbaum und drei geschlossene Designer-Katzenklos, die wie parallel gelagerte Roboterköpfe aus weißem Plastik aussehen. 40 Quadratmeter, drei Menschen, fünf Tiere – das kann ja heiter werden.

Doch erst mal fahren wir mit der U-Bahn ins Stadtzentrum, auf ein paar Craft-Biere in die Glass Hammer Brewing Co. Der Pub im britischen Stil ist sparsam beleuchtet, hat einen zehn Meter langen Tresen und 46 Biere vom Fass im Angebot, die meisten davon aus eigener Brauerei. Wir finden einen Tisch auf der Veranda, mit Blick auf die metallische Fassade des 599 Meter hohen Ping-An-Hochhauses, des nach dem Shanghai Tower zweithöchsten Gebäudes in China und vierthöchsten der Welt. In die Fassade der Bar nebenan sind Aquarien eingelassen, in denen echte Haie schwimmen. Wir bestellen Biere, die »Forgotten Dreams« und »Wonderwall« heißen, und Simone fragt den Kellner nach einer Powerbank, um ihr Handy aufzuladen. »Ich glaube, ich habe genug Punkte, um kein Pfand hinterlegen zu müssen«, sagt sie. Der Kellner scannt ihr Handy, es reicht tatsächlich: mehr als 700 von 950 möglichen Punkten bei Sesame Credit, damit gilt sie als vertrauenswürdig genug.

Sesame Credit ist eine App der Firma Alibaba, der größten IT-Firmengruppe Chinas. Mitmachen ist freiwillig, aber wer sich gut dabei anstellt, bekommt relativ problemlos einen kleineren Kredit von der Bank und muss kein Pfand hinterlegen für Leihladegeräte, Leihfahrräder und sogar Leihregenschirme. Eine hohe Punktzahl bringt Vorteile auf manchen Dating-Apps und kann sogar helfen, beim Arzt schneller behandelt zu werden. Das ähnelt dem Sammeln von Payback-Bonuspunkten, doch der wahre Sammler ist natürlich Alibaba. Der Sesamkredit, die 2018er-Variante des »Sesam öffne dich«, öffnet Alibaba die Tür zu einem Schatz, der wertvoller ist als Gold und Diamanten zusammen – den Daten der chinesischen Konsumenten. Und die werden nicht nur auf den Servern des Unternehmens gespeichert, auch staatliche Behörden haben Zugriff.

Der Kellner scannt noch einmal Simones Handy, und die Biere sind bezahlt. Diego fällt ein, dass er ihr noch ein paar Yuan schuldet. Er schickt sie als »roten Umschlag« digital per WeChat-Nachricht, das dauert wenige Sekunden. Als ich nach der nächsten Runde mühsam ein paar zerknitterte Banknoten aus dem Portemonnaie fische, kommt mir das so unzeitgemäß vor, als würde ich meinen Gastgebern eine selbst aufgenommene Kassette als Geschenk überreichen und dann nach der nächsten Telefonzelle fragen. Einst erfanden die Chinesen das Papiergeld, nun sind sie drauf und dran, es als Erste wieder abzuschaffen. »Ich nehme gar kein Bargeld mehr mit, wenn ich rausgehe«, sagt Simone. »Menschen sind faul. Natürlich mache ich das, was am bequemsten ist.« Praktisch, hat aber auch Nachteile. Die ganze Datenhortung der Unternehmen findet sie schon beängstigend. »Manchmal *baidue* ich etwas, und später bei Taobao wird mir genau das Gesuchte angeboten. So eine Schweinerei, einfach meine Kundeninformationen weiterzugeben.« Baidu ist das Pendant zum in China gesperrten Google, Taobao ist eine Mischung aus eBay und Amazon.

Mit Sesame Credit und ähnlichen Apps beginnt eine Entwicklung, die schon bald eine nahezu lückenlose Überwachung der Bürger ermöglichen soll. »Der Edle ist bewandert in der Pflicht, der Gemeine ist bewandert im Gewinn«, wusste schon Konfuzius. Bringen wir doch beides zusammen, dachte sich die Kommunistische Partei und erfand das Sozialkredit-System, das bald flächendeckend eingeführt werden soll.

Dabei verliert Punkte, wer zum Beispiel seine Schulden nicht pünktlich begleicht, über eine rote Ampel geht oder Online-Pornos guckt. Wer dagegen fristgerecht seine Miete zahlt, ein Kind rettet oder ein Verbrechen meldet, gewinnt Punkte dazu. Als säße irgendwo jemand, der einen jede Minute beurteilt und jeden Moment des Daseins mit »gut«, »mittel« oder »schlecht« einstuft. Das Leben als Computerspiel, mit Video-Referee und ständiger Bewertung, das könnte manchem sogar Spaß machen, hat aber unmittelbare Konsequenzen – wer schlecht abschneidet, hat weniger Chancen auf Kredite, muss mehr für Versicherungen bezahlen oder darf im Extremfall nicht mehr mit Bahn oder Flugzeug verreisen. Ein ganzes Leben nach dem Schufa-Prinzip, das ultimative Werkzeug, um menschliches Verhalten zu steuern, Kriminalität zu verringern, aber auch unbedingten Staatsgehorsam einzufordern.

In einigen Städten laufen bereits Pilotversuche. Dort werden sogar politische Ansichten in die Bewertung mit aufgenommen: »Es geht darum, was du online gepostet hast oder was deine Freunde gesagt haben«, sagt Simone. »Wenn du verheiratet bist, giltst du als relativ ›stabil‹. Mit Kindern noch mehr. Wenn ein Freund hingegen bei Weibo die Regierung kritisiert, wird das in Zukunft auch meine Punktzahl beeinflussen. Schon verrückt, dass es bei solchen Aussichten keinen internationalen Aufschrei gibt, oder? Prost.«

Auf dem Heimweg zeigen mir die beiden noch ein Rotlichtviertel, das sich nur zwei Straßen von der Wohnung entfernt befindet. Shenzhen war lange als »Zweitfrauenstadt« bekannt, reiche Männer aus Hongkong spielten den Sugardaddy und finanzierten ihren Konkubinen Wohnungen und Shoppingmall-Besuche. Seit sich die Lebenshaltungskosten in Shenzhen denen der Nachbarstadt immer mehr annähern, ist das allerdings weniger verbreitet. Prostitution läuft dagegen anscheinend, obwohl offiziell verboten, immer noch recht gut. Wir passieren Bars namens »Titty Twister«, »China Dolls« oder »Why not Bar«, lassen uns jedoch von keinem Lockruf stark geschminkter Türrahmen-Sirenen und keiner »Massagiii« säuselnden Seitenstraßen-Spontanbekanntschaft aufhalten.

Diego will mir seinen Lieblingsort in der Straße zeigen. Durch einen unscheinbaren Eingang betreten wir einen Raum, in dem mehrere Männer vor einer Glasscheibe das internationale Angebot prüfen, während Überwachungskameras die Männer überprüfen. Blond oder weiß, hell oder dunkel, die Preise stehen direkt an der Ware, bezahlt wird per WeChat. »Das geht sogar ohne Altersnachweis«, sagt Diego. Paulaner, Erdinger, Leffe, Guinness und viele andere Marken stehen hinter der Scheibe bereit. »In China gibt es fast alles aus dem Automaten, sogar Bier. Verrückt, oder?« Dann gibt er den Code für drei Flaschen Kronenbourg 1664 ein. Für den Nachhauseweg. Diegos Lieblingsattraktion im Rotlichtviertel ist eine Maschine.

Ich bin in meinem Leben schon ein paarmal geblitzt worden, weiß also genau, welche vier Phasen gewöhnlich in den nächsten Zehntelsekunden im Hirn ablaufen: Überraschung → Wut auf die übereifrige Polizei → besorgter Tachoblick → Resignation. Dieser Ablauf ist so verinnerlicht, dass es zu einer beträchtlichen Irritation kommt, wenn man als Fußgänger auf einem Bürgersteig geblitzt wird. Und zwar in einem Durchgang zwischen der Rotlichtstraße und der weniger anrüchigen Nachbarstraße. Zu schnell gelaufen? Routinemäßige Gesichtskontrolle? Verdacht auf Bordellbesuch? Ich finde keine plausible Erklärung, vermute eine der beiden letzten Varianten und laufe noch einmal zurück, um sicherzugehen, keiner alkoholisierten Einbildung aufgesessen zu sein. Ich werde noch einmal geblitzt. Und weil es jetzt sowieso schon egal ist und das letzte Bier eines zu viel war, noch ein weiteres Mal, sollen die ruhig mal was zu lachen haben. Eine hochauflösende quaderförmige Kamera der Marke Hikvision fotografiert jeden, der die Straße passiert. Hikvision stammt aus der Stadt Hangzhou und ist der weltweite Marktführer für Überwachungstechnik. Um die Absatzzahlen in den nächsten Jahren braucht sich das Unternehmen keine Sorgen zu machen. Derzeit sind in China über 200 Millionen Kameras im Einsatz, 2020 sollen es 626 Millionen sein.

Autofahrer werden übrigens ständig geblitzt, an jeder größeren Straße. Nicht, weil sie zu schnell gefahren sind, sondern auch, um zu sehen, ob sie angeschnallt sind und wo sie sich gerade herumtreiben. Manchmal blitzt es auch, ohne dass ein Foto gemacht wird, wie ich später erfahre. Einfach um zu zeigen, hey, wir passen hier ein bisschen auf, was ihr so macht.

Ich werde nie herausfinden, ob und wo meine drei Fußgänger-Bilder gespeichert wurden. Aber Videokameras, die rund um die Uhr eingeschaltet sind, sehe ich an jeder Straßenecke. Von dieser Reise wird es also eine Filmversion geben, ohne dass ich einen Kameramann mitnehmen muss, mit vielen Stunden Material von Straßen, Bahnhöfen und Parks. Es müsste sich später nur jemand die Mühe machen, die Überwachungsbilder zusammenzuschneiden.

Zu Hause klappe ich mit Diego eine Pritsche auseinander, in der Mitte des Wohnzimmers ist gerade genug Platz dafür. Bald bin ich allein mit fünf aufgekratzten Katzen, denen der Zusammenhang zwischen »Licht aus« und »schlafen« nicht bekannt zu sein scheint. Sie klettern am Vorhang hoch, springen über Sofa und Pritsche, rasen am Kratzbaum in der Ecke und an meinem Rucksack auf und ab, maunzen und fauchen und keifen und kämpfen. Wie die lebende Deko einer »Gullivers Reisen«-Mottoparty liege ich da und philosophiere darüber, was »Simon's Cat«

für ein Heile-Welt-Blödsinn ist. Eine einzige Katze. Der Mann hat Probleme, echt.

Für einen waghalsigen Sprung wählt Pickwick meinen Ellbogen als Startrampe. Die Krallen der Hinterpfoten bleiben in der Haut hängen und hinterlassen zwei rote Striemen, Blut tropft auf das T-Shirt.

Das per Handy hinzugezogene Internet prognostiziert Toxoplasmose, Katzenkratzfieber, Tetanus oder zumindest eine Blutvergiftung. Irgendwo ganz tief im Rucksack habe ich Desinfektionsspray, schon kommt es zum ersten Mal zum Einsatz. Um mich herum geht die Party noch stundenlang weiter.

»Wie war es mit den Katzen?«, fragt Simone am nächsten Morgen, als sie aus dem Schlafzimmer schlurft und Pickwick, Alba und Pumpkin scheinheilig schlummernd neben meinen Füßen antrifft. »Interessant«, antworte ich wahrheitsgemäß, während ich den malträtierten Ellbogen unter der Decke verberge.

Tagsüber haben die beiden zu tun, also erkunde ich die Stadt auf eigene Faust. Ich hatte bei Couchsurfing einen »public trip« angelegt, damit andere Mitglieder sehen können, dass ich gerade in Shenzhen bin und gerne Einheimische treffen würde. Genau eine Person hat sich darauf gemeldet und ihren WeChat-Kontakt hinterlassen. Qing, 34, von Beruf Polizistin. Ihr Job macht mich ein wenig misstrauisch. Speziell hier, noch nie habe ich an einem Ort so viele Sicherheitskameras gesehen. Bekomme ich jetzt als ausländischer Journalist doch noch eine Aufpasserin zugeteilt? Mein Bauchgefühl rät mir, lieber vorsichtig zu sein und abzusagen. Zumal sie auffällig gut aussieht. Ich öffne das WeChat-Nachrichtenfenster.

An: Qing Polizistin

Ni hao Qing, ich bin Stephan von Couchsurfing. Fände es schön, dich zu treffen! Passt dir 17 Uhr?

HIGHTECH UND HOTPOT

Shenzhen ist trotz einiger spektakulärer Hochhäuser keine Augenweide, hat aber immerhin eine hübsche Meerespromenade mit Blick auf Hongkong, und die Luft ist besser als in den meisten anderen chinesischen Großstädten. Würden Touristen sich weniger für Strände und Entspannung, sondern mehr für einen Blick in die Zukunft interessieren, dann wäre Shenzhen ihre Stadt. Sie würden zum Beispiel den Huaqing-Bei-Markt besuchen, einen gigantischen Elektronikspielzeug-Basar mit Haushaltsrobotern, Teleobjektiven für Handykameras, golden schimmernden Karaoke-Mikrofonen mit eingebautem Hall. Und natürlich Drohnen, die herumsurren wie Rieseninsekten, die meisten sind von DJI, dem Weltmarktführer aus Shenzhen. Ebenfalls von hier stammt der Technologieriese Tencent, der WeChat von einer simplen WhatsApp-Kopie zur Universal-App für alle Lebensbereiche weiterentwickelt hat. Inzwischen kann man damit bezahlen, eine Hochzeitsfeier organisieren, Flüge buchen, Autos kaufen und Versicherungen abschließen. Und das alles meist zu einem günstigeren Preis als bei der Konkurrenz.

Auch Mobilfunk-Giganten wie Huawai und ZTE stammen aus Shenzhen. Schon jetzt kommen aus dieser Stadt mehr Patentanmeldungen als aus Frankreich und Großbritannien zusammen. China verwandelt sich gerade in ein Innovationsland, vor allem im Bereich der Digitaltechnologie. Beim Aufbau eines Netzes von Mobilfunksendemasten mit der ultraschnellen 5G-Technologie hat man soeben die USA abgehängt (5G und Deutschland? Fragen Sie lieber nicht). Und bis 2030 will Präsident Xi Jinping im Bereich der künstlichen Intelligenz weltweit die Nummer eins sein.

Wohin diese Hightech-Entwicklung unter anderem führen kann, beobachte ich an der Kreuzung Xinzhou-Straße und Lianhua-Straße, nordwestlich des idyllischen Lianhua-Parks. Dort sind

排名排名排名排名排名排名排名排名排名排名排名排名

FÜNF UNTERNEHMEN, DIE MAN KENNEN MUSS

1. Alibaba Group
Größtes IT-Unternehmen Chinas, zu dem unter anderem die Online-Handelsplattformen Taobao und TMall gehören sowie das Bezahlsystem Alipay.

2. Tencent
Entwickler von WeChat, der großen Allround-App mit mehr als einer Milliarde Nutzern. Zugleich weltgrößter Videospiele-Hersteller.

3. Baidu
Größte Internet-Suchmaschine Chinas mit 65 Prozent Marktanteil. Die angezeigten Inhalte werden in Absprache mit der Regierung gefiltert.

4. JD.com
Chinas Antwort auf Amazon, aber mit einer komplett eigenen Logistik, um Produkte enorm schnell im ganzen Land versenden zu können. Liefert bereits viele Waren per Drohne aus.

5. DiDi
Carsharing-Unternehmen mit ähnlichem Prinzip wie Uber, allerdings mit mehr Kunden: über 25 Millionen Fahrten werden täglich gebucht.

---

hinter zwei Fußgängerampeln LED-Bildschirme angebracht, umgeben von blauem Text: »Shenzhen Verkehrspolizei – wir können Ihr Gesicht erkennen. Intelligente Kameras machen Ihr Foto, wenn Sie über Rot gehen«.

Eine Comic-Animation zeigt, wie Computer Köpfe vergleichen und einem eifrigen Polizisten auf der Wache zig Bildschirmseiten mit persönlichen Informationen präsentieren. »Wir haben Ihre Daten«, steht im Untertitel. »Wir wissen, wie oft Sie das Gesetz gebrochen haben.« Dann sind ein paar Beispielsünderfotos zu sehen. Der Anschein technologischer Perfektion wird ein bisschen getrübt, weil oben rechts im Bild die Aufforderung zu lesen ist, Google Chrome auf die neueste Version zu aktualisieren. An der Effizienz der Technik sollte man trotzdem nicht zweifeln, in zehn Monaten hat die Polizei nach eigenen Angaben knapp 14 000 Regelbrecher erwischt.

Die öffentliche Zurschaustellung von Rot-Sündern ist erst der Anfang: Künftig soll der Schuldige gleich eine Nachricht aufs Handy bekommen, inklusive automatischer Abbuchung der fälligen Strafsumme und Punktabzug im sozialen Kreditsystem.

Am Nachmittag bin ich mit der Polizistin Qing verabredet. Ich nehme ein E-Taxi zur InTown-Shoppingmall im Futian-Viertel, wo sie auf mich wartet. »Hier gibt es ein Hotpot-Restaurant, das berühmt ist für seinen guten Service«, sagt sie zur Begrüßung. Sie trägt eine hellblaue Jacke, weiße Jeans und weiße Turnschuhe, die Haare hat sie zu einem Pferdeschwanz zusammengebunden. Die Auswertung einer Gesichtserkennungssoftware würde ergeben: ovales, fast perfekt symmetrisches Gesicht, hohe Stirn, Fältchen um die schwarzen Augen, schmale Augenbrauen, breite Nase, volle Lippen, kleine Ohren.

»Wie sind deine Gastgeber?«, fragt sie.

»Super. Aber ihre fünf Katzen sind etwas schwierig – die haben die ganze Nacht eine wilde Party gefeiert.«

Über ein paar Rolltreppen erreichen wir das Haidilao im vierten Stock. Der Warteraum mit Erdnuss- und Cocktailtomaten-

Snacks, Brettspielen und kostenlosem Maniküre-Service zeugt von üblicherweise großem Andrang und einem kreativen Umgang damit.

Ein strahlender Rezeptionist begrüßt uns, eine strahlende Mitarbeiterin bringt uns zu unserem Platz, ihr strahlender Kollege fragt nach unserem Befinden. Er schiebt Qings Stuhl zurecht und überreicht feierlich die Speisekarte, einen Tablet-Computer in orangefarbener Schutzhülle. Chinas Dienstleistungsbetriebe sind häufig mit der zwei- oder dreifachen Zahl an Mitarbeitern ausgestattet wie bei uns, doch selten sind sie so überfreundlich wie hier.

»Wir haben Glück, dass wir so früh hier sind. Manchmal muss man mehr als eine Stunde warten«, sagt Qing. Ihre zierliche Erscheinung passt nicht so recht zu ihrer Stimme, deren Schärfe selbst alltägliche Sätze wie eine Zurechtweisung klingen lässt.

Qing spricht perfekt Englisch, mit britischem Akzent. Sie hat die Sprache studiert, ging dann aber zur Polizei. Dort lernte sie ihren jetzigen Mann kennen, zusammen haben sie eine siebenjährige Tochter. »Jetzt arbeite ich in einem Gefängnis. Leider sind viele Kollegen nicht sehr gebildet. Ich bin anders als sie, aber ich zeige es nicht, sie würden mich für komisch halten.«

Eine Kellnerin bringt uns Schürzen gegen Fettspritzer und warme Tücher zum Händewaschen. Per Touchscreen bestellt Qing zwei Arten von Brühe, eine milde mit Pilzen und eine schärfere mit Tomaten. Dazu kommen dann die rohen Hauptspeisen zum Selberköcheln. Lammfiletscheiben, Fischbällchen, Lotuswurzel, Bambus-Schösslinge, Tintenfisch, geschälte Wachteleier, Chinakohl. Alles frisch und hochwertig, ein Wisch vom Gesundheitsamt an der Wand bewertet die Küchenhygiene mit der Bestnote »A«. In der App Dazong Dianping (»Viele-Menschen-Evaluation«) kommt das Restaurant auf 4,7 von 5 Sternen in der Kundenbewertung.

Am Beilagenbüfett stellen wir aus 30 Soßen und Gewürzen Dips zusammen. Wer Angst hat, nicht satt zu werden, kann sich mit Melonenscheiben, Drachenfrucht oder Gurkenstücken eindecken, bis er platzt.

Ach ja, der Kniggetipp: Mit Stäbchen sollte man nicht auf andere Leute zeigen. Und sie nicht senkrecht in den Reis stecken, das sieht nach Grabdekoration aus. In jedes Chinabuch muss mindestens ein Kniggetipp. Hätten wir das also erledigt, weiter geht's.

Ich berichte von der Fußgängerkreuzung mit den Bildschirmen. »In Shenzhen werden neue Technologien gerne als Erstes ausprobiert, weil die Stadt sehr modern ist«, erklärt Qing. »Die Kameras haben große Vorteile: Jedes Verbrechen wird aufgeklärt. Wenn bei uns jemand aus dem Gefängnis flieht, wissen wir, dass er nicht weit kommen wird. Warte, ich zeig dir was.«

Sie holt ein Huawei-Handy der neuesten Generation aus der Tasche. »Guck mal in die Kamera.« Sie drückt auf den Auslöser. »Das ist eine Polizei-App, die Gesichter erkennen kann. Aber bestimmt bist du noch nicht im System.« In Sekundenschnelle ist meine Paranoia zurück, und in Sekundenschnelle kommt die Auswertung: Mein Kopf stimmt zu 78 Prozent mit einem schwarzhaarigen Typen aus der Xinjiang-Provinz überein, zu 57 Prozent bin ich ein Amerikaner namens Marc, der in Shenzhen lebt. »Wir benutzen das, wenn wir jemanden festnehmen, der keinen Ausweis zeigen will. Letztens habe ich aus Spaß mal ein Bild meines Lieblingslehrers aus der Mittelstufe aus einem Zeitungsartikel eingescannt – und ihn tatsächlich gefunden. Es war toll, ihn nach 20 Jahren wiederzutreffen.«

Ich versuche, mir eine Gesichtsdatenbank mit 1,392 Milliarden chinesischen Gesichtern vorzustellen. Theoretisch könnte man der Software beibringen, die Köpfe nach Ähnlichkeit zu ordnen und nach dem Daumenkinoprinzip im Zeitraffer abzuspielen. Ein Kunstwerk wäre das, zunächst mit der Illusion, dass die Chinesen doch alle gleich aussehen. Erst nach ein paar Tausend Antlitzen wäre das Gegenteil bewiesen, weil sich doch etwas ändert im Bild.

Qing zeigt mir noch weitere jobspezifische Spezial-Helferlein auf ihrem Diensthandy. Mit einer App – oder besser A-P-P, die Chinesen nennen die Buchstaben einzeln – kann sie Nummernschilder scannen. Wenn jemand falsch parkt, weiß sie sofort, wem das Auto gehört. Ein weiteres Programm mit Fotofunktion ist dafür da, illegale Werbung zu melden, zum Beispiel wenn Straßenhändler *piao, piao!* anbieten, gefälschte Rechnungen mit Fantasiebeträgen für die Steuererklärung. Und dann gibt es noch Spielereien für ein internes Punkteranking unter den Kollegen: »Hier kann ich mich einchecken und meine aktuelle Position mitteilen. Das geht einmal pro halbe Stunde und bringt jeweils fünf Punkte.« Sie knallt das Handy auf den Tisch. »Kannst du das glauben? Wir sind Polizisten! Und man erwartet von uns, dass wir die ganze Zeit auf unseren Handys herumtippen.« Sie zeigt mir die aktuelle Rangliste unter den Kollegen: Der Spitzenreiter hat über 3500, sie liegt mit 1954 Punkten auf Platz acht. Es sei gut, im Mittelfeld zu sein, sagt sie, und gibt ihre aktuelle Position durch. 1959 Punkte.

Ständig fragt ein Strahlemann oder eine Strahlefrau mit hinter dem Rücken verschränkten Armen, ob uns noch etwas fehlt. Am Nachbartisch schleudert ein Kellner mit beiden Händen wie ein Diabolo-Jongleur Nudelmasse durch die Luft, ein Kollege putzt mit Kung-Fu-inspirierten Armbewegungen einen soeben frei gewordenen Tisch.

Auch dank solcher Show-Einlagen wurde die Kette Haidilao zur chinesischen Erfolgsgeschichte. 1994 eröffnete der 24-jährige Fabrikarbeiter Zhang Yong aus einem Dorf in der Sichuan-Provinz sein erstes Restaurant mit vier Tischen. Er begriff, dass die Gäste zwar gutes Essen gewohnt waren, aber keinen freundlichen Service. Doch wer sich wie ein Freund behandelt fühlte, kam wieder. Zhang hatte sein Alleinstellungsmerkmal gefunden und zudem Glück beim Timing: In den 1990er-Jahren war mit einer guten Geschäftsidee alles möglich. Inzwischen hat Haidilao knapp 300 Filialen im ganzen Land.

Am Ende unseres Festmahls bekomme ich noch eine Bewertung von Qing: »Du hast einen sehr normalen Charakter, nicht zu kühl, nicht zu laut, und siehst sehr normal aus«, befindet sie.

»Ist das gut oder schlecht?«, frage ich.

»Das ist gut. Mund, Nase, Ohren – nichts ist zu groß oder zu klein. Bist du operiert?«

»Nein!«
»Ich frag doch nur. Bei mir im Gefängnis gibt es einige Prostituierte, die haben viel optimieren lassen. Brüste, Hintern, sogar versteckte Stellen.«
»So unter uns: Ich arbeite nicht als Prostituierter.«
»Wäre eine gute Idee eigentlich. Wir reisen herum und verkaufen dich. Kann ich deine Zuhälterin sein?«
»Äh.«
»Du kommst locker auf 1000 bis 2000 Yuan pro Nacht. Wenn sie hübsch ist, gibst du mir 80 Prozent ab, wenn sie hässlich ist, 20 Prozent.«
»Ich brauche Bedenkzeit.«
»Wir könnten reich werden«, sagt Qing und lacht.
Du kannst alles werden in China, höre ich die Stimme von Yang in meinem Kopf, und ich gebe ihr fünf von fünf möglichen Punkten für ihre Weitsicht.

Die zweite Nacht mit den Katzen verläuft entspannter. Schon nach einer halben Stunde Turnerei kehrt Ruhe ein. Ich schlummere wie ein Baby, bis mir gegen halb sieben Pickwick in die Magengrube springt. Frühstückszeit, sagt sein Blick, aber selbst, wenn ich in kooperativerer Stimmung wäre, wüsste ich nicht, wo das Futter ist. Er scheint es einzusehen und lässt mich noch etwas dösen.

Irgendwann erlöst Diego die hungrigen Tiere, und Simone bucht mir per WeChat ein Busticket nach Guangzhou, weil das billiger ist als direkt beim Fahrer. Sie erzählt von ihrer Studienzeit in der Schweiz. Dort las sie viele Reportagen über China, die im eigenen Land nicht zugänglich waren, und begann, die Dinge aus einer anderen Perspektive zu sehen. Doch seit sie zurück ist, hat sie bei vielen Themen das Gefühl, dass in der ausländischen Berichterstattung über China etwas fehlt. »Die meisten Journalisten berichten nur, was ihre Leser erwarten. Sie lassen viel aus und zeigen vor allem, was schlecht ist. Ich habe im Westen viele Leute getroffen, die sich China genau so vorstellen wie Nordkorea. So ein Unsinn.«

Von: Qing Polizistin

War schön, dich zu treffen.
Schreib mir ab und zu, wo du bist

An: Qing Polizistin

Mach ich. Du kannst ja ein Stück mit mir reisen

Von: Qing Polizistin

Hahaha

Von: Qing Polizistin

China ist zu groß, und ich muss viel arbeiten

佛山市
FOSHAN

Einwohner: 7 Millionen
Provinz: Guangdong

VERKAUFEN FÜR PROFIS

Das Busunternehmen hat den ehrlichen Namen Second Bus Company of Guangzhou, die Sitze sind mit weißem Lederimitat überspannt, und vier USB-Steckdosen pro Reihe sorgen dafür, dass keinem Handy der Saft ausgeht. Vom Fenster aus betrachte ich Hochhausfassaden in allen denkbaren Varianten. Gläsern-metallisch, das Himmelsgrau reflektierend. Betonbeige mit rechteckigen hohen Fenstern. In Badezimmerkachel-Optik. Mit Gitterwänden auf voller Stockwerkbreite, hinter denen sich Balkone verstecken. Mit Säulen am Eingang. Mit versetzten Stockwerken, wie mehrere Riesenstapel Schuhkartons. Flachdächer, gekachelte Dächer, Zinnen und Türmchen, gerade Kanten, abgerundete Kanten. Und natürlich immer wieder: Skelette aus Stahlbeton mit Kränen und Baumaschinen drum herum, neue 20-stöckige Riesen in Zehner- oder Zwölfergruppen. Irgendwo ist immer noch Platz für eine zusätzliche Hochhaussiedlung, obwohl der Leerstand schon jetzt gewaltig ist.

Auf dem Bordfernseher läuft der Kriegsfilm »Wolf Warrior«. Darin geht es um den chinesischen Soldaten Leng Feng, der für die Elitetruppe »Wolfkämpfer« allerlei Bösewichter kaltmacht. Gebäude und Panzer explodieren, Söldner ballern, Soldaten rennen, die chinesische Armee präsentiert hochmodernes Kriegsgerät, und der Oberfiesling ist ein Amerikaner mit Bart. Leng, der nicht zufällig fast so heißt wie Lei Feng, der berühmte »Mustersoldat« aus der Mao-Ära, liefert sich schließlich in einer steppenartigen Umgebung den finalen Messerkampf mit dem Fiesling. »Du willst für dein Land sterben, Blödmann? Willst du wissen, wofür ich kämpfe? Für Geld!«, salbadert der Ami und guckt sehr böse, kurz darauf hat er den Chinesen im Schwitzkasten und seine Klinge an dessen Hals.

Der Kampf scheint entschieden, doch dann macht er den entscheidenden Fehler: Er reißt dem Helden einen roten Aufnäher von der Schulter, auf dem »I fight for China« steht. Das löst bei Leng einen patriotischen Furor aus, mit Wolfskräften stößt er das Messer zunächst weg und dann in den Hals des China-Verächters. Schwungvoll pappt er seinen Aufnäher zurück an die Schulter und kehrt als Held nach Hause zurück. Zur Belohnung gibt's ein Date mit der schönsten Soldatin.

Auch der Nachfolger »Wolf Warrior 2« kam mit brachialem Patriotismus daher. Er wurde in kürzester Zeit zum erfolgreichsten chinesischen Film aller Zeiten, vor einem weiteren Soldatenepos mit dem Titel »Operation Red Sea«. Wir sind wieder wer auf der Welt, auch militärisch – diese Botschaft kommt bestens an bei einem Publikum, das jahrzehntelang hauptsächlich Kriegsfilme vorgesetzt bekam, die sich mit schmachvollen Niederlagen beschäftigten, vom Opiumkrieg bis zur Invasion der Japaner.

Inzwischen taugen sogar die Kinocharts für patriotische Hochgefühle: Unter den 15 erfolgreichsten Filmen befinden sich nur noch vier Hollywood-Blockbuster (»Fast & Furious 8«, »Fast & Furious 7«, »Avengers: Infinity War« und »Transformers: Ära des Untergangs«). Die anderen elf sind chinesische Produktionen, allesamt aus den Jahren 2015 bis 2018. Eine kulturelle Parallelwelt, in der vieles für westliche Sehgewohnheiten ein bisschen platt daherkommt, was aber auch an einer Zensurbehörde liegt, die kein kontroverses Thema durchlässt.

Die Wolkenkratzerfassaden draußen werden glasiger, teurer und höher, der Bus hat Guangzhou erreicht. *Guang* heißt »umfangreich«, *zhou* (sprich: dschou) steht für »administrativer Bezirk«, die Endung ist sehr gängig. Auf einer Chinakarte findet man als Aussprache-Übung unter anderem Fuzhou, Suzhou, Binzhou, Dazhou, Hangzhou, Hezhou, Huizhou, Taizhou, Meizhou, Lanzhou, Liuzhou, Shuozhou, Xuzhou, Quanzhou, Qinzhou, Jingzhou, Xinzhou, Wenzhou, Yangzhou, Ganzhou, Cangzhou, Changzhou, Zhangzhou und Zhengzhou.

Am zentralen Bahnhof von Guangzhou bin ich mit Yangwei verabredet, einem 23-jährigen Computerexperten, dessen Couchsurfing-Profil ein echtes Kunstwerk ist. Aus Emojis hat er über 15 oder 20 Zeilen hinweg Motive gebastelt, dank genau abgepasster Abstände und Zwischenräume entstehen aus Flaggen, Smileys und Herzchen fröhliche Menschenfiguren. Über sich selbst schreibt er: »Ich habe schwarze Haare, gelbe Haut und kleine Augen. In diesem Land leben mehr als 1,382 Milliarden Menschen. Ja, ich bin einer davon.«

Ein uninteressanter Everyman, ein Langweiler, einer wie alle anderen? Für mich sagt er durch seine seltsame Wortwahl und seine Layout-Extravaganzen genau das Gegenteil. In keinem anderen Land bin ich auf so viele Couchsurfing-Profile gestoßen, in denen sich jemand als »just a simple guy« oder »a normal girl« darstellt. Das zeugt von konfuzianischer Bescheidenheit und dem Ideal, sich der Mehrheit anzupassen. Nicht auffallen, nicht zu individuell sein. »Ein guter Nagel steht nicht heraus«, lernen chinesische Kinder noch immer in der Schule. Aber lassen sich Menschen normieren, lässt sich die Tatsache abschalten, dass sie nun einmal verschiedene Talente und Neigungen haben? Ich glaube das nicht. Und wer sich mit »I am always happy and smile a lot« beschreibt (eine weitere China-Standardphrase), weckt meinen Ehrgeiz, die Leiche im Keller zu finden. Hinter betont unauffälligen Fassaden verbergen sich manchmal die größten Überraschungen.

Wir treffen uns am Ausgang D. Yangwei trägt die Insignien der Zunft »Bachelor in IT«: schwarze Hornbrille und unsymmetrische Föhnfrisur mit Pony. Und er trägt reichlich Gepäck, zwei Rucksäcke und einen großen Koffer. »Ich ziehe um, habe gerade einen neuen Job begonnen«, erklärt er. 50 Minuten brauchte er mit dem Zug von Dongguan (acht Millionen Einwohner) nach Guangzhou (14 Millionen Einwohner), von hier dauert es per Stadtbus noch mal eine Stunde bis Hecun, einem Vorort von Foshan (sieben Millionen Einwohner). Wer Freude beim Anblick von sehr vielen Chinesen auf sehr kleinem Raum empfindet, ist also in diesem Teil der Guangdong-Provinz genau richtig.

Ich spreche Yangwei auf sein Profil an. »In meinem letzten Job hatte ich sehr viel Zeit«, erklärt er. »Ich musste eine WeChat-Webseite aktuell halten. Nichts Kreatives, nur ab und zu neue Bilder oder Texte einfügen. So langweilig, oh my god.« Stundenlang, tagelang hat er experimentiert, um die beste Variante für seine Emoji-Figuren zu finden. Mit dieser Muße ist es nun vorbei. Weil das Gehalt nicht gut war, ist er in die Autobranche gewechselt.

»Ein Bündnis mit *Wolkse Wogon*. Schon mal gehört?«

»Nein.«

»Ist eine deutsche Firma, glaube ich.«

»Oh. Du meinst Volkswagen? Klar kenne ich die.«

»Der deutsche Anteil beträgt nur ein paar Prozent. Aber im Verkaufsgespräch ist es immer gut, was von ›Made in Germany‹ zu sagen.«

»Verkaufen sich die Autos gut?«

»Kann ich nicht sagen. Ich lerne noch. Bisher stehe ich nur am Eingang und sage ›Hallo‹ und ›Willkommen‹. So langweilig, o Mann.« Immer wieder rückt er sich die Brille zurecht, die ein bisschen zu locker sitzt und deshalb ständig nach vorne abzurutschen droht.

An einer Seitenstraße neben dem Highway steigen wir aus. 25 Minuten zu Fuß sind es von hier ins Zentrum von Hecun, unserem Ziel. Auf unebenen Pflastersteinen wetteifert Yangweis Rollkoffer mit knatternden Lastwagen und hupenden Motorrädern darum, wer mehr Lärm erzeugen kann. Links eine viel zu breite Straße ohne Markierungen, rechts Getreidefelder und Gewächshäuser. Es riecht nach Bauschutt, verbranntem Plastik, Gummi und Klebstoff, in Kombination ergibt sich ungefähr die Duftnote »Chemieunfall«. »Du bist garantiert der erste Tourist hier«, sagt Yangwei.

Wir biegen in eine Straße mit nagelneuen, aber schmucklosen fünfstöckigen Wohnblocks, der Ort scheint vor Kurzem stark vergrößert worden zu sein. Ich spüre, wie die Menschen mir hinterhergucken. Das habe ich schon oft auf Reisen erlebt, meistens an besonders ursprünglichen Orten, in abgelegenen Dörfern in Myanmar zum Beispiel, in tschetschenischen Bergregionen oder im indonesischen Regenwald. Dort, wo kaum Ausländer hinkommen und ich als Gast aus einer fernen Zukunftswelt zu stammen scheine. Aber hier guckt jeder, und die Umgebung liefert keinen plausiblen Grund dafür. Ein seltsames Gefühl, sich zwischen Neubauten und auf frisch geteerten Straßen wie ein Pionier und Fremdkörper vorzukommen.

Yangwei erzählt, dass er zunächst etwa 1000 Yuan (130 Euro) im Monat verdienen wird, aber hoffentlich bald mehr. 400 Yuan gehen für die Miete drauf.

»Mein Zimmer ist sehr klein«, sagt er. »Wir müssen zusammen in einem Bett schlafen. Hast du einen Schlafsack?«

»Ja.«

Ich reise immer mit einem Jugendherbergsschlafsack, der ist nach dem Smartphone mein zweitliebster Ausrüstungsgegenstand. Ich weiß ja nie, welche Art von Nachtlager mich erwartet.

Die Wohnung im fünften Stock ist etwa 18 Quadratmeter groß und besteht hauptsächlich aus einem Schlafzimmer mit Kleiderschrank und einer winzigen Küchenzeile. Durch das einzige Fenster blickt man auf die Backsteinwand des nächsten Hauses, nur eineinhalb Meter entfernt. Die Dusche verfügt über Elektrokabel an der Wand, deren Zustand und Platzierung den Straftatbestand »versuchter Totschlag« erfüllen, und aus Platzgründen dient das Hock-Klo im Boden als Abfluss. Alles ist weiß, bis auf die Eingangstür aus dunklem Holz und den Bettbezug in Rosa-Hellblau, auf dem Herzchen und Teddybären abgebildet sind.

Yangwei beginnt mit großem Elan, seinen Koffer auszupacken. Wasserkocher, Föhn, Wäscheklammern, Kleiderbügel. Die Bibel, einen Liebesroman mit dem Titel »Sahara« und das »Oxford Advanced Learner's Dictionary«. Dann ein schwarzes Jackett, auf dem »SAIC Volkswagen« steht. Irgendeine Firma mit ein bisschen deutscher Beteiligung? Von wegen: Das ist die größte von mehreren VW-Allianzen in China, fifty-fifty, der Maximal-Anteil, der ausländischen Firmen bislang im Autogeschäft zugestanden wurde. Die Regel wurde nun endlich geändert, doch lange Zeit war der lukrativste Automarkt der Welt nur mit heftigen Zugeständnissen zugänglich, in Zwangs-Kooperation mit einheimischen Unternehmen. Know-how-Transfer inbegriffen, versteht sich. Immer mal wieder wunderten sich ausländische Manager, wenn sie fast exakte Kopien ihrer Motoren oder Karosseriedesigns an Autos ihrer »Partner«-Firmen entdeckten.

»Umarme mich!«, sagt Yangwei plötzlich. »Willkommen! Ich umarme jeden Gast!«

Gut, haben wir das auch hinter uns.

Zum Abendessen gehen wir in ein Restaurant um die Ecke, das von Angehörigen der islamischen Hui-Minderheit betrieben wird. Die Wände sind mit Fotos der angebotenen Köstlichkeiten tapeziert, wir bestellen Lamian-Nudelsuppe nach Lanzhou-Art.

Yangwei, der anfangs schüchtern und unsicher wirkte, scheint nun Vertrauen gewonnen zu haben und ist in seinem Redeschwall kaum zu bremsen. Als müsste plötzlich ganz viel raus, was er sonst zurückhält. »Europäer finden, dass Chinesen zu sehr aufs Arbeiten fixiert sind. Dabei ist das einfach unfair. Ihr könnt faulenzen, wir müssen schuften wie verrückt, sonst werden wir gefeuert. Es gibt immer zehn andere, die den eigenen Job wollen.«

Ein kräftiger Kellner mit Gebetsmütze bringt dampfende Suppenteller mit handgemachten Nudeln und Rindfleisch. Er hat müde Augen, auch er arbeitet hart, sein Restaurant ist von sechs Uhr bis 22 Uhr geöffnet, ohne Ruhetag.

»Ich war in Serbien. Weil es dort mit dem Visum einfach war. Niemand lächelt in Europa. Ich hatte ständig Angst, dass jemand eine Waffe zieht und mich erschießt. Ihr seid so kühl. Und faul. Besonders faul sind die Italiener, hat mir ein Freund erzählt. Aber dafür etwas weniger kühl.«

»Das kann man nicht so verallgemeinern«, versuche ich ihn zu unterbrechen, aber er kommt gerade erst in Fahrt.

»Wie macht man einen Europäer glücklich? Man gibt ihm ein Bier und setzt ihn an den Strand!« Wenn Yangwei lacht, klingt das wie eine Aneinanderreihung von »ch«-Lauten (das »ch« aus »Kaninchen«, nicht aus »Woche«). »Crazy. Was findet ihr an Stränden so toll? Ist doch total langweilig.«

Sein Handy klingelt, kurz kann ich mich meiner Suppe widmen, ohne weiteren Affronts ausgesetzt zu sein. Welches Bild von Europa wird einer wie Yangwei in 20 oder 30 Jahren haben, wenn China eine erheblich größere Rolle in der Weltpolitik spielen wird? Wie klingen solche Sätze, wenn der Sprecher von der eigenen Überlegenheit überzeugt ist? Ich kann den Gedanken nicht zu Ende bringen, denn drei Minuten später legt er auf.

»Das war meine Mutter. Sie hat gesagt, ich soll nicht mit dir in einem Raum schlafen und keine Sachen von dir benutzen. Weil Europäer so viele Krankheiten haben, wegen ihrer unsoliden Lebensweise, ständig Sex überall und mit jedem. Hast du Krankheiten? Sollen wir dich im Krankenhaus checken lassen?«

Er klingt ernster, als solche Sätze erwarten lassen, und scheint tatsächlich ein bisschen besorgt zu sein.

»Danke, nicht nötig, ich fühle mich gut.«

Das scheint ihm zu genügen, er wechselt das Thema. »Meine ausländischen Freunde sagen, ich muss unbedingt nach Berlin. Das ist im Norden von Deutschland, oder?«

»Nordosten.«

»Ist es gut da?«

»Ja, viel Kreativität und Kultur und historische Orte an jeder Straßenecke. Du kannst dort viel über die deutsche Teilung und die Nazizeit lernen.«

»Darüber darf man nicht reden, oder?«

»Über was?«

Er senkt die Stimme zu einem verschwörerischen Ton, fast flüstert er die nächsten Worte.

»Wenn die deutsche Regierung mitkriegt, dass du über Nazis redest, wirst du verhaftet, oder?«

»Nein. Aber es ist verboten, die Massentötungen in Auschwitz zu leugnen. Oder eine Hakenkreuzflagge im Garten zu hissen.«

»Letztes Jahr haben aber Chinesen Ärger gekriegt in Deutschland, weil sie über Nazis geredet haben.«

»Was?«

»Ja, an so einem alten Gebäude. Du behauptest, man darf das, aber die Chinesen kriegen Stress. So unfair.«

Yangwei wirkt ernsthaft empört, spricht jetzt wieder laut.

»Was genau haben die getan?«

»Sekunde.«

Er *baidut* die Geschichte auf seinem Handy.

»Ah, sie haben diese eine Sache gemacht – mit dem Arm nach oben.«

»Den Hitlergruß?«

»Ja.«

»O Gott. Ja, das ist auch verboten.«

»Wie geht der Hitlergruß?«

»Man streckt den rechten Arm aus, mit der flachen Hand nach unten.«

»So? Oder etwas höher?«

»Ja, genau so. Du kannst den Arm jetzt wieder runternehmen.«

»Aber so ist es richtig, ja? Der Winkel stimmt?«

»Ja doch.«

Zufrieden mustert er das Ergebnis, von den Fingerspitzen bis zur Schulter, dann wieder zurück zu den Fingern, als wolle er sich die genaue Position einprägen.

»Du könntest jetzt wirklich ...«

Ich schaue mich um, ob wir beobachtet werden. Zwei Gäste am Nebentisch blicken hastig zurück in ihre Suppenteller. Die Überwachungskamera an der Decke filmt lautlos.

»Okay«, sagt Yangwei endlich. »Also, jedenfalls haben sich die Touristen gegenseitig so fotografiert. Vor einer Art Schloss. Hier.«

Das Foto in dem Artikel zeigt den Reichstag in Berlin.

»Sie wurden festgenommen und mussten 500 Euro Strafe zahlen. 500 Euro! Wegen ein paar Fotos. Ihr habt so strenge Gesetze in Deutschland, da kriegt man echt Angst.«

Zurück in der Wohnung fällt Yangwei auf, dass er nur einen Schlüssel hat. Ich biete deshalb an, am nächsten Morgen mit ihm um acht Uhr das Haus zu verlassen, wenn er zur Arbeit muss. »Nein, das ist zu früh für dich, du bist ein alter Mann«, ist seine Antwort. Niemand kann so lässig Rücksichtnahme, Bevormundung und Demütigung in einen Satz packen wie ein Chinese. Später beweist er noch einmal einen Hang zu ungefilterter Meinungsäußerung, als er sich die Fotos meiner vorherigen Reisen in meinem Couchsurfing-Profil ansieht: »Du hast dich total verändert. Du warst super-gut-aussehend«, lautet sein Kommentar.

Wir einigen uns darauf, dass ich am Morgen kurz mit runtergehe, um ihn mit dem Schlüssel rauszulassen. Danach kann ich zurück ins Zimmer und meinen greisen Knochen Rast verschaffen. (Ich bin 15 Jahre älter als er.)

Er schiebt seinen Rollkoffer vor die Badezimmertür, weil es drinnen keine Haken oder Ablagemöglichkeiten gibt, und drapiert Kleidungsstücke darauf. Dann verschwindet er in der Dusche.

Ich hatte erwartet, dass der Platzmangel das Hauptproblem für die Nachtruhe sein würde, aber da wusste ich noch nichts von den Mücken. Ständig summt es am Ohr, im Ohr und ums Ohr herum, an Einschlafen ist nicht zu denken. »Zehn Mücken sind schlimmer als fünf Katzen«, lautet zwar kein chinesisches Sprichwort, aber wahr ist es trotzdem. Etwa alle zehn Sekunden zieht

Yangwei geräuschvoll die Nase hoch, was auch nicht gerade nach Mozart klingt. Kurz nach Mitternacht macht er das Licht an, und wir gehen gemeinsam auf Insektenjagd. Wir erwischen ein paar, aber längst nicht alle. Er entschuldigt sich rührend für die Unannehmlichkeiten, obwohl er nichts dafürkann. Am nächsten Morgen fühle ich mich alt, verdammt alt.

Yangwei steht schon in Arbeitskleidung bereit. Schwarzes Jackett, knittriges weißes Hemd, schwarze Lackschuhe. Er schultert einen Adidas-Rucksack mit Isolierkanne im Seitenfach, beim Gehen flattert das heraushängende Teebeuteletikett wie ein kleiner Schmetterling. Ich bringe ihn nach unten und lasse ihn raus. Auch aus den anderen Türen strömen Männer in identischen Schwarz-Weiß-Outfits und Frauen in Hosenanzügen Richtung Westen zu den Läden mit den glänzenden Neuwagen. Einer von ihnen dreht sich plötzlich um und rennt auf mich zu. »Ich habe meinen Gürtel vergessen!«, verkündet der gestresste Job-Anfänger Yangwei und hastet noch einmal nach oben.

Dann ist Ruhe, ich lege mich wieder aufs Bett und döse ein bisschen.

Anschließend widme ich mich erneut der digitalen Selbstoptimierung. Diesmal probiere ich die in China extrem populäre App MyIdol aus. Wieder muss ich ein Selfie machen. Die Mitteilung »Scanning Face« erscheint auf dem Bildschirm, eine grüne Linie bewegt sich über meinem Porträtfoto auf und ab. Die folgenden Operationen heißen »Analysing the face«, »Calculating 3D structure« und »Computing texture«. Fertig. Das Programm hat nun ein dreidimensionales animiertes Modell meines Kopfes. Dazu stellt es mir zunächst automatisch einen Körper in schwarzem Anzug und weißem Hemd zur Verfügung, der Look ähnelt ein bisschen der Autohändler-Armada dort draußen. Das ist der Startpunkt, von hier aus kann ich optimieren.

Es gibt zahllose Optionen, sich mit Kleidung, Make-up, Hüten und Schuhen zu verschönern. Ich kann meinen Kopf in eine Riesenmütze mit Pandamotiv einbetten, kann mich kleiden wie ein chinesischer Kaiser oder mir den Körper einer Ballerina verpassen. Ich entscheide mich für eine Mütze mit Hamstermotiv und einen roten Blazer aus Brokatseide.

Mit dem fertigen Klon geht der Spaß erst richtig los. Ich kann ihn in vorgefertigten Animationsfilmen auftreten lassen, er singt dann »Happy Birthday« auf Chinesisch, betätigt sich als Kung-Fu-Kämpfer, Pianist oder Poledancer. Wer die Online-Spielerei »Elf yourself« kennt, hat eine ungefähre Vorstellung, allerdings ist ihr MyIdol technisch um Lichtjahre voraus. Würden in Deutschland mehr Menschen diese Gratis-App kennen, sie hätte bei uns Millionen von Fans. Der Anbieter ist eine Firma namens Huanshi Ltd., zu der man nirgendwo genauere Informationen findet. Außer, dass sie noch drei andere ähnliche Apps im Programm hat. Ich weiß nicht, wer sie sind, aber sie haben mein Gesicht. Ich beschließe, mir nichts Böses dabei zu denken, und experimentiere weiter mit lustigen Mützen und Schuhen herum, das macht einfach zu viel Spaß.

Von: Qing Polizistin

Wie ist dein Gastgeber? Hast du eine Couch oder ein Bett?

An: Qing Polizistin

Bett

An: Qing Polizistin

Und keine Katzen diesmal

Von: Qing Polizistin

Gut. Ich hoffe, niemand klettert heute Nacht auf dich drauf

Zurück in die reale Welt. Das Zentrum von Hecun besteht aus einer Hauptstraße mit Restaurants und Geschäften, einem China-Mobile-Shop, einem »KTV«-Karaoketempel und einem Bubble-Tea-Laden. Männer tragen die T-Shirts hochgezogen, sodass sie bequem auf dem Bauchrund aufliegen, und sie spucken auf die Straße. »Kchouchchch«, der Sound des alten China, lauter sind nur die Hupen der Autos und Trucks, deren Getöse nahtlos in zehn Minuten Tinnitus übergeht, wenn man zu nah dran steht. An manchen Fenstern hängen Weihnachtsmannbildchen und »Merry Christmas«-Schriftzüge. Es ist Anfang April, das nimmt man hier nicht so genau, die Deko zum chinesischen Neujahrsfest bleibt ja auch zwölf Monate lang hängen. Ich sehe auffällig viele Friseurläden, einmal Haareschneiden kostet 15 Yuan, also weniger als zwei Euro.

Ein paar Straßen weiter stoße ich auf einen Fluss, der diese Bezeichnung kaum verdient, denn er tut so einiges, aber nicht fließen. Eine dunkelgraue Masse, in der Plastiktüten und leere Lebensmittelpackungen schwimmen und Wracks alter Holzboote vor sich hin modern. Die Luft ist nicht gut, sie kratzt im Hals und juckt in den Augen, zu viel Industrie ringsherum. Eine gesunde Wirtschaft ist in China wichtiger als gesunde Menschen, die Staatspropaganda spricht von einem notwendigen Übel, das der Fortschritt nun einmal mit sich bringe. Immerhin: Als die Führung verstand, dass ein »Weiter so« Teile des Landes in 50 Jahren unbewohnbar machen würde, fanden Umwelttechnologien doch noch den Weg in den nächsten Fünfjahresplan. Heute hat kein Land so viele Solaranlagen und Elektroautos wie China.

Ich verlasse den Ort in Richtung Highway und nähere mich den Autogeschäften. Zunächst entdecke ich Marken, die in Europa nie oder nur selten gesichtet werden, ihre Logos wirken auf mich wie die Embleme außerirdischer Streitkräfte in einem Computerspiel. Cowin. Bisu. Sinotruck. Great Wall. FAW. Trumpchi.

Durch eine Unterführung quere ich die Schnellstraße, auf der anderen Seite befinden sich auf einem riesigen Gelände die internationalen Marken.

Als Chinas erster VW Santana am 11. April 1983 in einem Werk in Shanghai vom Band lief, waren Autos noch hauptsächlich Funktionären und Taxifahrern vorbehalten. Das einfache Volk fuhr Fahrrad, Motorrad oder Bus. Hätte damals jemand vorausgesagt, dass hier bald der größte Auto-Absatzmarkt der Welt entstehen würde, er wäre wohl für verrückt erklärt worden. Der biedere Santana, eine unscheinbare Mittelklasse-Limousine mit Stufenheck, war in Europa ein Flop, wurde aber in China zum Bestseller. Obwohl die Hupe für fernöstliche Anforderungen zu leise war (gesegnet seien leise Hupen!) und der mangelnde Komfort auf der Rückbank kritisiert wurde. Fahrer- und Beifahrersitz interessierten weniger, die Eigentümer saßen meist hinten.

Die VW-Manager bewiesen Weitsicht, als sie so früh schon auf den erst später lukrativen Markt setzten. Noch immer sind meistens andere Modelle erfolgreich als auf dem Heimatkontinent, ihre Typbezeichnungen klingen wie ein brasilianischer Karnevalssong: »Lavida! Lamando! Santana Jetta Bora!«

Das Werk in Foshan wird übrigens gerade erweitert, VW setzt hier zukünftig auf E-Antriebe und SUVs, bald können 600 000 statt 300 000 Autos pro Jahr gebaut werden. Das sind immer noch etwas weniger als in Wolfsburg, aber Foshan ist ja nur eines von 19 VW-Werken in China. 19. So viel zu den Dimensionen, so viel zu den Hoffnungen, die Automanager mit diesem Land verbinden.

Und die Chinesen setzen ihre Hoffnungen in die Autoindustrie. Zum Beispiel Yangweis Eltern. Es war ihre Idee, dass ihr Sohn in Hecun anheuert, wie er mir bei einem After-Work-Zitronentee an der Hauptstraße berichtet. »Denen ist es egal, ob ich glücklich bin im Job. Sie schauen nur aufs Geld«, sagt er. Wenn es gut läuft, kann er dank Verkaufsboni später auf bis zu 10 000 Yuan im Monat kommen, das sind 1300 Euro. »Vielleicht werde ich ihnen in zehn Jahren einmal dankbar sein, aber im Moment machen sie nur Druck«, klagt er.

Yangwei gesteht, überhaupt keine Ahnung von Autos zu haben. Er hat gelernt, Webseiten zu erstellen, er spricht gut Englisch, hat sieben Länder und halb China bereist. Aber wenn er den Unterschied zwischen Kombi und Coupé erklären sollte, müsste er passen. »Am zweiten Arbeitstag hat mich ein Kunde nach den technischen Daten eines Wagens gefragt. Ich konnte nur ›Sorry, sorry‹ sagen und schnell einen Kollegen holen.«

In den ersten zwei Monaten soll er vor allem den anderen über die Schulter schauen. Und nebenbei alles über die Autos lernen, ebenso die »Regeln für Verkäufer«, eine Liste mit 40 Punkten, die er ausgedruckt in der Tasche hat. »*Du brauchst saubere Kleidung und musst immer lächeln*«, liest er vor. »O Mann. Das ist so langweilig und blöd. Ich komme mir vor wie ein Grundschüler.«

Auf dem kleinen Fernseher des Teeshops läuft eine Sitcom, in der gerade ein junger Mann zum ersten Mal seine erhofften zukünftigen Schwiegereltern kennenlernt. Aus einem Grund, der vermutlich vorher erklärt wurde, trägt er dabei ein Ballettkleidchen, was ihm sichtlich peinlich ist.

Yangwei übersetzt für mich noch ein paar weitere Punkte:

»*Fragen Sie den Kunden nach seinem Namen und seiner Telefonnummer. Nach dem Gespräch müssen Sie ihn innerhalb von 24 Stunden kontaktieren. Bieten Sie dem Kunden an, das Auto zu testen, bieten Sie Soweiß.*«

»Was?«

»Du kennst Soweiß nicht?«

»Nein.«

»S – e – r – v – i – c – e«, buchstabiert er.

»Ah, Service!«

»Nein, das spricht man Soweiß aus. Warte, ich gucke im Übersetzungsprogramm nach. Oh, du hast recht. Service. Aber hier, das ist auch super: *Wenn das Telefon klingelt, dürfen Sie es nicht mehr als dreimal läuten lassen, maximal acht Sekunden. Sagen Sie: Hallo, was brauchen Sie, wie kann ich Ihnen helfen? Hören Sie dem Kunden zu.*«

Ein kleiner Mann im gelben Polohemd legt rosafarbene Flyer eines Massagesalons namens Xiang Jian auf unseren Tisch. »Neue Gefühle, neue Erfahrungen«, verspricht der Text und als besondere Behandlung eine Entgiftung der Blase. Toxine müssen raus aus dem Körper, das ist ein Riesenthema in der traditionellen chinesischen Medizin. Die Porträtfotos von acht sehr jungen Damen, die dank digitaler Optimierung großäugigen Außerirdischen ähneln, deuten allerdings auf eine Art der Entgiftung hin, die in keinem medizinischen Lehrbuch steht. *Bieten Sie Service*, das Geheimnis eines erfolgreichen Unternehmens.

»*Sprechen Sie mit dem Kunden über ein interessantes Thema, um eine gute Atmosphäre zu schaffen*«, liest Yangwei weiter. »*Das* kann ich überhaupt nicht, ich bin so schüchtern. Worüber soll ich denn mit denen reden? Vielleicht über so was hier?«

Er deutet auf den Flyer, auf der Rückseite sind ein paar Discount-Gutscheine aufgedruckt.

»Ich könnte ihnen anbieten: ›Wenn Sie ein Auto kaufen, bekommen Sie eine ‚Kaiser'-Massage gratis dazu‹. Ach, das ist doch alles Blödsinn.«

Aber eine Parallele der Branchen sieht er dann doch: Ein Kollege habe gesagt, das Wichtigste für einen Verkäufer sei, gut auszusehen. »Dann kannst du den Leuten alles andrehen. Europäer haben es leichter, die sind von Natur aus attraktiv.«

»Wenn das stimmen würde, wären auch die Kunden in Europa gut aussehend, dann wäre der Verkäufer nichts Besonderes.«

»Auch wahr. Aber in China sind beide hässlich. Darum ist es schwer, mit dem Kunden zu kommunizieren. Beide denken nur: ›Warum bist du so hässlich? Warum redest du mit mir?‹«

»Ach, deshalb kaufen die chinesischen Touristen europäische Luxusläden leer! Wegen der schönen Verkäufer!«

»Nein, in dem Fall sind die Menschen egal. Die Preise sind einfach niedriger als in China.«

Die schönen Ausländer. Für viele China-Erstbesucher zählt ein bisher ungekanntes Gefühl von Attraktivität zu den prägenden

Reiseerfahrungen. Europäer und Amerikaner bekommen häufig Komplimente – von Männern und Frauen gleichermaßen. Das ist üblich, eine Small-Talk-Kleinigkeit wie das obligatorische »Du sprichst sehr gut Chinesisch«, wenn man ein falsch betontes *ni hao* herausbringt, oder ein Lob für Stäbchen-Essfähigkeiten, wenn einem nur jeder dritte Bissen herunterfällt.

Einerseits. Und doch steckt auch eine wahrhaftige Bewunderung dahinter, das geltende Schönheitsideal ist »westlich«. Besonders gut verdienen Kosmetikindustrie und plastische Chirurgie mit Optimierungen, die weiße Haut, schmale Wangen und große Augen versprechen.

Sogar in der Sprache spiegelt sich eine gewisse Hochachtung wider. US-Amerikaner zum Beispiel heißen *meiguoren*, was sich als »schöne Menschen« übersetzen lässt (Engländer sind demnach Heldenmenschen, Deutsche sind Tugendmenschen, Franzosen sind Gesetzmenschen).

Was damit einhergeht, demonstrierte mir vor zehn Jahren bei meiner ersten Pekingreise ein belgischer Couchsurfing-Gastgeber. Ein zurückhaltender Kerl, freundlich, Typ fahriger Buchhalter. Bei uns Mauerblümchenkandidat, dort nach sieben Monaten Studium bereits mit Freundin Nummer fünf zugange. »In China sind wir alle Latin Lovers«, sagte er.

Während die europäische Normalfrau sich in China wegen relativer Unzierlichkeit wie Helga die Wikingerin fühlt, sind ausländische Männer auf der Attraktivitätsskala plötzlich zwei Stufen höher angesiedelt.

In einem erstaunlich expliziten Artikel, der in der staatstreuen chinesischen Zeitung *Global Times* erschien, beklagte sich eine frustrierte Ausländerin über sexuelle Marginalisierung: Mit ihrer Unabhängigkeit und stark ausgeprägten eigenen Meinung würde sie die chinesischen Männer verschrecken. Andere Ausländer kämen auch nicht infrage, denn sobald die einmal auf den Geschmack gekommen seien, »wie viel Aufmerksamkeit sie von Chinesinnen mit ihren schlanken und biegsamen Körpern und ihrer Unterwürfigkeit im Bett erhalten, können kaukasische Frauen nicht mehr mithalten«.

Bevor jetzt 50 Prozent der Leser mit roten Ohren einen Visumsantrag herunterladen, sei noch kurz die Kehrseite erwähnt. Den besten Ruf haben die Schürzenjäger in den »Foreigner Bars« nicht, und längst hat sich der Begriff »LBH« etabliert, das ist die Abkürzung für »Loser Back Home«: ein Klischee-*Laowai*, der daheim weder in der Liebe noch im Job irgendetwas auf die Reihe kriegt, in China jedoch dank eines spektakulär überbezahlten Englischlehrer-Jobs beginnt, ein Leben wie ein Rockstar zu führen. Ein Hip-Hop-Song namens »Dumme Ausländer« von der Gruppe Fat Shady aus Chengdu zeigt wenig Sympathie dafür: »Du warst ein Verlierer in deinem Land – komm nach China, um ernst genommen zu werden«, lautet eine der harmloseren Textzeilen. Der Rest ist ein gossenpoetisches Tryptichon aus »Fick deine Mutter«, »Putz mein Auto« und »Ich will dich erschießen«.

Als Englischlehrer nehmen die jeden, hatte Yang mir in Hamburg gesagt. In den Megacitys stimmt das inzwischen nicht mehr, hier werden hauptsächlich Muttersprachler mit Zertifikat engagiert. Und natürlich gibt es hervorragende ausländische Lehrer. Aber man trifft schon mal gut gelaunte Kolumbianer, Russen oder Ukrainer, die sich einfach als Ami oder Kanadier ausgeben und trotz eines beachtlichen Akzents und einiger Vokabelschwächen an die Schulen gelassen werden. Die Nachfrage ist einfach zu groß, schon Grundschüler werden von ihren Mittelstandshelikoptereltern am Wochenende zum Englischunterricht in die Privatschule gekarrt.

Ich schreibe einem Gastgeber in Yangshuo, einer Stadt in der Nähe von Guilin, die berühmt ist für ihre Kormoranfischer-vor-Karstfelsen-Fotomotive. Der Mann ist Chef eines Sprachinternats für Erwachsene und macht ein ungewöhnliches Angebot: Besucher kriegen Unterkunft und Mahlzeiten umsonst, wenn sie dafür zwei Stunden Konversationsübungen pro Tag übernehmen, Einzelunterricht. Klingt nach viel Zeit fürs Englischlehrer-Rockstarleben, also sage ich zu.

排名排名排名排名排名排名排名排名排名排名排名排名

DIE BESTEN CHINGLISH-SÄTZE

1. Be careful clothes sandwich (Warnhinweis an einer Rolltreppe)

2. Millet pepper love on small cock (auf einer Speisekarte in Shenzhen)

3. No professional doors (Warnung an einer Aufzugtür)

4. The US dental ministry of denture (Zahnarztschild in Kashgar)

5. Alive steel rail don't climb over (Warnschild an einer Bergbahn in Zhangjiajie)

陽朔縣
YANGSHUO

Einwohner: 310 000
Provinz: Guangxi

DIE WILDE WEST-STRASSE

Ich verabschiede mich von Yangwei, nehme am Highway den Bus nach Guangzhou und von dort einen Hochgeschwindigkeitszug nach Yangshuo. Schnellzugbahnhöfe in chinesischen Großstädten sind oft so groß wie Flughäfen, dieser besteht aus 79 000 Tonnen Stahl und 1,5 Millionen Kubikmetern Beton, was für 28 Gleise und eine gigantische Wartehalle reicht.

Passkontrolle, Gepäckscan, Wanderung durch die riesige säulenlose Wartehalle. Erst kurz vor der Abfahrt dürfen die Passagiere auf den Bahnsteig. Das Design des Triebzuges vom Typ CRH2 erinnert optisch an eine Mischung aus weißem Drachen und Snoopy.

Er fährt, wie bei chinesischen Schnellzügen üblich, knapp eine Minute zu früh ab. Am Startbahnhof immer 15 bis 45 Sekunden vor der Zeit, die auf der Anzeigentafel steht. Vermutlich ist das eine sehr deutsche Beobachtung, aber wenn man einmal darauf achtet, ist es verblüffend.

Hektisch suchen sehr viele Menschen gleichzeitig ihren Platz im Großraumabteil. Zwei Sitze pro Seite, blauer Bezug mit weißem Tuch im Kopfbereich. Meine Nachbarin, eine Frau um die 40, telefoniert ununterbrochen. Sie spricht kein Mandarin, sondern einen lokalen Dialekt, und das in einer Lautstärke, die im Ohr wehtut, obwohl sie nicht einmal schimpft. Ich nehme etwas davon per Handy auf, um es mir später von einem Muttersprachler übersetzen zu lassen. Sie schreit ihre Ankunftszeiten und Abendessenspläne heraus, als könne sie nur auf diese Weise sichergehen, dass der viele Kilometer entfernte Gesprächspartner auch alles mitkriegt. Niemand kann so ohrenbetäubend nichtschimpfen wie eine Chinesin vom Land.

Eine Schaffnerin mit Staubwedel läuft durchs Abteil und feudelt um die Passagierfüße.

China ist das Eisenbahnland Nummer eins. Jemand hat mal ausgerechnet, dass jede Minute zehn Millionen Chinesen auf Gleisen unterwegs sind. Nirgendwo auf dem Planeten gibt es mehr Hochgeschwindigkeitsstrecken, und nirgendwo gibt es mehr Pläne für weitere Hochgeschwindigkeitsstrecken. In den 21 Jahren, die Deutschland für die ICE-Trasse München-Berlin brauchte (652 Kilometer), entstanden in China 25 000 Kilometer Highspeed-Strecke.

Fortschrittsorientiert geht es auch im Bordfernsehen zu. Da werden Taikonauten auf der Raumstation »Tiangong 2« gezeigt, 381 Kilometer über der Erde. China will bald eine Sonde zum Mars schicken und plant einen bemannten Mondflug im Jahr 2024.

Wenigstens aus dem Fenster sieht das Land jetzt endlich mal so aus wie in einem Bildband aus den 1970er-Jahren: baumbewachsene Karstfelsen im Nebel, unzählbar viele, wie grüne Riesen-Kamelhöcker stehen sie in der Landschaft, wie ein weicher, rundlicher Gegenentwurf zur Eckigkeit der Hochhäuser ein paar Kilometer zuvor. Verschiedene Epochen scheinen aufeinanderzutreffen, wenn der Schnellzug aus der Gegenwart durch Ländereien der Vergangenheit braust. Als ich nach gut zwei Stunden in Yangshuo aussteige, ist der Bahnhof das modernste Bauwerk weit und breit, ringsum nur Natur und maximal vierstöckige weiße Häuser.

Der Weg zum Bus ist ein Spießrutenlauf. Männer mit Zigarette hinter dem Ohr rufen »Taxi Mister, where are you going?«, »Hotel, hotel!« oder »Taxi, hotel, lady!«. Ich fühle mich wie auf einer Auktion. Der Forscheste von ihnen ergreift meinen Arm und versucht mich mit »No bus, no bus« davon zu überzeugen, dass ich die 20 Meter entfernte Haltestelle nur halluziniere. Zum Glück vertraue ich meiner Wahrnehmung mehr als dem, was Fremde behaupten, und bald bringt mich ein sauberer Reisebus für wenig Geld in die Stadt.

Das ZhouYue English College befindet sich noch einmal fünf Kilometer außerhalb. Ein kettenrauchender Motorradtaxifahrer, dessen Verhältnis zu Verkehrsregeln improvisatorischer Natur ist, bringt mich hin, über Bürgersteige, rote Ampeln, Zebrastreifen und gelegentlich mitten im Gegenverkehr.

Der Schulleiter (»meinen chinesischen Namen kannst du dir sowieso nicht merken, nenn mich einfach Frank«) begrüßt mich an einer Art Rezeption. Grauer Pulli, Turnschuhe, schwarz gerahmte Hornbrille. An der Wand hängen Uni-Zertifikate der Lehrer, etwa die Hälfte hat etwas mit Sprachen studiert, aber auch Philosophie und BWL sind vertreten. »Du hast zwei Einzelstunden am Tag, zwischen 18.30 Uhr und 20.30 Uhr«, sagt Frank. »Es geht einfach darum, viel zu sprechen.« Für die Behörden macht er eine Kopie von meinem Ausweis und dem Visum, dann bringt er mich zum Wohnheim auf der anderen Straßenseite.

Mein Zimmer im sechsten Stock erinnert mit seinen zwei Stapelbetten aus Holz an einen Schlafsaal im Hostel, momentan bin ich der einzige Gast. Nebenan erstreckt sich eine Dachterrasse, über die Wäscheleinen gespannt sind, mit Blick auf weiße Dorfhäuschen und grüne Karstfelsen.

Den ersten Abend habe ich noch frei, also miete ich mir einen knallroten E-Roller und schwebe damit lautlos ins Zentrum von Yangshuo. Das Ding ist komfortabel, aber etwas zu klein, sodass ich ständig mit den Knien anstoße. Nachts muss es für ein paar

Stunden an die Steckdose, eine Akkuladung reicht für 60 Kilometer. Verstehe einer, warum in ach so ökobewussten deutschen Städten so viele Mopeds immer noch mit Benzin fahren.

Außerdem gibt es in Yangshuo an jeder Ecke Fahrrad-Verleihshops. Vor Kurzem wollte auch einer der großen nationalen Anbieter öffentlicher Leihräder ein Stück vom Kuchen abhaben, das fanden die lokalen Verleiher so daneben, dass sie einige seiner Zweiräder kurzerhand in den Li-Fluss warfen. Das Unternehmen zog wieder ab.

Am Eingang der berühmten West-Straße halte ich an, um in den Menschenfluss einzutauchen, der sich über das Kopfsteinpflaster bewegt. Wenn Chinesen sich zu einer Gruppe zusammenfinden und in Touristen verwandeln, bedeutet das meistens wenig Gutes, auch wenn es dabei durchaus heiter zugeht. Hinter Anführrern mit rotem Fähnchen in der Hand und Lautsprecher am Halsband marschieren sie wie mäßig disziplinierte Pionierbataillone vorwärts, den Selfiestick stets im Anschlag, immer auf der Suche nach dem nächsten Abschuss, nach Dingen oder Lebewesen, die sich auf Fotos gut hinter oder neben dem eigenen Konterfei machen könnten.

Jeder Quadratmeter der von Sicherheitskameras gesäumten West-Straße hat nun wiederum den Zweck, diesen Besuchern möglichst viele Motive zu bieten und möglichst viel Geld abzuluchsen. Snackbuden, Hotels und Bars, Tour-Anbieter in traditionellen Seidenkostümen, die »Bamboo, Bamboo« anpreisen, also Bootsfahrten auf Bambusflößen und Souvenirs, Konsum, Souvenirs. Ob wohl einigen Teilnehmern im Verlauf der Reise beim täglichen Betrachten der Gruppenmitglieder-Outfits dämmert, dass Gratiskappe und Gratisrucksack mit Veranstalter-Logo doch keine so geilen Goodies sind, wie sie bei der Buchung vermutet hatten?

Straßen dieser Art gibt es vielerorts in China, und sie ähneln einander verblüffend. Standard sind: ein Kentucky Fried Chicken, ein Trommel- und Ukulele-Shop, ein T-Shirt-Druckservice, ein Laden für Kämme aus Tiergeweihen, ein Virtual-Reality-Fahrgeschäft und ein Schnellrestaurant, das mit dem Spruch »Wir be-

wirten keine Japaner« um rassistische Kunden buhlt. In Yangshuo kommen noch auffallend viele Kneipen hinzu, die deutsches Bier oder Bratwurst anbieten. Und mehrere Bars mit Tänzerinnen, die wenig anhaben und ein Publikum bespaßen, das mit Luftballonschlangen im Rhythmus der Musik nach links und rechts wedelt. Ab 18 und doch Kindergeburtstag. Gibt es einen traurigeren Anblick als Männer mittleren Alters, die mit einer orangefarbenen Luftballonschlange »Despacito« dirigieren, immer ein bisschen neben dem Takt, während sie sich an ein überteuertes Tsingtao-Bier klammern und verschämt die Hüften Bunny-beohrter Schönheiten inspizieren? Manche schwenken auch Plastikstäbe mit zwei Plastikhänden oben dran, die bei Bewegung ein Klackern erzeugen, das an vieles erinnert, nur nicht an applaudierende Hände. Die entwürdigenden Gimmicks werden von den Bardamen selbst verteilt und dankbar angenommen, hurra, es gibt was geschenkt.

Draußen patrouillieren knapp 20 schwarz gekleidete Polizisten mit Anti-Riot-Helmen und Schlagstöcken, sie wirken wie der düstere Gegenentwurf zu den Touristengruppen, wie der schwarze Schatten, der ihnen folgt. Soll ja nichts aus dem Ruder laufen in der wilden West-Straße. Ich gehe zu meinem E-Roller und fahre zurück zur Schule.

Der Unterrichtsraum 301 hat ein vergittertes Fenster, ein paar Stühle sind um einen Holztisch gruppiert, an der Tafel stehen von einer vorherigen Unterrichtsstunde die Worte »career«, »fulfilment« und »trade«. Hier treffe ich an den folgenden Tagen einige Englischschüler. Neun Monate verbringen sie hier, am Ende erhalten sie ein Sprach-Zertifikat. In den Gesprächen lerne ich viel über den chinesischen Alltag, über Lebenspläne – und immer wieder über das Geldverdienen. Die zentralen Themen sind die

Geschäfte der Vergangenheit und die Geschäfte der Zukunft, die Vergänglichkeit von Profit und die nötige Flexibilität, um erfolgreich zu bleiben. Junge chinesische Werdegänge in Kurzform:

Lisa, 27, verkaufte in der Firma ihrer Mutter Büstenhalter, gründete dann mit ihrer Schwester ein Nagelstudio, was zunächst viel Geld brachte, bis in der gleichen Straße fünf weitere Nagelstudios eröffneten und das Geschäft sich nicht mehr lohnte, weshalb sie zeitweise daran dachte, in das Reisebüro eines Cousins einzusteigen, aber das läuft inzwischen auch nicht mehr gut, weil alle jetzt im Internet buchen.

Rooney, 31, hat acht Jahre in einer Firma gearbeitet, die Motoren für General Motors baut, ist aber unsicher, was die Zukunft angeht, wegen Donald Trump, das Wachstum könne ja so nicht weitergehen und die Exporte in die USA würden möglicherweise auch einbrechen.

Win, 19, hat in einem Laden für Besteck und Tischzubehör gearbeitet, sechs Tage die Woche, bis zu zwölf Stunden am Tag, aber eigentlich träumt er davon, ins Ausland zu gehen, vielleicht nach Thailand, und dort Touristenführer zu werden.

Ich bekomme in diesen Gesprächen ein Gefühl für einen wesentlichen Mentalitätsunterschied zwischen Europäern und Chinesen. Bei uns gibt es eine spürbar größere Angst vor Veränderung, einen romantischen Wunsch danach, dass die Dinge weitgehend so bleiben mögen, wie sie sind. In China dagegen wird der Wandel als Naturzustand akzeptiert, das Leben ist eine ständige Baustelle, ein »Ankommen« ist nicht vorgesehen.

Mit dem Scooter erkunde ich tagsüber die Landschaft. Die Karstfelsen wirken im silbrigen Morgennebel ganz zauberhaft, wie schlafende Riesengespenster in grünen Gewändern. Die Kormoranfischer von den berühmten Fotos existieren allerdings nur noch in einer Folklore-Show, einer von vielen Optionen neben einem Auto-Stunt-Zirkus, einem Wasserhöhlen-Schlammbad und dem »20-Yuan-Banknoten-Foto«-Ausflug (der Geldschein zeigt einen besonders idyllischen Flussabschnitt). An manchen Wasserabschnitten herrscht Verkehrsstau, wenn zu viele Bambusflöße gleichzeitig unterwegs sind. Die Einheimischen haben wettergegerbte Gesichter und eine gesunde Hautfarbe, wie sie chinesische Großstädter mit jeder Menge Kosmetik zu verhindern suchen, um nicht »arm« auszusehen.

Als Zimmergenosse zieht ein französischer Ingenieur namens Sébastien bei mir ein. »Du magst Schulen? Dann habe ich eine Idee für dich«, sagt er und berichtet von einem Couchsurfing-Gastgeber in einem Dorf namens Wenshi, nur ein paar Stunden entfernt von hier. »Charley. Verrückter Typ, aber sehr nett. Er ist Mitte 30 und Englischlehrer, hat bis vor Kurzem auch in Yangshuo gearbeitet. Hier ist der Kontakt, ich schreibe ihm, dass du dich bei ihm meldest. Der nimmt dich bestimmt gerne auf.« Und tatsächlich, bald kommt eine Nachricht von ihm.

Von: Charley
Willkommen! Ich fühle mich hocherfreut, dich zu treffen.

An: Charley
Danke, ich freue mich auch sehr!

Von: Charley
Du bist ein Freund von Seb, also bist du auch mein Freund. Kann ich deine Stimme hören?

Ich sende ihm über WeChat einen kurzen Gruß als Sprachnachricht.

»Stie-phen! Was sind deine Hobbys? Dinge, die du gerne machst, Hobbys?«, kommt von ihm zurück, ebenfalls als Tonaufnahme. Seine Stimme ist ungewöhnlich hoch und nasal, jede Silbe der englischen Wörter spricht er überdeutlich aus, wie auf einer Sprachkurs-CD für Anfänger.

»Reisen, Bücher, Gitarre spielen«, schreibe ich und fühle mich ein bisschen wie beim Ausfüllen eines »Meine Schulfreunde«-Buches in der Grundschule.

Er wieder per Sprachnachricht: »Wow, das klingt toll. Aber ich denke, du könntest versuchen, mir das zu sagen, nicht zu schreiben.«

»In Ordnung, ab jetzt antworte ich per Sprachnachricht«, antworte ich per Sprachnachricht.

»Weißt du, warum ich dich bitte zu sprechen? Weil ich mich an deine Stimme, deine Intonation gewöhnen will, deshalb mache ich das.«

Kurz darauf die nächste Nachricht von ihm: »Schläfst du mit Seb?« Während er sich an meine Intonation gewöhnen muss, muss ich mich an seine Wortwahl gewöhnen.

»Wir sind im gleichen Zimmer, ja. Er sitzt neben mir.« Der Angesprochene schickt aus dem Hintergrund ein »Hallo Charley« in mein Handy-Mikrofon.

»Gute Nacht, Stie-phen. Du bist ein Freund von Seb, also auch ein Freund von mir«, sagt er noch einmal.

文市
WENSHI

Einwohner: 30 000
Provinz: Guangxi

HUNDE UND LOKALPOLITIK

Ein Motorradtaxi bringt mich zum Bus, ein Bus zum Bahnhof von Guilin, ein Taxi zum Guilin-Westbahnhof, ein weiterer Bus in Richtung Wenshi. Von großen Orten an kleinere zu reisen ist immer komplizierter als umgekehrt, hier ist mein Hauptproblem der lokale Dialekt: Die Leute verstehen nicht, wenn ich »Wenshi« sage, weil sie es wie »Wen-si« aussprechen. Mit den Zahlen ist es hier auch nicht einfach, weil *shi* (»zehn«) immer wie *si* (»vier«) klingt. Als wären die feinen Aussprache-Unterschiede der verschiedenen chinesischen Zischlaute nicht auch so schon schwer genug.

Nachdem der altersschwache Yutong-Bus noch 50 Minuten optimistisch durch die Stadt gekreist ist, in der Hoffnung, an obskuren Straßenecken weitere Passagiere aufzulesen, biegt er endlich auf die Fernstraße nach Osten ab. Je weiter er sich von der Großstadt entfernt, desto niedriger werden die Häuser und desto höher werden die grünen Hügel ringsum. Die Räder rumpeln, geknotete Plastikvorhänge schlagen ans Fenster, und vom Sitz hinter mir höre ich Geldklimpern und eine Frauenstimme, die immer wieder »Great!« sagt, begleitet von einem Marimba-Dreiklang. Irgendein angesagtes Smartphone-Videospiel.

Von einem reinigungsbedürftigen Sitzpolster aus beobachte ich Gewächshäuser und rote Sinopec-Tankstellen, »Great!«, trübgraue Teiche und braune Flüsse, »Great!«, und immer wieder in kleinen Ortschaften Ladenbesitzer, die am Tresen ihr Mittagsschläfchen halten. »Great!« Klimper. Dudelü.

Jeder im Bus hat Internet außer demjenigen, der es gerade am dringendsten braucht, und das bin ich. Bislang habe ich nämlich versäumt, mir eine chinesische SIM-Karte zuzulegen. Eigentlich aus Faulheit, aber ich rede mir ein, es sei eine Vernunftentscheidung, weil man mich so schwieriger orten kann. Ein bisschen Paranoia ist in einem Überwachungsstaat immer mit dabei. Bei meinem deutschen Handynetzanbieter kaufe ich per SMS für 1,99 Euro eine 24-Stunden-Roaming-Freigabe, was aber nicht funktioniert. Seit dem Morgen bin ich unterwegs, und Charley weiß nicht, wann ich ankomme. Ohne Internet bist du allein in China, ein komischer Kauz ohne Freunde, »Great!«, dudelü. Nach zwei Stunden hält der Fahrer am Busbahnhof von Wenshi.

Mein Handy zeigt mehrere verschlüsselte Netzwerke an, teils mit wenig vertrauenerweckenden Namen voller Sonderzeichen. Ich probiere trotzdem alle aus, indem ich als Passwort »88888888« und »123456789« eingebe. Ohne Erfolg.

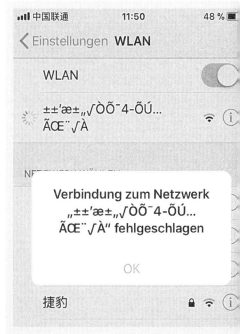

Ich laufe auf die Hauptstraße, doch kein Restaurant ist zu sehen, das möglicherweise Internet haben könnte, es gibt nur eine Bank, Gemischtwarenläden und braun gebrannte Straßenverkäufer mit großen Schweinefleischbrocken. Die Leute starren mich ungeniert an.

Zurück zur Bushaltestelle. Ich frage die Frau am Schalter nach

Wi-Fi. »*Mei you* – gibt es nicht«, sagt ihre verzerrte Mikrofonstimme hinter der Scheibe. Ob sie für mich eine WeChat-Nachricht schreiben könne, frage ich. Sie kramt ihr Handy hervor, deutet aber nur auf eine weitverbreitete App namens Wanle Yaoshi, »Starker Schlüssel«, mit der man in viele gesicherte Netzwerke kommt, zumindest für kurze Zeit. Spionagetechnik für alle. Ob ich die nicht hätte? Leider nicht.

Eine Kundin in roter Jacke bietet an, meinen Gastgeber anzurufen, falls ich die Nummer habe. Doch ich habe nur seinen WeChat-Kontakt, und der hilft ihr nichts, denn sie ist der erste Mensch ohne Smartphone, den ich in China treffe, sie hat nur ein altmodisches Klapphandy.

Die Bus-Angestellte hat doch noch eine Idee. Sie deutet auf einen Handy-Shop schräg gegenüber, der Geräte von international unbekannten Firmen namens Hero Tod, Redgee, F Fook oder Coobe anbietet. Fast hätte ich mir ein Hero-Tod-Telefon gekauft, nur wegen des sensationellen Namens. Die Angestellte nimmt mein Handy und loggt mich in ein Wi-Fi-Netz ein.

Von: Charley

Wo bist du jetzt?

Von: Charley

Stephan?

Von: Charley

Wo bist du? Warum bist du nicht pünktlich?

An: Charley

Tut mir furchtbar leid, ich hatte kein Internet. Bin jetzt am Busbahnhof von Wenshi

Von: Charley

> Du bist also an der Bushaltestelle von Wenshi?
> Bitte warte auf mich dort kurz

Geht doch. Zurück an der Haltestelle, bedanke ich mich bei der Schalterangestellten. Lautlos kommt Charley auf einem elektrischen Scooter mit lilafarbenem Plastikdach angerollt. Er trägt eine Anzughose und eine orangefarbene Sportjacke, hat sehr dicke Brillengläser und ein sehr rundes Gesicht.

»Meine Eltern freuen sich schon«, sagt er. »Sie haben extra den Hund für dich geschlachtet.«

Kurze Schreckpause. Vielleicht scherzt er ja nur.

»Das wäre wirklich nicht nötig gewesen«, sage ich dann. Nie habe ich den Satz so ernst gemeint. Aus einer Seitenstraße höre ich das Knallen von Feuerwerk.

»Ach was, es ist ein besonderer Tag. Willkommen! Steig auf!«

Ich zwänge mich hinter ihn unter das Plastikregendach. Aus Platzmangel kann ich samt Rucksack nur leicht gekrümmt sitzen, ohne mit dem Kopf anzustoßen. Meine Beine stehen heuschreckenartig nach außen.

»Ich habe dich bei meinen Eltern als meinen alten Freund Stiephen aus Deutschland angekündigt«, sagt er. »Ich habe gesagt, du bist sehr freundlich und sehr gesprächig. Weil du ein Freund von Seb bist, bist du auch mein Freund. Vielleicht sagst du lieber nichts von Couchsurfing, das wäre seltsam für sie, verstehst du?«

Der Ort ist eine Aneinanderreihung von tristen Beton-Einfamilienhäusern mit Krimskrams-Shops im Erdgeschoss und Wohnräumen darüber. An den Eingängen kleben rotgoldene Abbildungen der Türgötter Yuchi Gong und Qin Qiong, zwei Kriegern aus der Tang-Dynastie im 7. Jahrhundert. Mit wehenden Bärten und furchteinflößenden Hellebarden sollen sie böse Geister fernhalten. Daneben hängen oft Neujahrsfest-Cartoons von fröhlichen Hunden mit großen Augen, schließlich ist gerade Jahr des Hundes. Manche strecken die Zunge heraus, als wollten sie mich verhöhnen.

Charley biegt in eine Seitenstraße mit vielen Schlaglöchern ab. Vor Unebenheiten sagt er immer nur »Be careful!«, anstatt zu bremsen. Durch ein Tor erreichen wir den Innenhof seines Elternhauses. Oder besser: der zwei Elternhäuser. Rechts ein bröckliges altes Gemäuer mit historischen Dachschindeln, links ein neuer dreistöckiger Betonbau mit gelben Wänden. Zwei rote Lampions schmücken den Haupteingang, der direkt ins Wohnzimmer führt. Im Innenhof pickt eine Hühnermutter mit ein paar Hühnerbabys Körner vom Boden.

Charley stellt mich seinen Eltern vor. Der Vater ist Elektriker, ein untersetzter Mann mit hoher Stirn und brauner Haut. Er hält mir eine Zhenlong-Zigarette vors Gesicht, Chinesen bieten immer eine Zigarette an, wenn sie selbst rauchen möchten. Ich lehne dankend ab. Die Mutter hat graue Haare und viele Lachfalten, zur Begrüßung schiebt sie mir eine Handvoll ultrasüße Fruchtbonbons und Erdnüsse zu. Dann verabschiedet sie sich in Richtung Küche. Ich versuche, nicht darüber nachzudenken, was dort noch zu tun ist.

»Vielleicht willst du meine Schule sehen? Dann müssen wir jetzt los«, drängelt Charley.

Ich bringe noch schnell meinen Rucksack in den ersten Stock, wo ein Zimmer mit frisch bezogenem Kingsize-Bett für mich vorbereitet ist. Sensationell ist die Wand-Deko im Vorraum: Ein Propagandaposter, das Xi Jinping und seine Frau neben einem Schnellzug zeigt, hängt in der Nähe eines Riesenfotos von zwei nackten Zwillingsbabys, eine Art Glücksbringer, der den hier Wohnenden viel Nachwuchs bescheren soll. Die höchste Autorität des Staates an einer Wand, die machtlosesten Menschen des Landes an der anderen, und alle, die den Raum betreten, stehen in der Hierarchie irgendwo dazwischen.

In regelmäßigen Abständen kleben reclamheftgroße rote Rechtecke an Schränken, Wand und Fenstern. Wie Kuckucks vom Gerichtsvollzieher, aber diese Assoziation ist natürlich falsch, auch die Rechtecke sollen Glück bringen. Mitten im Wohnzimmer im Erdgeschoss befindet sich auf Wandkacheln ein überlebensgroßes Mao-Bildnis. Ernst und gütig blickt er drein, der dunkelgraue Kragen ist streng geschlossen, die Konturen des Kopfes weiß umrandet wie von einem Heiligenschein. Daneben hängen Jahreszeugnisse und Urkunden von Kindern und Enkeln, als seien ihre Fleißnachweise Opfergaben für den einstigen Großen Vorsitzenden.

Mit dem Scooter und vielen von Charleys »Be careful«-Hinweisen brausen wir in Richtung Schule.

»Hast du Hunger?«

»Ein bisschen.«

»Vielleicht kannst du ein paar Reisnudeln essen, da vorne ist ein Restaurant. Ich habe keinen Appetit. Heute Abend gibt es Hund.«

So wie er den Sachverhalt betont, habe ich wieder Hoffnung, dass er nur scherzt. Oder ist das bloß seine eigentümliche Redeweise? Ständig sagt er Dinge mehrfach, mit kleinen Variationen, und das Wörtchen »vielleicht« scheint seine Lieblingsvokabel zu sein. Charley stellt den Roller ab und bestellt für mich.

»Was für ein Hund war es denn?«, frage ich.

»Ein normaler Hund. Meine Eltern haben ihn extra geschlachtet. Ein bisschen traurig sind wir darüber. Andererseits wollen wir zeigen, wie gastfreundlich wir sind.«

»Das ist ... eine große Ehre. Aber der normale Hund tut mir leid!«

»Er war kein Haustier. Er hat nur neun Monate bei uns gelebt und unser Haus bewacht. Er hieß Xiao Bai, ›kleiner Weißer‹. Vielleicht kannst du ein bisschen schneller essen, der Unterricht fängt gleich an.«

Ich stürze die Nudelsuppe in mich hinein. Sie ist so heiß, dass mir der Schweiß auf der Stirn steht. Dann brausen wir weiter.

»In der Klasse sind 47 Schüler, sie sind schon sehr gespannt auf dich«, ruft Charley gegen den Fahrtwind. Dann bekomme ich ein präzises Briefing: »Vielleicht fängst du an, über die Praktiken des Englischlernens in deinem Land zu sprechen. Und danach könntest du fragen, welche Sehenswürdigkeiten es hier in der Gegend gibt. Es ist wichtig, sie zum Englischlernen zu motivieren, viele sind noch nicht gut.«

Die Schule ist von einer Mauer umgeben und besteht aus mehreren lang gezogenen weißen Gebäuden, die wie Kasernen aussehen. Dazu gibt es einen Basketball- und Fußballplatz, ein Wohnheim und ein vierstöckiges Hauptgebäude, an dem in roten Schriftzeichen der Spruch »Bildung ist der nationale Plan, Bildung bringt den Menschen Wohlstand« steht.

Ulmen säumen die Wege auf dem Pausenhof, die ganze Anlage wirkt sauber und modern und bietet etwa 1000 Schülern Platz. Charley führt mich in einen Klassenraum. Mit Applaus werden wir empfangen, 47 Sechstklässler-Augenpaare gucken mich erwartungsvoll an. Auf den Pulten stapeln sich Bücher und Hefte.

Für eine kurze Begrüßung auf Chinesisch reichen meine Sprachkünste: »*Ni hao, wo jiao Stephan, wo shi deguo ren. Renshi nimen wo hen gaoxing!* – Ich heiße Stephan, komme aus Deutschland und freue mich, euch kennenzulernen!« Jubel im Publikum. An den Gitterfenstern zum Flur versammeln sich Schaulustige, ich fühle mich wie ein Rockstar. Ab jetzt mache ich auf Englisch weiter. Welche Themen hatte Charley noch mal vorgegeben? Vergessen, egal, ich erzähle einfach, warum Englisch in meinem Leben sehr wichtig ist, dass ich Bücher schreibe, China mag und schon in vielen Ländern war.

»Stie-phen! Ich habe einen Ratschlag für dich: Vielleicht könntest du ein bisschen langsamer sprechen«, sagt Charley in seiner unnachahmlichen Art.

Ich rede also langsam, manche Begriffe übersetzt er trotzdem. Die Jobbezeichnung »Writer« schreibt er an die Tafel. Wenn die Schüler zu laut werden, macht er mit beiden flachen Händen das »Auszeit«-Zeichen wie ein Volleyballtrainer. Manchmal stellt er Testfragen, um zu sehen, ob sie mich verstanden haben, im Chor brüllen sie die Antworten. Am Ende dürfen die Kinder mir

Fragen stellen, und das tun sie mit ohrenbetäubender Begeisterung:

Warum bist du so groß? Wie viel verdienst du? Hast du eine Freundin? Welches Essen magst du? Was ist dein Lieblingstier? Kannst du mit Stäbchen essen? (Großer Applaus, als ich mit »ja« antworte.) Magst du Blumen? Kannst du schwimmen? Hast du Ingwertee probiert? Darf ich dir die Hand schütteln? Hast du WeChat? Wie sagt man *wo ai ni* auf Deutsch? »Iehsch liebe disch«, wiederholen sie und lachen.

Die schwierigste Frage übersetzt Charley für mich: »Das Mädchen vorne links möchte wissen, was du von mir hältst. Wir kennen uns ja schon seit Jahren«, flunkert er. Jetzt ist diplomatisches Improvisationstalent gefragt.

»Charley ist gastfreundlich, klug, ein toller Gesprächspartner, sehr interessant.«

»Habt ihr das verstanden?«, fragt der öffentlich Gebauchpinselte in die Runde, während er die Handflächen aneinander reibt.

»*Meiii youuu* – Neeeiiin«, kommt es aus nahezu 47 Kehlen zurück.

»Bitte noch einmal langsam«, sagt er zu mir.

»Freundlich. Intelligent. Guter Gesprächspartner. Interessant«, sage ich, so langsam ich kann.

Diesmal scheinen sie zu verstehen, denn nach jedem Attribut jubeln einige von ihnen, und der Rest jubelt dann einfach mit. Riesenstimmung in der Mittelschule von Wenshi.

In diesem Moment ertönt ein verzerrter Big-Ben-Glockenton aus den Lautsprechern, die Stunde ist zu Ende. Ein paar Erinnerungsfotos mit vielen Handys und viel Geschrei müssen noch sein, dann bugsiert mich ein wie ein Honigkuchenpferd strahlender Charley in Richtung Lehrerzimmer.

»Es hat ihnen sehr gefallen. Kannst du noch eine Stunde machen?«

»Klar«, antworte ich.

Er bespricht sich kurz mit einer Kollegin, die seine Vorgesetzte zu sein scheint. Ihre Antwort klingt ernst, wie eine Zurechtweisung. Charley kommt zurück zu mir: »Sie haben viele Hausaufgaben, die sie jetzt machen müssen. Wir können doch nach Hause.« Ich glaube, in Wahrheit hat sich die Kollegin über den Lärm beschwert und will so etwas nicht noch einmal haben.

»Nach Hause« bedeutet leider auch: Abendessen. Mir bleibt vorher gerade noch Zeit, am Handy »normaler Hund« in der Google-Bildersuche einzugeben (mein VPN-Zugang funktioniert einwandfrei). Das Ergebnis? Niederschmetternd. Vielleicht mal »kleiner weißer Hund« probieren? Noch schlimmer.

Das Esszimmer befindet sich im alten Haus, ein düsterer verrauchter Raum mit Feuerstelle. Beim Betreten stoße ich mir den Kopf an ein paar Fleischbrocken, die zum Räuchern unter der Decke hängen. Um die Feuerstelle sitzen auf Holzhockern in Kindergarten-Größe Mutter und Vater, Charley, sein Bruder, der Berufssoldat ist, und seine Schwester mit ihrer siebenjährigen Tochter. In einem zerbeulten rußschwarzen Wok brutzeln die Überreste von Xiao Bai, in mundfertige Stücke gehäckselt.

Ich bin kein Vegetarier und finde, wenn Menschen sich grundsätzlich dafür entscheiden, Tiere zu essen, ist es aus moralischer Sicht kein Unterschied, ob nun Schwein, Kaninchen oder Salamander auf den Tisch kommt. Solange es sich nicht um gefährdete Arten handelt, versteht sich. Ansonsten erscheint mir die Auswahl der Tiere, die wir lieber streicheln als essen oder als eklig betrachten, doch arg willkürlich. Katze oder Wellensittich gehen gar nicht, Qualle oder Heuschrecke sind bäh, Schildkröte nein, aber Oktopus und Krebs und selbst Lamm oder Spanferkel kann man natürlich machen. Kaninchen? Superlecker. Hamster? Um Gottes willen. Jeder Außerirdische würde das garantiert anders sortieren.

Hunde sind übrigens längst nicht überall in China ein üblicher Bestandteil der Speisekarte, sondern hauptsächlich in einigen Regionen im Süden des Landes. Ich habe viele Chinesen getroffen, die noch nie Hund gegessen haben.

Soweit die Theorie. In der Praxis sitze ich nun vor diesem Kessel Ragout mit Lauchzwiebeln und Tomaten und wünsche mich ganz weit weg. »*Chi ba, chi ba*«, sagt Charleys Mutter, »iss, iss.«

Ablehnen kommt nicht infrage, das Festmahl findet schließlich zu meinen Ehren statt. Die Leute meinen es so gut mit mir, und ich fühle mich unwohl. Was eigentlich absurd ist, da es kaum Dinge gibt, die ich mehr mag auf Reisen als Besuche an Orten wie genau diesem verrauchten Esszimmer hier, wo die Zeit vor 50 Jahren stehen geblieben zu sein scheint. Ich befördere mit den Stäbchen ein paar Fleischbrocken in die Schale vor mir, Charleys Vater gießt selbst gebrannten Hirseschnaps ein.

Als Erstes erwische ich ein Stück Leber. Fängt ja gut an.

Überlebensstrategie fürs Hundeessen Nummer eins: mit möglichst wenig Zungenberührung kauen, um vom Geschmack verschont zu bleiben. Erfolg: mäßig.

Die nächsten Stücke sind keine Innereien, enthalten aber viel Knochen und manchmal große Teile Fett. Der arme Xiao Bai schmeckt wie eine Mischung aus Rind und Schwein, nur etwas deftiger. Um mich herum wird leidenschaftlich geschmatzt.

Überlebensstrategie fürs Hundeessen Nummer zwei: Portion zwischen den Stäbchen länger als nötig abkühlen lassen, nach dem Runterschlucken einfach weiterkauen, um Zeit zu gewinnen. Erfolg: »Iss mehr«, verlangt Charley.

Erfreulicherweise geht bald eine Schale mit Rettichstücken herum. Ich bediene mich so reichlich, als wäre ich der größte Rettichfan des Planeten.

Das Tischgespräch läuft an mir vorbei, mit meinem bisschen Chinesisch kann ich nicht folgen, außerdem bin ich mit meinen inneren Schuldgefühlen beschäftigt. Wäre ich nicht hier, würde der Hund noch leben. Einen Hinweis wie »Bei der Recherche zu diesem Buch kamen keine Tiere zu Schaden« kann ich vergessen.

Der Vater fragt in meine Richtung, ob es in Frankreich wirklich so viele Diebe gebe.

»Er kommt aus Deutschland«, antwortet Charley für mich. Kurz darauf übersetzt er ein weiteres Unterhaltungsfragment. »Weißt du, dass China eine sehr lange Kulturgeschichte hat?«

»Ja, ich habe Bücher darüber gelesen. 5000 Jahre«, antworte ich, und er nickt zufrieden.

Auf einem Abstelltisch steht ein Reiskocher, doch bei festlichen Anlässen gibt es den Reis immer erst am Schluss. Wer hat sich bloß diesen Unsinn ausgedacht? Nach einer gefühlten Ewigkeit ist Charley der Erste, der sich eine Portion holt.

»Oh, könnte ich eine Schale bekommen?«, frage ich.

»Iss erst mal noch mehr Fleisch«, sagt er, und das meint er total nett, denn Reis gilt als uninteressante Sättigungsbeilage, die erst zum Einsatz kommt, wenn die wahren Köstlichkeiten aufgegessen sind.

»Ich habe aber jetzt große Lust auf Reis«, sage ich.

»Es ist noch so viel Fleisch da«, sagt Charley.

Überlebensstrategie fürs Hundeessen Nummer drei: Der Satz »Ich esse Fleisch am liebsten zusammen mit viel Reis.« Erfolg: Endlich ist der Gastgeber überzeugt. Charley steht auf und füllt mir die Schale.

Viele Schnäpse und viele »Iss mehr«-Aufforderungen später habe ich es endlich geschafft. Ich darf gehen, passiere Mao im Erdgeschoss und Xi im ersten Stock, als müsste ich nur die Treppe hoch, um zurück ins 21. Jahrhundert zu kommen. Beim Einschlafen denke ich an Hund und Hirseschnaps und an das verrauchte Esszimmer. So chinesisch hatte ich mir China nicht vorgestellt.

Der nächste Tag beginnt ähnlich, wie der vorherige aufgehört hat. Ich bin in einem Crashkurs zum Thema »Ländliches Familienleben in China« gelandet. Zum Frühstück sitze ich unter dem Bildnis des Großen Vorsitzenden, zusammen mit Charleys Bruder und den Eltern, er selbst fehlt zunächst noch. Ein Elektroheizkörper zum Wärmen der Füße ist unter dem Tisch montiert, obendrauf stehen Erdnüsse, Cracker und Äpfel. Der Bruder hat sein Handy auf dem Plastikbehälter mit Knabberzeug drapiert, es läuft ein Kriegsfilm.

»*Chi ba*«, sagt die Mutter und drückt mir einen warmen gelblichen Teigklumpen schwabbliger Konsistenz in die Hand. Er ist sehr heiß, ich muss ihn mehrmals von einer Hand in die andere verfrachten, einen Teller gibt es nicht. Mit den Worten »*He cha –* trink Tee« serviert sie dazu einen Ingwertee, so beißend scharf, dass er nicht ohne Grimasse genießbar ist. Der Geschmack lässt mich an ein Medizinmannritual zum Geisteraustreiben im Amazonasgebiet denken.

Wenigstens der Teigklumpen schmeckt ganz gut, nach Mais und Reisbrei und Zucker. Ich halte ihn nun in der linken Hand und den Medizinmanntee in der Rechten, die Mutter wedelt mit einer Plastikpackung saurer Algenstücke in Chilisoße vor meiner Nase herum und ist enttäuscht, weil ich keinen dritten Arm habe, um zuzugreifen. *Chi ba! Chi ba! He cha!*, das Gedicht zur gut gemeinten Zwangsfütterung, Gastfreundschaft als liebevolle Freiheitsberaubung. Ich stopfe Algenstücke, Cracker, Erdnüsse und Fruchtgelatinebonbons in mich hinein, sauer, salzig, süß, scharf, alles hintereinander, mich kriegt ihr nicht klein, nicht mit einem Frühstück. Auf dem Handy erschießen tapfere Soldaten ein paar Bösewichter, Mao blickt weise in die Ferne, die Mutter gießt Ingwertee nach.

Charley kommt dazu, setzt sich auf einen Plastikhocker, rülpst vernehmbar und sagt: »Iss, iss.« Gefühlt hat jede halbe Sekunde, in der ich keine Nahrung zu mir nehme, eine Ermahnung zur Folge. Die Mutter setzt ihn über meine bisherige Frühstücks-Performance in Kenntnis, vermutlich spielt die zwischenzeitliche Ablehnung der Chili-Algen dabei eine wesentliche Rolle.

»Es schmeckt dir nicht?«, erkundigt sich Charley.

»Ich habe schon viel gegessen, bevor du dazukamst.«

»Du bist chinesisches Essen nicht gewohnt, oder?«

»Ich habe mehr gefrühstückt als du.«

»Schade, dass du unser Essen nicht magst.«

Charley verabschiedet sich, er muss in die Schule, ich bin für einen Stadtrundgang mit den Eltern eingeplant. Der Vater berichtet, dass er täglich drei Schachteln raucht, was er mit einem heiseren Hustenanfall bekräftigt. »Du bist sehr groß, ich bin klein. Es ist schön, dass es nicht regnet heute. Wenshi hat 30 000 Einwohner.« Weiter kommt die Konversation nicht, die Sprachbarriere ist zu groß. Aber immer, wenn ich einen Halbsatz oder auch nur ein Wort auf Chinesisch radebreche, wiederholt die Mutter, was ich gesagt habe, und lacht dabei fröhlich.

Ich: »*Wo de zhongwen bu tai hao* – mein Chinesisch ist nicht sehr gut.« Sie: »*Wo de zhongwen bu tai hao!*« Lachen.

Ich: »*Ni hao* – hallo.« Sie: »*Ni hao!*« Lachen.

Ich: »*Xiexie* – danke.« Sie. »*Xiexie!*« Lachen.

Es ist herrlich.

In der Markthalle im Zentrum bieten Verkäufer neben Obst und Gemüse auch lebende Gänse und Hühner an. Sie flattern in übereinandergestapelten Käfigen herum, auf deren Oberseite ein Holzbrett liegt, das als Zerkleinerungs- und Präsentationsfläche für bereits geschlachtete Tiere dient. Erster und zweiter Stock Leben, dritter Stock Tod, ständig erschüttert das Schlagen der Hackmesser die Gehege. An einigen Ständen sind auch Hunde und Katzen lebend erwerbbar, vermutlich nicht als Haustiere. Es riecht nach Federn und rohem Fleisch. Irgendwo knallt Feuerwerk.

Die Mutter kauft einen lebenden Fisch, der in einer mit Wasser gefüllten Plastiktüte überreicht wird, und ein lebendes Huhn, das sie in einem Jutebeutel transportiert. Was würde man an Kühlenergie sparen, wenn das weltweit auf allen Märkten so üblich wäre. Aber natürlich kann man den meisten deutschen Haushalten nicht zumuten, das Töten später selbst zu übernehmen. Ob die Hühner in einem chinesischen Dorf mehr leiden als in einem deutschen Großschlachthof? Ich bezweifle es.

Natürlich kann man an jedem Marktstand mit WeChat-Pay per Handy bezahlen, selbst die Pilzverkäuferinnen am Straßenrand haben einen entsprechenden QR-Code. Als weiteren Beleg für den Fortschritt bringen mich die Eltern in einen nagelneuen Supermarkt, mit leise summender Klimaanlage und beruhigender Musik und auch sonst mit allem, was man so zum Leben braucht, von Kinderspielzeug über Bettwäsche und Spülmittel bis hin zu

Schweineköpfen und Dutzenden Sorten von Nüssen und Trockenobst. Zwei Kassiererinnen in roten Schürzen bitten um ein Erinnerungsfoto mit mir, gerne komme ich dem Wunsch nach.

Auf dem Heimweg passieren wir ein Xi-Jinping-Poster, auf dem die zwölf zentralen Werte des Sozialismus aufgelistet sind, jedes Kind lernt sie in der Schule auswendig: Wohlstand, Demokratie, Zivilisiertheit, Harmonie, Freiheit, Gleichheit, Gerechtigkeit, Rechtsstaatlichkeit, Patriotismus, Engagement, Integrität, Freundschaft.

»Wer ist der deutsche Staatschef?«, fragt der Vater.

»Angela Merkel.«

»Hast du deutsches Geld? Was sind zehn Yuan?«

Ich krame eine Euro-Münze und ein 50-Cent-Stück aus der Tasche.

»Das hier sind acht, das sind vier Yuan.«

Ich schenke ihm beide.

Wir passieren mehrere Steinverarbeitungsbetriebe, die wichtigste Industrie der Region. Mannshohe wassergekühlte Kreissägeblätter bearbeiten Steinbrocken, sodass edle Bodenbeläge entstehen.

Und ständig kommen wir an Türen mit niedlichen Hundeabbildungen vorbei. »Xiao Bai«, sage ich traurig, mehr zu mir selbst als zu meinen Begleitern. »Xiao Bai«, wiederholt die Mutter und lacht.

Am nächsten Tag hat Charley schulfrei und nimmt mich mit auf einen Ausflug in die nächstgrößere Stadt. Ein gelber E-Bus der Linie sechs bringt uns nach Guanyang. Wir fahren durch grüne Hügellandschaften und vorbei an Gedenkstätten, die an den Krieg gegen Japan erinnern. Charley summt auf Englisch ein Lied vor sich hin. »I just want to say ›how are you?‹ You are so important in my heart.«

»Was singst du da?«, frage ich.

»Einen Song, den ich gerade für dich erfunden habe.«

Von einem kurzen Stadtrundgang bleiben mir drei Dinge in Erinnerung: erstens eine KFC-Kopie, die oben an der Fassade »MKC« heißt und auf einem Menü-Pappaufsteller »VFC«, Hauptsache ein C am Ende, der Rest scheint nicht so wichtig zu sein. Zweitens die drastischen Fotos von eitrigen Hautekzemen in der Eingangshalle eines Krankenhauses, das wir auf der Suche nach einem Klo betreten. Ein paar Meter weiter hängt ein Cartoon, der mit niedlich gezeichneten Bildern von Prostituierten und Ärzten vor den Gefahren einer HIV-Infizierung warnt. Und drittens eine private Englischschule, in der ein Rezeptionist mich am Eingang gleich einlädt, einen Blick in eine Klasse zu werfen. Dort werden dann viele Fotos gemacht.

»Ich glaube, sie wollen das für ihre Werbebroschüren verwenden«, erklärt Charley. »Wenn die Schule behauptet, ausländische Lehrer zu haben, melden sich mehr Leute für die Kurse an.« Hoffentlich bekomme ich ein Belegexemplar.

In einer Seitenstraße wohnt Charleys Oma, die einen winzigen Gemischtwarenladen besitzt. Sie kneift den Enkel zur Begrüßung in die Wange und fragt, wann er ihr endlich eine Frau vorstellt und heiratet. Nach und nach treffen mehr Familienmitglieder zwischen zwei und 70 Jahren ein. Einer davon ist Charleys Onkel Yang, der bis zu seiner Pensionierung ein hoher Beamter in der lokalen Bezirksregierung war, zuständig für Religionsangelegenheiten. Sein teures Karohemd und der anthrazitfarbene SUV mit verdunkelten Scheiben, Markenbezeichnung »Luxgen U6 Turbo Hyper«, weisen auf eine höhere Hierarchieebene hin. Zur etwas hoch sitzenden Anzughose trägt er einen Gürtel mit silberner Schnalle, in die ein Löwe eingraviert ist.

»Er will uns ein paar Sehenswürdigkeiten zeigen«, sagt Charley. »Schöne Orte in der Umgebung, verstehst du?« Seine Angewohnheit, alles zweimal zu sagen, ist auf Dauer hochgradig irritierend.

Und schon sitzen wir in dem Riesen-SUV, und der Politik-Onkel dreht die Anlage auf. Aggressive Electro-House-Beats hämmern aus den Boxen, das Genre passt nicht so recht zu seinem gesetzten Alter. Vor einem Landhaus hält er an und schreitet mit großen Schritten über Reisfelder voraus. Wir müssen die Schuhe ausziehen und barfuß durch einen Fluss, bis wir an einen Höhleneingang kommen, der, so viel Ehrlichkeit muss sein, nicht zu den spektakulärsten seiner Art gehört. Ein Erinnerungsfoto mit dem Ex-Lokalpolitiker, dann laufen wir zurück.

Beim nächsten Stopp in einem Vorort namens Renshicun soll ein Pfad zu einem besonderen Stein führen. Leider finden wir den Stein nicht. Immerhin entsteht ein weiteres gemeinsames Handykamera-Bild auf einer Brücke über einen dreckigen Fluss.

»Weißt du, warum mein Onkel dich zu diesen Orten bringt?«, fragt Charley.

»Nein.«

»Er möchte, dass du in deinem Buch darüber schreibst, wie interessant Guanyang ist, verstehst du?«

»Ach so.«

Liebe Leser, Guanyang ist hochinteressant.

»Er selbst schreibt übrigens auch, ihr seid quasi Kollegen. Vielleicht könnt ihr darüber beim Essen sprechen.«

Wir fahren zurück zur Wohnung der Oma, wo schon allerlei Köstlichkeiten auf einer elektrischen Kochstelle brutzeln. Weitere Freunde der Familie kommen dazu, auf kleinen Hockern sitzen wir um einen Tisch herum. Nur Männer, die Frauen kriegen erst später was.

»Okay, ich werde dir jetzt eine Frage stellen, Stie-phen«, verkündet Charley. »Du siehst nur Männer am Tisch. Kennst du den Grund?«

»Nein.«

»Der erste Grund ist: Es gibt nicht genug Stühle. Der zweite Grund ist: Die Frauen wollen Respekt zeigen.«

»Ich fände eine gemischte Runde netter.«

»Dafür sind leider nicht genug Stühle da.«

Flaschen mit Lagerbier der Marke Liquan 1998 machen die Runde, und drei Männer um die 30, die mir gegenübersitzen, prosten mir ständig zu. Allein trinken gehört sich nicht, entweder alle oder keiner. Immer wieder lassen wir die Flaschen aneinanderklacken, Chinesen stoßen mit den Flaschenhälsen an, nicht mit dem Flaschenbauch.

Dazu gibt es Kourou, eine köstliche Mischung aus Taro und Schweinefleisch mit viel Fett. Und einen riesigen Eintopf mit Tofustücken und Hühner-Allerlei. »Allerlei« im Sinne von »wirklich alles«, inklusive Füße, Herz und Kopf.

»Trink dein Bier aus. Und nimm ein neues!«, empfiehlt Charley, während Onkel Yang, der nur Wasser trinkt, eine Klarsichtfolie mit ein paar Dokumenten auspackt und beginnt, mit einem Kugelschreiber etwas zu notieren.

»Er arbeitet auch an einem Buch. Über den Dichter Liu Zongyuan.«

Liu lebte in der Tang-Dynastie im 8. und 9. Jahrhundert, war Politiker und Poet und schuf Werke, die er »Am törichten Bach«, »Der Esel von Qian« oder »Fluss im Schnee« nannte. Nach einer zunächst erfolgreichen Beamtenkarriere fiel er beim Kaiser in Ungnade, weil er sich einer Reformbewegung anschloss, die unter anderem unfaire Vergaben von Posten am Hof kritisierte. Ein früher Anti-Korruptionskämpfer also.

»Worum geht es in dem Buch?«, frage ich, und Charley übersetzt für seinen Onkel.

Es folgt ein etwa zweiminütiger Vortrag des Ex-Politikers.

»Es ist schwer zu übersetzen«, sagt mein Gastgeber.

»Kannst du versuchen, es in ein paar Sätzen zusammenzufassen?«

»Es geht um Liu Zongyuan. Den Dichter. Um seine Person.«

»Mehr kannst du nicht sagen?«

»Vielleicht später. Trink noch ein Bier.«

Der Onkel schiebt mir ein handgeschriebenes Dokument, ein leeres Blatt und einen Kugelschreiber zu. »Er bittet dich, den Text ins Deutsche zu übersetzen«, sagt Charley.

»Was steht da auf Chinesisch?«

»Da steht: ›Experten und Gelehrte haben bewiesen, und jeder in der Stadt Guilin weiß, dass Liu Zongyuan zeitweise in Guilin gelebt hat. Meine Recherchen haben das gleiche Resultat ergeben.‹ Vielleicht kannst du noch das Datum und deine Unterschrift daruntersetzen.«

Für ein paar Augenblicke bin ich sprachlos, was selten vorkommt.

»Aber ... ich habe nicht die geringste Ahnung, ob Liu Zongyuan in Guilin gelebt hat.«

»Ist nicht so wichtig. Es ist nur ein kleiner Gefallen. Willst du noch etwas Kourou?«

Ich erwäge, eine Diskussion zum Thema »Einführung in das wissenschaftliche Arbeiten« zu beginnen. Aber das würde einerseits an Charleys Übersetzungsfähigkeiten scheitern und andererseits den Hausfrieden gefährden. Der Onkel blickt erst mich, dann den Kugelschreiber in meiner Hand erwartungsvoll an. Vermutlich versucht er gerade, Methoden aus der Regionalpolitik aufs Bücherschreiben zu übertragen. Also gut, dann wollen wir mal. Ich formuliere den Text ein bisschen um:

»Was Experten und Gelehrte und die Bürger der Stadt Guilin über Liu Zongyuan denken, weiß ich nicht. Meine Recherchen über ihn haben bislang nicht stattgefunden.« Darunter setze ich das Datum und meine Unterschrift.

»Danke«, sagt Charley. Er nimmt nun das chinesische Originaldokument und schreibt drei Schriftzeichen darunter.

»Was machst du da?«, frage ich.

»Ich unterschreibe das für dich, mit Si Di Fen, so würde dein Name auf Chinesisch geschrieben.«

Versuche nie, cleverer zu sein als ein ausgebuffter Lokalpolitiker. Mit einem zufriedenen Lächeln verstaut Onkel Yang die Dokumente in einer Klarsichthülle.

»Mein Onkel bietet an, uns jetzt nach Hause zu fahren«, sagt Charley.

Ich trinke den letzten Schluck Bier und bemerke erst jetzt das ungewöhnliche Etikett. Eine Handschrift ist dort aufgedruckt, mit einem Satz in grammatikalisch unkorrektem Englisch: »With thanks for acting a good example! Bill Clinton, Former US President, July 2 1998«. Was immer damit gemeint sein soll: An der Authentizität des Zitats habe ich gewisse Zweifel.

Garantiert echt ist dagegen folgendes Zitat: »Du solltest deinen Rucksack packen. Die Sachen zusammensuchen und einpacken. Das ist sehr wichtig«, sagt Charley, als wir wieder zu Hause sind. Ich muss am nächsten Tag ziemlich früh zum Bus, deshalb die gut gemeinten Ratschläge. »Sonst musst du das morgen früh ganz schnell machen und vergisst was. Wegen der Eile. Verstehst du? Lieber jetzt schon alles packen.«

Wir sitzen wieder unter den Mao-Kacheln und knabbern Nüsse. Im Röhrenfernseher läuft mit grünstichigem Bild ein historischer Kriegsfilm, Männer mit Zöpfen und langen Bärten und viel Geschrei. Die Mutter zwingt uns Snacks und Ingwertee auf, *chi ba* und *he cha*, und als mir durch den Kopf geht, dass ich das ab morgen tatsächlich ein wenig vermissen werde, wird Charley plötzlich ernst. Er berichtet von seinen Sorgen, keine Frau zu finden, er ist schon 36. Und er hadert mit der Entscheidung, ins Dorf zurückgekehrt zu sein. Die Familie wollte es so, und er hat gehorcht, doch manchmal vermisst er die modernere Welt von Yangshuo und seinen Job dort.

»Was denkst du über mich?«, fragt er plötzlich. Da ist sie wieder, die chinesische Vorliebe für Bewertungen.

»Ich bewundere deine Arbeit in der Schule. Ich glaube, dass du dir viel Mühe mit den Kindern gibst.«

»Und was noch?«

»Du bist sehr freundlich und ein ausgezeichneter Gastgeber.«

»Danke. Das Erste, was mir zu dir einfällt, ist: gut aussehend. Und zweitens wirkst du intelligent.«

»Sehr nett von dir.«

»Werden wir in deinem Buch vorkommen?«

»Ganz bestimmt.«

»Schön. Meine Eltern freuen sich sehr!«

Unter Beobachtung: Auf chinesischen Servern sind viele Stunden Videomaterial über meine Reise gespeichert.

Um den größten der Spieltempel, das Venetian, wurden einige venezianische Gebäude nachgebaut. Mein Plan, im Casino meine Reise zu finanzieren, geht leider nicht auf.

Gastgeberin May kann Casinos nicht leiden. Sie zeigt mir, dass Macau noch viele andere interessante Ecken zu bieten hat.

Simone (links, mit einer deutschen Freundin) und Diego haben trotz ihrer fünf Katzen Platz für mich in ihrer Wohnung. In Shenzhen trinken wir Bier aus dem Automaten.

Die Stadt hat neben Hightech-Firmen auch eine interessante Kunstszene. Im Vorort Dafen sind vor allem Kopien und Neuinterpretationen berühmter Werke im Angebot.

Yangwei arbeitet bei VW als Verkäufer, träumt aber von großen Reisen. Bei einem Eistee erzählt er mir, was er von seinem neuen Job hält: nichts.

Garküche in Yangshuo: Die rassistischen Sprüche gegen japanische Kunden scheinen hier keinen zu stören. Ich entscheide mich, woanders zu essen.

Karstfelsen am Yulong-Fluss: Yangshuo ist berühmt für seine landschaftliche Schönheit. Hunderte Bambusflöße stehen für Touristen bereit.

Bahnhof in Yangshuo: Die vielen Hochgeschwindigkeitsstrecken machen Reisen auf dem Landweg ziemlich komfortabel.

Gastgeber Charley beweist große Herzlichkeit, doch bei seiner Familie mache ich eine kulinarische Grenzerfahrung.

Mit seinen Eltern besuche ich einen Markt im Dorf, der unter anderem Hunde- und Katzenfleisch im Angebot hat.

Diese Gemüsehändlerin bietet auf einer Straße in Wenshi ihre Waren an. Bezahlen können die Kunden bargeldlos per QR-Code auf dem Handy.

Unter wissbegierigen jungen Menschen in der Dorfschule: Als ein Mädchen nach meiner Meinung zu Charley fragt, muss ich improvisieren.

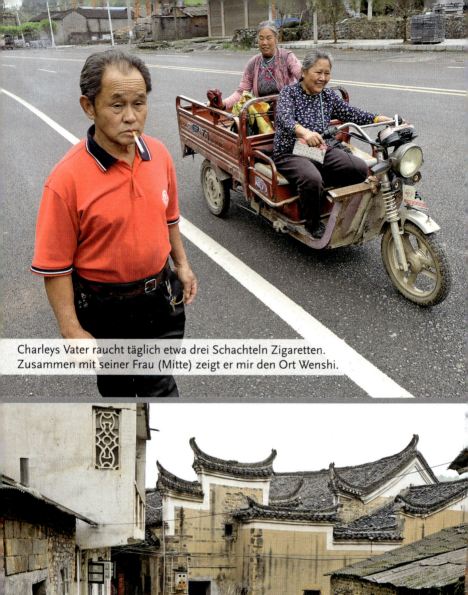

Charleys Vater raucht täglich etwa drei Schachteln Zigaretten. Zusammen mit seiner Frau (Mitte) zeigt er mir den Ort Wenshi.

An einigen Stellen ist noch alte Bausubstanz mit schmucken Dächern erhalten. Doch wer genug Geld hat, baut ein modernes Betonhaus.

Wir besuchen auch ein Nachbardorf. Was für meine Augen wunderschön wirkt, empfinden viele Chinesen als Zeichen für Armut und Rückständigkeit.

Eine Reise aus der Couch-Perspektive: Für mich sind die Wohnungen der Einheimischen oft interessanter als berühmte Touristenattraktionen.

Im »798 Art District« in Peking: Es geht mir schlicht darum, der Neugier zu folgen, nicht um Selbstfindung oder Adrenalinkicks.

Und es geht um die Menschen vor Ort, um Begegnungen auf Augenhöhe (trotz manchmal unübersehbarer Größenunterschiede).

Nora produziert Online-Fernsehbeiträge in Dörfern der Tujia-Minderheit. Oft lädt sie dazu Ausländer ein, um das Material unterhaltsamer zu machen.

Abends kommt im Dorf selbst gebrannter Schnaps auf den Tisch. Der Unterschied zum Leben in den Großstädten ist enorm.

Weberin in Tracht: Acht Millionen Chinesen gehören zur Tujia-Minderheit. Manche ihrer Traditionen verkommen immer mehr zu Touristen-Folklore.

Noras Mann Tian bei der Arbeit: Er malt die alten Häuser der Region, um zu zeigen, wie ästhetisch und wertvoll dieses Kulturerbe ist.

Die Menschen leben von der Arbeit auf dem Feld, wie hier dem Reisanbau. Der Kampf gegen Armut ist ein wichtiges Ziel der Provinzregierung.

In den Tujia-Dörfern treffen wir auf frei laufende Ferkel und Hühner. Ich bin froh, dass hier noch nichts für Touristen hergerichtet ist wie an so vielen anderen Orten.

In manchen Situationen spüre ich, dass ich für die Dorfbewohner als ausländischer Besucher etwa genauso interessant bin wie sie für mich.

Ein Schnapsbrenner (links) und ein Korbflechter beweisen mir, wie gut sie ihr jeweiliges Handwerk beherrschen.

In der Wohnung von Lin in Peking wimmelt es von Kunstobjekten. Auch mein Gästebett ist ungewöhnlich dekoriert.

张家界市
ZHANGJIAJIE

Einwohner: 1,5 Millionen
Provinz: Hunan

BALD SEHR BERÜHMT

Nach vielen Stunden in verschiedenen Bussen erreiche ich den Bahnhof von Zhangjiajie in der Hunan-Provinz. Dort habe ich ein bisschen Zeit. Ich kaufe mir endlich eine chinesische SIM-Karte und setze mich in ein Café, um potenziellen Gastgebern zu schreiben. Die Kellnerin serviert ein Getränk, das sich Cappuccino nennt, aber nur aus Instantpulver, zu viel Zucker und lauwarmem Wasser besteht. Vielleicht hätte ich doch ins McCafé nebenan gehen sollen, doch da hat mich die Abbildung eines Bratwurst-Hamburgers in die Flucht geschlagen.

Zhangjiajie gilt als eine »Stadt fünften Ranges« (»Fifth Tier«), trotz der 1,5 Millionen Einwohner und eines bekannten Nationalparks in der Umgebung. Fünf ist die niedrigste Kategorie in einem Ranking-System, das Städte nach Wirtschaftskraft, Einwohnerzahl und Pro-Kopf-Einkommen einordnet. Es kursieren mehrere solche Listen mit vier bis sechs Rängen, keine davon ist offiziell. Und doch kennt jeder Chinese die Rankings, und wer Geschäfte machen, in Immobilien investieren oder umziehen will, achtet sehr genau darauf.

Als »erstrangig« (»First Tier«) gelten üblicherweise nur die Allergrößten – Peking, Shanghai, Shenzhen und Guangzhou. Doch wegen der rasanten Entwicklung setzte das Finanzmagazin Yicai Global 2017 noch eine Zwischenkategorie mit 15 »neuen erstrangigen Städten« ein, unter anderem mit Chengdu, Hangzhou und Qingdao. Von den folgenden 30 zweitrangigen Städten fallen schon viele unter die Kategorie »kennt im Ausland keiner«, es folgen 70 drittrangige, 90 viertrangige und 129 fünftrangige Metropolen.

Ich nippe an meinem fünftrangigen Kaffee und durchforste in der Couchsurfing-App die Profile. Eine echte Fleißarbeit, denn bei vielen stellt sich heraus, dass sie seit Jahren nicht eingeloggt waren, also vermutlich Karteileichen sind. Andere dagegen haben so interessante Profile, dass ich sie unbedingt treffen will. Zum Beispiel die Künstlerin Lin in Peking, die mir gleich in unserer ersten WeChat-Konversation berichtet, die Polizei habe kürzlich ihr Atelier kurz und klein gehauen. Sie lädt mich ein und verspricht, mir dann ihre Geschichte zu erzählen. Oder ein 34-jähriger Mann namens Sung Kim, der in der Stadt Dandong ein Restaurant betreibt, von dem man über einen Fluss direkt nach Nordkorea gucken kann. Ich freue mich sehr, als er für zwei Nächte zusagt.

Dann kommt das Filmteam, um mich abzuholen. »Hallo, willkommen!«, ruft Nora, ein quirliges Energiebündel, knapp 1,55 Meter groß, mit hellwachen dunklen Augen und einer auffällig hohen Stimme, die so klingt, als wolle sie ständig jeden in einem Radius von fünf Metern übertönen. In Richtung Kamera und Mikrofon fährt sie fort: »Das ist Stephan, unser Gast aus Deutschland!« Ich begrüße meine Reisebegleiter für die nächsten Tage: Couchsurferin Nora, den Kameramann und die Reporterin. Sie bringen mich zu einem Auto, in dem ich auch Noras Mann kennenlerne, einen Künstler mit Beatles-Frisur, dann geht es in Richtung Restaurant. »Natürlich bist du eingeladen, Hotels, Essen, alles«, sagt sie. »Bald wirst du sehr berühmt sein!«

Den Satz kenne ich doch von irgendwoher. Das gute alte Berühmtwerden. Vor ein paar Wochen habe ich Noras Online-Profil entdeckt, sie berichtet darin von einer Fernsehserie über traditionelle Dörfer der Tujia-Minderheit, die sie produziert. Auf meine Mail hin lud sie mich gleich in die Sendung ein. Drei Tage würden die Dreharbeiten dauern, sie hat häufig Ausländer mit dabei. Diesmal würde sie sogar von einem Fernseh- und Radioteam von Hunan TV begleitet, der Sender produziere eine Doku über Noras Arbeit in den Dörfern. Darin käme ich dann also auch noch vor. Hunan TV ist hinter CCTV 1 der meistgesehene Kanal des Landes, mit 210 Millionen Zuschauern pro Tag. Endlich geht es voran mit meinen Plänen, in China ganz groß rauszukommen, dachte ich und sagte zu.

Kurz darauf nahm ich erstaunt zur Kenntnis, dass Nora, ohne mich vorher zu fragen, mein WeChat-Profilbild in ihren »Moments« gepostet hatte. Das Bild aus der Pitu-App, das mich in einer traditionellen Tracht zeigt, die zufällig einem Tujia-Kleidungsstück ähnelt. Darunter schrieb sie: »Der ausländische Bruder drückt den Tujia mit einem persönlichen Bild den größten Respekt aus! Arme Dörfer werden die Aufmerksamkeit der Welt erhalten und internationale Sehenswürdigkeiten werden! Sind sie bald zivilisierte Orte für Touristen? Erlebt mit, wie wir unabhängig und wohlhabend werden! Wir hoffen, unsere Liveshow ›Reich werden‹ wird die Welt schockieren!«

Bevor es dazu kommt, bringen mich meine neuen Freunde vom Fernsehen in ein winziges Lokal namens »Familie-Sun-Garnelen am Südtor«. Die Wände sind schmucklos, das Lichtkonzept erinnert an einen OP-Saal, und in der Luft wabert Küchendampf mit starkem Meeresfrüchtegeruch, aber bis auf unseren reservierten Tisch ist jeder Platz besetzt. Warum, wird klar, als hoch motivierte Kellnerinnen Austern mit Knoblauchsoße, Venusmuscheln und einen Riesentopf mit knallroten Chili-Garnelen auftischen. Das ist Sterneküchen-Qualität, serviert auf Wachsplastik-Tischdecken. Der Boden ist gesprenkelt mit Überbleibseln vorheriger Mahlzeiten, und das Harbin-Bier kommt in Plastikbechern. Was für den europäischen Scheuklappen-Blick nicht zusammenpasst, erscheint aus chinesischer Sicht völlig plausibel. Was ist dagegen einzuwenden, wenn ein Restaurant all seine Mühe in die Küche steckt, statt schöne Bilder an die Wand zu hängen und ständig sauber zu machen? Wenn dazu auch noch die Preise günstig sind? Die umgekehrte Schlussfolgerung jedoch, dass jedes schäbig aussehende Restaurant großartiges Essen serviert, ist auch falsch, genauso wie die Idee, dass Chinesen allgemein keinen Wert auf Äußerlichkeiten legen. Da muss man nur einmal die barocken Designs von Produktverpackungen aller Art betrachten, vom Schnaps über Zigaretten bis zum Handy. Oder auf die geradezu religiöse Verehrung mancher Markennamen achten. Unser westliches Schubladendenken, das gelernte Entweder-oder unserer Wahrnehmung, wird in einem Sowohl-als-auch-Land wie China ständig infrage gestellt.

Nach dem Festgelage fahren wir zum Zhong-Xin-Business-Hotel. Die Rezeption protzt mit poliertem Steinfußboden, edelholzverkleideten Wänden und einer Tafel mit Fantasie-Zimmertarifen. Die sind dreimal so hoch wie die tatsächlichen Preise, damit der Gast das Gefühl bekommt, ein sensationelles Schnäppchen zu machen.

Jenseits der Lobby hat die Unterkunft schon bessere Tage gesehen. Ich teile mir ein Twin-Zimmer mit dem Kameramann, einem etwa Mitte 20-jährigen, schweigsamen Typen mit Hornbrille. Wenn er nicht gerade seine Kamera bedient, ist er meist mit seinem Smartphone beschäftigt.

Das Einzige im Zimmer, das mit Sicherheit der Ära nach 1985 zuzuordnen ist, sind die Nuttenvisitenkarten mit freizügigen Fotos und Telefonnummern, die jemand unter der Tür durchgeschoben hat. Und die käuflichen Dinge in einem Wandregal aus Sperrholz: Spielkarten, Red Bull, Kräutertee aus der Dose, Wahaha-Mineralwasser und Kondome der Marke Nabs Standard. Es riecht nach kaltem Rauch und Katzenpisse.

Nora bittet mich per WeChat, kurz zum Aufzug zu kommen. Sie möchte noch etwas besprechen.
»Die beiden arbeiten für Regierungsmedien«, sagt sie. »Deshalb habe ich nichts von Couchsurfing gesagt. Die Regierung mag das nicht so gern, weil die Reisenden dadurch zwar gute Sachen zu sehen bekommen, aber auch schlechte. Du verstehst?«
»Kein Problem, ich werde es nicht erwähnen.«
»Wir sagen einfach, ich hätte dich über deinen Blog gefunden.«
»Alles klar.« Ich habe gar keinen Blog.
»Morgen fahren wir in die Dörfer. Wir haben schon etwas vorbereitet für dich.«
»Oh, was denn?«
»Es ist besser, wenn du dich überraschen lässt. Gute Nacht!«

Ein kleiner Exkurs zum Thema Medien. Chinesen lieben Rankings, aber vermutlich nicht gerade das Ranking zum Thema Pressefreiheit von »Reporter ohne Grenzen«. Da liegt China im Jahr 2018 nämlich auf Platz 176 von 180 Ländern. 30 Plätze hinter Russland, 20 Plätze hinter der Türkei. Chinesische Journalisten und Blogger, die nicht strikt auf Staatslinie arbeiten, erleben permanente Einschüchterung und können nur mit viel Mut und versteckten Andeutungen die allgegenwärtige Zensur umgehen.

Regelmäßig versenden staatliche Behörden Anweisungen an Redaktionen, wie und worüber sie berichten sollen. Die unabhängige Online-Zeitung *China Digital Times*, die aus den USA operiert, veröffentlicht solche Vorgaben unter dem von Orwell inspirierten Titel »Direktiven aus dem Wahrheitsministerium«. Sie geben einen Einblick, wie detailversessen die Zensoren dabei sind. Im Dezember 2017 beispielsweise lautete die Ansage, Berichte über Weihnachten zu vermeiden. Man wollte damit einer »Verwestlichung« der Kultur durch populäre ausländische »Kitsch-Feiertage« entgegenwirken, die nicht zu den eigenen Traditionen passen. Das ist vermutlich ein Kampf gegen Windmühlen: Wer einmal die opulente Weihnachtsdeko in den Shops und Einkaufsstraßen einer chinesischen Großstadt gesehen hat, wird eine baldige Austreibung von Santa Claus für wenig realistisch halten.

Andere Anweisungen des »Wahrheitsministeriums« sind erheblich weniger amüsant:

Nicht über den Missbrauchsskandal in einem Pekinger Kindergarten berichten.

Einen Artikel über Luftverschmutzung löschen, in dem von 257 000 Todesfällen in 31 Städten innerhalb eines Jahres die Rede ist.

Keine Berichte über den Truckfahrerstreik im ganzen Staatsgebiet.

Die Korrelation zwischen Aktienmarkt-Einbruch und Handelskrieg mit den USA herunterspielen.

Nicht mehr den Begriff »Made in China 2025« *verwenden* (weil man erkannt hat, dass ein zu selbstbewusstes Auftreten Chinas im Ausland schlecht ankommt).

Kein großes Thema aus dem jüngsten nordkoreanischen Atomtest machen.

Während der Jahrestagung des Volkskongresses nicht über den Reichtum der Abgeordneten oder über Smog berichten, außerdem keine Negativ-Storys über Verkehrsstaus, Immobilienmarkt und Börse.

Die Halbfinal-Niederlage des chinesischen Tischtennisspielers Fan Zhendong bei den German Open nicht zu groß bringen.

Und, immer wieder, bei schweren Unglücken oder Industrieskandalen: *Ausschließlich das Material der staatlichen Agentur Xinhua verwenden, also bloß keine eigenen Recherchen anstellen.*

Xinhua ist mit mehr als 8000 Mitarbeitern sowie 170 Auslandsbüros eine der größten Nachrichtenagenturen der Welt. Anders als dpa oder Reuters berichtet man in zwei Richtungen. Eine umfangreiche Investigativabteilung spürt Skandale auf, über die zunächst nur die Regierung informiert wird. Manchmal wird dann ein paar Wochen später darüber berichtet, wie die Staatsführung sich eines Problems annimmt.

Natürlich findet man bei Xinhua niemals Kritik an der Regierung. Harmonie und Stabilität sind erklärte publizistische Ziele, eine möglichst exakte Abbildung der Realität ist dagegen sekundär. Ich habe vor ein paar Jahren in Peking einen Vortrag von Yan Wenbin gehört, einem der Xinhua-Chefs. Als großer Meister chinesischer Nebelkerzen-Rhetorik fand er eine rational klingende Begründung dafür, dem Publikum Fakten vorzuenthalten: »Wir beschreiben Probleme nicht so detailliert, weil die Leser sie sowieso nicht selbst lösen können«, sagte er.

Die anderen großen staatlichen Problem-Nichtbeschreiber sind die insgesamt 50 Fernsehkanäle von CCTV, die Zeitungsgruppe People's Daily und neuerdings auch ein Radio- und Fernsehverbund namens Voice of China, der versucht, international eine stärkere Stimme zu erhalten.

Die meisten Chinesen beziehen ihre Informationen aus einem News- und Gossip-Cocktail, der online serviert wird. WeChat hat bei der Verbreitung eine immense Bedeutung, ebenso wie der Mikrobloggingdienst Weibo. Dort spielte sich in der Zeit zwischen 2009 und 2012 etwas Ungeheuerliches ab, was ansonsten in 5000 Jahren chinesischer Geschichte undenkbar war: ein nahezu ungestörter Austausch von Informationen. Die Zensur lahmte hinterher und verpennte zu kontrollieren, was gepostet wurde. Millionen Nutzer diskutierten öffentlich über Nahrungsmittelskandale, Umweltzerstörung und Fehler der Regierung. Plötzlich existierte eine Zivilgesellschaft, die offen Probleme ansprach. Und erstmals konnten die Leser erfassen, welche Dimensionen manche Skandale tatsächlich hatten.

Der Ausgang des Menschen aus seiner propagandaverschuldeten Unmündigkeit führte zu großer Unzufriedenheit im Land, plötzlich musste die Kommunistische Partei heftige Kritik einstecken. Als 2011 in der Nähe von Wenzhou zwei Hochgeschwindigkeitszüge zusammenstießen, erfuhr man zuerst bei Weibo davon. Ein Jahr später, Xi Jinping war gerade erst vier Wochen an der Macht, verbot die Partei alle Posts, die den Ruf oder die Interessen der Regierung oder die nationale Sicherheit »bedrohen«. Zudem wurden die Profile bekannter Regimekritiker abgeschaltet. Die

Kurz-Ära einer zuvor kaum für möglich gehaltenen Debattenkultur war zu Ende. Vom Albtraum Realität kehrten die Chinesen in einen Zustand seliger Unwissenheit zurück.

Bis heute erweist Xi Jinping sich in Bezug auf die Informationskontrolle als Hardliner. Die Liste der in den sozialen und klassischen Medien verbotenen Begriffe wird immer länger.

Während meiner Reise gerät die Nachrichten- und Unterhaltungs-App Toutiao ins Visier der Behörden. Mit 120 Millionen täglichen Nutzern ist sie ein riesiger Erfolg, neben populären Video- und Cartoon-Angeboten bietet sie die Möglichkeit, durch Voreinstellungen zu sortieren, welche Art von News man lesen will. Theoretisch kann man also nur den Sport oder nur Celebrity-Gossip lesen oder sich hauptsächlich leicht bekleidete Damen angucken – und zum Beispiel alles aussortieren, was mit der Kommunistischen Partei zu tun hat. Die staatliche Radio- und Fernsehaufsicht bemängelte »vulgäre Inhalte« und verbot die zugehörige Witze-App Neihan Duanzi. Bemerkenswert ist der öffentliche Entschuldigungsbrief von Toutiao-Chef Zhang Yiming, der klingt, als sei er bei vorgehaltener Waffe verfasst worden. Man habe die sozialistischen Kernwerte missachtet, nicht im Sinne von Xi Jinpings Ideen gehandelt, zu wenig versucht, die öffentliche Meinung in eine positive Richtung zu lenken. Aber diese Fehler sollen künftig korrigiert werden, versprach er.

Die Strategie der Regierung, unliebsame Fakten und Meinungen aus der öffentlichen Debatte herauszuhalten, funktioniert überraschend gut. Immerhin geht es um knapp 1,4 Milliarden Menschen und ein globales Internet, in dem normalerweise in Sekundenschnelle zu jedem denkbaren Thema Informationen zu finden sind. Die »Great Firewall« macht alle großen ausländischen Nachrichtenseiten unzugänglich, Google, Facebook und Twitter sind sowieso gesperrt. Der Zugang zu VPN-Angeboten wird immer weiter erschwert.

Und anscheinend will das Volk gar nicht alles wissen. Das zeigte ein Experiment von Forschern der Stanford University in Zusammenarbeit mit der Peking University. 1800 Studenten bekamen dabei die Möglichkeit, auf ihren Rechnern einen 18-monatigen kostenlosen VPN-Zugang zu installieren. Die Wissenschaftler interessierte nun, wie viele die Möglichkeit nutzen würden, auf ausländische Informations- und Nachrichtenangebote zuzugreifen. Auf Seiten aus Taiwan und Hongkong zum Beispiel, oder die komplett ins Chinesische übersetzten Ausgaben der *New York Times* oder *Financial Times*. Fast alle? Die Hälfte? Ein Viertel? Weit gefehlt: mickrige fünf Prozent. Die große Mehrheit schien

排名排名排名排名排名排名排名排名排名排名排名

KURIOSES AUS DER ZENSUR

1. Bilder von »Pu der Bär« sind im chinesischen Internet verboten, weil sich Internet-User über die Ähnlichkeit der Kinderbuchfigur mit Xi Jinping lustig machten.

2. *Hexie* bedeutet »Harmonie«, »harmonisieren« ist ein Euphemismus für »zensieren«. Weil *hexie* aber auch »Flusskrabbe« bedeuten kann, verwenden Regimekritiker Bilder des Tieres, wenn sie über Zensur schreiben.

3. Als der Begriff »MeToo« bei Weibo verboten wurde, begannen die Leute, als Umschreibung *Mi Tu* (»Reis-Häschen«) zu verwenden.

4. Viele Weibo-Posts über das Album »1989« von Taylor Swift beziehen sich in Wahrheit auf ein Massaker – wegen der Jahreszahl, und weil die Initialen der Sängerin auf »Tiananmen Square« (Tian'anmen-Platz) anspielen.

5. Das chinesische Wort für »Diktatur« klingt wie »giftiges Gemüse« (beides heißt *ducai*). Entsprechend werden die Schriftzeichen für Letzteres oft als Umschreibung verwendet.

nicht zu erwarten, dort etwas Interessantes zu finden, so gut funktioniert die Gehirnwäsche schon.

Nun bekamen einige der Studenten Quizfragen gestellt, bei denen sie Geldpreise gewinnen konnten. Für die Antworten war es nötig, westliche Nachrichtenseiten zu besuchen. Und plötzlich ergab sich ein neues Bild: Zehnmal so viele, also 50 Prozent derer, die den VPN-Zugang aktiviert hatten, interessierten sich für die Informationsangebote und verweilten länger auf den Seiten. Später gaben sie in Fragebögen an, die chinesische Regierung kritischer zu beurteilen als zuvor, außerdem waren sie erheblich weniger optimistisch, was die Zukunft ihres Landes anging. Und sie hatten nun endlich Interesse, weiterhin per VPN ausländische Nachrichten zu lesen. Aber, und das ist der wesentliche Punkt: Sie mussten erst dorthin geleitet werden. Ein freies Internet allein brachte die meisten noch nicht auf die Idee, die im eigenen Land vorenthaltenen Informationen entdecken zu wollen.

Zensur kann also auch funktionieren, wenn es Schlupflöcher gibt. Zensur nach dem *Chabuduo*-Prinzip sozusagen, so bezeichnet man hier alles, was nicht perfekt ist, aber doch irgendwie seinen Dienst tut, »passt scho« auf Chinesisch. Lange war China ein *Chabuduo*-Land. Doch was Präsident Xi vorschwebt, ist eine Abkehr davon: Er will die totale Kontrolle über Informationen und Meinungen.

HERZCHEN, DAUMEN HOCH

In einem silbernen Buick Excelle brausen wir durch eine altertümlich wirkende Umgebung. Büffel zerren Pflüge durch Reisfelder, in Restaurants am Straßenrand dampfen die Holzkörbe mit *Baozi*-Teigtaschen, Hühner und Schweine spazieren frei herum. Pittoreske Holz-Bauernhäuser mit schmucken grauschwarzen Ziegeldächern stehen neben zweistöckigen Beton-Zweckbauten, die aus einem Fertighaus-Katalog zu stammen scheinen. Oft passt Alt und Neu überhaupt nicht zueinander, man könnte meinen, hier fände eine Art Anti-Architekturwettbewerb statt: Gewinner ist, wessen Neubau sich am wenigsten organisch in die Umgebung einfügt, ausdrücklich erlaubt sind lilafarbene Wände, Diagonalmuster mit grauweißen Kacheln und vergitterte Fenster im Gefängniszellenlook.

Ich bin schon mit schlechter Laune aufgewacht, der Anblick macht es nicht besser.

»Die Dorfbewohner kaufen moderne Häuser, weil sie denken, das machen alle so, also muss es gut sein«, sagt Nora. »Die Leute sind leider nicht sehr gebildet, haben kein Selbstvertrauen und wissen nicht, wie wertvoll ihre Traditionen sind. Wir wollen ihnen mit unseren Filmbeiträgen zeigen, dass sogar reiche Leute sich ein Leben wie im Tujia-Dorf wünschen würden. Ein reicher Ausländer wie du zum Beispiel.«

Soso, ich werde also wieder mal instrumentalisiert. Aber vielleicht dient es ja hier einem guten Zweck.

»Wenn du aufs Klo musst, sag Bescheid«, teilt sie noch mit.

»Ja, mache ich.«

»Musst du aufs Klo?«
»Nein.«
»Du kannst jetzt ein bisschen schlafen.«
»Passt schon, ich gucke gerne aus dem Fenster.«
»Ich hoffe, dir ist nicht langweilig?«
»Mir. Ist. Nicht. Langweilig!«
»Bist du sicher?«
»Ja.«

Chinesische Fürsorglichkeit, so nett sie gemeint ist, kann manchmal ziemlich nerven. Speziell nach ein paar Wochen unterwegs, nach ein paar Nächten mit wenig Schlaf, an einem dieser Reisetage, an denen sich der Kopf dumpf anfühlt und neue Eindrücke nichts auslösen. Heute könnten fünf Löwen im Handstand über die Straße laufen, und ich würde nur denken »meinetwegen, ja« und zu faul sein, die Kamera aus dem Rucksack zu holen. Als wäre ich über Nacht eine andere Person geworden, lethargisch und satt.

Wer denkt, Langzeitreisen fühlten sich 16 Stunden am Tag an wie Betrunkensein in der Hängematte, der hat noch keine gemacht. Die Illusion, eine interessante oder gar berühmte Umgebung allein reiche schon aus für akkurat vorhersagbare Glücksgefühle, lässt außer Acht, was für eine unberechenbare Schlampe die eigene Stimmung sein kann.

Und dann bin ich auch noch mit Leuten vom Fernsehen unterwegs, die mir partout nicht sagen wollen, was sie mit mir vorhaben. Ich hasse Fernsehen. Und alle reden die meiste Zeit Chinesisch und lachen viel, und ich verstehe nur ab und zu einzelne Wörter wie »geradeaus« oder »Tujia« oder »Haus«. Im Auto mit vier fröhlichen Chinesen fühle ich mich zum ersten Mal auf dieser Reise einsam. Ich versuche, mir meine schlechte Laune nicht anmerken zu lassen.

Noras Mann, der Künstler, ein heiterer Typ in beigefarbener Jacke mit Pferdemotiv auf dem Rücken, stupst mich in regelmäßigen Abständen an, deutet aus dem Fenster und sagt »beautiful«. »Er kennt nur drei oder vier Wörter auf Englisch«, erklärt Nora und legt ihren Arm um seine Schulter.

In einem Ort namens Matouxi (»Pferdekopfflussdorf«) halten wir vor einem Holzhaus-Neubau mit geschwungenen Dachpartien und bunten Tujia-Kultur-Schautafeln im Innenhof. Termin beim Bürgermeister, einem gar nicht dörflich aussehenden kleinen Mann mit Anzug und Lackschuhen, der uns teure Zigaretten anbietet, aber selbst auch nicht raucht, als wir ablehnen.

Kamera an, kurzes Interview für Hunan TV. 300 alte Häuser gebe es im Pferdekopfflussdorf und 600 Einwohner. In diesem Jahr habe man erreicht, dass niemand von ihnen mehr unter der Armutsgrenze lebt. Doch ohne neue Geldquellen werde das Dorf trotzdem kaum überleben können. Mehr Touristen wären also gut? Natürlich. In meine Richtung: »Können Sie da nicht was machen?«

»Mal sehen«, sage ich. Alle wollen was von mir, und ich will nur ins Bett und mit niemandem mehr reden, aber mich fragt ja keiner, was ich will.

Nun beginnt das Folkloreprogramm.

Zunächst laufen wir zum Nachbau einer alten Rapsöl-Presse. Drei braun gebrannte Männer wuchten einen Baumstamm, der mit Seilen als Pendel unter einem Dach befestigt ist, gegen einen Stößel. Zweimal Schwung holen, beim dritten Mal feste drauf, begleitet von »*Eeeja Eeeeja Hu!*«-Rufen. Mit jedem »*Hu!*«, das stark an den Schlachtruf isländischer Fußballfans erinnert, wird dem in der Mühle befindlichen Getreide ein bisschen mehr Öl abgerungen.

»Und jetzt du«, ordnet Nora an. »Zieh das hier an und mach mit.«

Sie reicht mir eine Plastiktüte, in der sich eine Hose und ein Oberteil aus schwarzem Seidenstoff befinden. Ein traditioneller Tujia-Trachtenanzug, bestickt mit einem bunten Muster aus Dutzenden kleinen Blüten, der meinem WeChat-Profilfoto-Outfit verblüffend ähnelt. Spektakulär overdressed geselle ich mich zu den Baumstamm-Arbeitern und haue auf die Ölpresse ein.

»Du musst lauter mitbrüllen, sonst denken die anderen, du arbeitest nicht hart genug!«, sagt Nora, die mich mit ihrem Handy filmt. Ich brülle lauter mit.

Wir fahren weiter und halten kurz darauf an einer Brücke. Frauen in roten Trachten und Männer, die Ähnliches anhaben wie ich, führen eine Art Singspiel auf. Einige haben die Texte auf ihren Händen notiert, die beste Sängerin trägt einen Kopfputz voller klimpernder Silberornamente. Eine halbe Strophe soll ich fürs Fernsehen nachsingen. In Tujia-Sprache, mit zwei mir bislang nicht zu Ohren gekommenen Stotterlauten und Vierteltonintervallen in der Melodie. Für jemanden mit durchschnittlicher Sprachbegabung und einem Gesangsvermögen irgendwo zwischen Nordkurve und Konfirmandenunterricht ein aussichtsloses Unterfangen. Da hilft es auch nicht, die Melodie noch fünfmal zu wiederholen, liebe runzlige ältere Tujia-Frau, genauso wenig wie ein Blick, wie man ihn einem Grundschüler zuwirft, der bei 3 + 3 fürchterlich ins Schwitzen kommt.

Kurze Krisensitzung. Nora schlägt vor, dass ich nur den Schlussschrei des Liedes mitmache, ein »*Jiaaa Jiah!*« mit Ausfallschritt nach vorne, bei dem alle den rechten Arm ausstrecken. Von mir aus. Nach zwei Versuchen ist die Szene im Kasten. Ich glaube, ich war gut. Sogar der Bürgermeister, der gerade mit dem Auto ankam, grinst zufrieden. Dann dirigiert er uns für die obligatorischen Erinnerungsfotos zum Ausgang der Brücke.

»Du hast deinen Mann heute Nacht, um nicht einsam zu sein«, sagt er noch, an Nora gewandt. »Und wen hat der Deutsche?«

»Hm. Den Hund vielleicht?«, antwortet Nora.

Alle lachen. Ich bin ein einziger Hundewitz auf dieser Reise. In meiner heutigen Miesepetrigkeit kommt mir das Pferdekopfflussdorf wie die düstere Realität dessen vor, was Reiseprospekte als »ursprünglichen Charme eines authentischen Dorfbesuchs mit regionaltypischem Kulturprogramm« anpreisen. Scheiß aufs Berühmtsein, ich will nach Hause, mich verkriechen, keine Menschen oder Kameras mehr sehen.

Doch das ist keine Option. »Wir werden jetzt ein Haus suchen, das mein Mann malen kann«, erklärt Nora, als wir wieder im Auto sitzen. »Du hast dann Pause.« Ich blicke schweigend aus dem Fenster, schon hübsch, die grünen Wiesen und Bauernhäuser im Nachmittagsnebel.

»Stephan«, meldet sich Nora ein paar Minuten später wieder zu Wort.

»Ja?«

»Du schreibst doch. Willst du nicht ein Gedicht schreiben?«

»Ein Gedicht?«

»Ja.«

»Worüber denn?«

»Die Bäume, die Blumen, die Tiere.«

»Nein.«

»Langweilst du dich?«

»Nein!«

Irgendwann halten wir an einem besonders dekorativen Holzhaus, das auf Stelzen gebaut an einem Hang steht. Zwei geschnitzte Vögel schmücken den unebenen Dachfirst, gackernde Hühner rennen herum, ein alter Mann mit Anzug und Gehstock bietet uns Honig zum Kauf an.

Nora schaltet ihre Handykamera ein und fragt, wie wichtig es für ihn ist, sein Haus zu erhalten.

»Ich werde es schützen, bis ich sterbe«, sagt er.

»Warum?«

»Der erste Grund ist, dass wir nicht genug Geld haben, ein neues Haus zu bauen. Der zweite Grund: Jeder sagt nun, das ist ein wichtiges Kulturgut. Also denken wir das auch.«

Der Künstler sucht sich draußen einen Platz und packt Tuschepinsel und Papier aus. »Wir wollen mit den Bildern ein Bewusstsein schaffen für die Schönheit alter Gebäude«, erklärt Nora. 3000 Tuschebilder hat er bereits gemalt, sie wurden auf Ausstellungen in Peking, Kanada und Slowenien gezeigt. »Eigentlich habe ich ihn auf die Idee gebracht. Ich glaube, er tut das vor allem aus Liebe zu mir.« Seit fünf Jahren sind sie ein Paar, seit drei Jahren verheiratet.

»Beautiful«, sagt der Künstler, als würde er merken, dass sie über ihn redet. Dann drehen die beiden Hunan-TV-Leute ein Interview mit ihm. Ich mache einen Spaziergang und bewundere einen riesigen Büffel, der vor dem Nachbarhaus zusammen mit dem Bauer seine Pflugrunden im Reisfeld dreht.

Unten am schlammfarbenen Fluss waschen Männer Frühlingszwiebeln, an der Straße ein paar Meter höher stehen Propagandaposter, auf denen die Bekämpfung der Armut als zentrales Ziel der Partei angepriesen wird. Als es dunkel wird, brechen wir auf. Unsere Unterkunft ist ein einfacher Homestay in einem renovierten Holzhaus, dessen Elektrizität von ein paar Solarpanelen kommt.

»Morgen haben wir über eine Stunde Livesendung, also ruh dich gut aus«, sagt Nora. »Die Tujia-Tracht kannst du jetzt übrigens ausziehen.«

Ich lese online noch ein bisschen über die Tujia, eine der 55 Minderheiten des Landes. Acht Millionen Chinesen gehören dazu, mehr als 1000 Jahre alt ist ihre Kultur. Eine besondere Tradition hält sich in einigen Familien bis heute: Die Frauen weinen vor der Hochzeit, im letzten Monat vor der Zeremonie jeden Tag eine Stunde lang. Zunächst allein, nach ein paar Tagen gesellen sich Mutter, Großmutter, Tanten und Schwestern dazu, bis alle zusammen in ein gemeinsames Klagelied einstimmen. Auch am Hochzeitstag selbst werden von der Braut ein paar tiefe Schluchzer erwartet, wenn sie nicht als untugendhaft gelten will. Grund genug für Eltern, ihre Töchter schon im Teenageralter in Heul-Workshops zu schicken, ist ja alles erlernbar.

Sind die Tujia-Männer so schlimm? Oder wird das Ende der Unschuld betrauert? Beides falsch, die Frauen glauben, durch konsequentes Vorab-Weinen verhindern zu können, dass die Ehe eine freudlose Veranstaltung wird. Außerdem beweinen sie den Abschied von der Familie und traditionell auch die Unfähigkeit des Heiratsvermittlers (der spielt heute allerdings kaum noch eine Rolle bei der Partnerwahl). Je mehr Tränen die Braut vergießt, desto mehr Reichtum soll ihrer Familie bevorstehen. Alles braucht einen Ausgleich: Bei traditionellen Beerdigungen tanzen die Tujia dafür manchmal die halbe Nacht durch, den Tod betrachten sie nicht als trauriges Ereignis.

Am nächsten Vormittag steht ein Ausflug zur »Gutes Herz«-Reisschnapsdestillerie auf dem Programm. 60 Prozent Alkohol, mit spezieller Gewürzmischung aus 70 Zutaten. »Man braucht ein gutes Herz, um gesunden Wein herzustellen«, erklärt der Besitzer den Namen. Der Selbstversuch ergibt: Man braucht vor allem ein starkes Herz, um ihn zu trinken.

Zurück im Innenhof der Unterkunft, treffen wir einen alten Bambuskorbflechter und eine Weberin. »Sie werden dir zeigen, wie sie arbeiten, und dann macht ihr einen kleinen Wettbewerb«, erklärt Nora. »Gleich sind wir eine halbe Stunde lang live auf Yingke.«

Yingke ist eine Streaming-App für Live-Videos, vergleichbar mit Periscope, aber mit einer Möglichkeit für die Zuschauer, Geldgeschenke an beliebte Moderatoren zu vergeben.

»Bereit?«, fragt Nora. Sie schaltet ihr Smartphone in den Video-Modus, hält es mit einem Selfie-Stick vor sich und begrüßt die Zuschauer. Das Team von Hunan TV filmt, wie Nora uns mit dem Handy filmt, und eine Überwachungskamera im Innenhof filmt uns alle zusammen.

»*San. Er. Yi.* – Drei. Zwei. Eins. Los!«, ruft Nora, und der Wettkampf beginnt. Der alte Mann und ich haben beide einen halb fertigen Bambuskorb vor uns, etwa so groß wie ein Bierfass, aber viel leichter. Dutzende Holzstreifen stehen nach oben, nun muss seitwärts ein weiteres biegsames Holzstück durchgefriemelt werden. Wer als Erster einen kompletten Kreis schafft, hat gewonnen.

Nora kommentiert wie eine Sportreporterin, auf Chinesisch und Englisch, sie schreit und albert herum und ist keine Sekunde still. Auf ihrem Bildschirm laufen im Sekundentakt Like-Daumen und Herzchen durch.

Ich gehe der Flecht-Tätigkeit mit mehr Freude als Präzision nach, was auch am Reisschnaps liegt. Nach knapp einer Minute habe ich etwa einen Viertel-Bambuskreis geschafft und bin ein bisschen stolz. Ein Blick nach rechts: Der Profi, ein kleiner Mann mit wettergegerbtem Gesicht und vielen Lachfalten, ist natürlich längst fertig. China – Deutschland 1:0. Er hilft mir, bis auch mein Korb einigermaßen nach Korb aussieht.

Nora fragt nach meinem Befinden. Ich betone, wie sehr ich chinesische Traditionen schätze, speziell als ausländischer Tourist, und wie schade ich es finde, wenn die Menschen nicht verstehen, welchen Wert alte Kulturtechniken haben.

Ich muss mich beherrschen, nicht ständig auf den Handybildschirm zu starren, weil in das Programm eine automatische Verschönerungsfunktion eingebaut ist, die uns allen vergrößerte Augen und perfekte Haut beschert. Herzchen, Herzchen, Daumen hoch.

Wir gehen zu einem Webstuhl, der ein paar Meter weiter steht. Eine Tujia-Dame erklärt, wie das Drunter und Drüber des Schiffchens schöne Muster ergibt. Ein Wettkampf ist hier nicht so recht möglich, stattdessen leitet sie mich an, ein paar Fäden zu verlegen. Um uns versammeln sich immer mehr Schaulustige, Nora brüllt ihre Kommentare ins Handy, ich habe Kopfschmerzen vom Alkohol. Herzchen. Daumen hoch.

Die halbe Stunde vergeht wie im Fluge, danach prüft Nora in der Abruf-Statistik, wie viele Zuschauer wir hatten: bis zu 34 000 gleichzeitig auf Yingke. »Und später wird der Beitrag auch auf anderen Sendern gezeigt, das werden noch deutlich mehr«, verspricht Nora.

Sie dreht mit mir noch eine weitere Sendung, ein Interview für ein Nachrichtenportal namens Tiantian kuai bao, der Name bedeutet »Jeden Tag schnelle News«. Diesmal geht es um mich, meine früheren Reisen und meine bisherigen Erlebnisse in China. Ich erzähle von meinen Büchern, über meine Lieblingsländer Iran, Grönland und Nepal, über die Casinos in Macau, die Katzen in Shenzhen und das unkonventionelle Abendessen in Wenshi. Über Couchsurfing sage ich nichts.

»Wirst du ein Buch über China schreiben?«, fragt Nora.

»Nein«, antworte ich.

Nora verabschiedet sich von den Zuschauern und guckt dann etwas verdutzt auf die Statistiken. »Seltsam. Nur sechs Zuschauer. Da stimmt was nicht, normalerweise sind es 80 000.« Sie ruft den für ihre Sendung zuständigen Redakteur an, sie sprechen kurz, Nora klingt aufgewühlt.

Sie legt auf. »Es gibt ein neues Gesetz. Erst seit Anfang des Monats«, sagt sie dann. »Interviews mit Ausländern dürfen nicht mehr live gesendet werden, nur mit zehn Tagen Verzögerung. Das Material muss erst überprüft werden.«

»Haben wir etwas Kritisches besprochen?«

»Du hast vom Hundeessen erzählt. Das ist ein schwieriges Thema.«

»Warum?«

»In einigen chinesischen Regionen ist das normal. Die Leute dort sollen nicht das Gefühl haben, etwas Falsches zu tun. Vielleicht schneiden die Redakteure das heraus.«

»Hattest du schon mal ein Problem mit der Zensur?«

»Einmal hat ein schwarzer Amerikaner viel über Politik gesprochen und Trump kritisiert. Das geht nicht in unserer Show. Wir wollen den Konflikt zwischen China und den USA nicht anheizen. Wir müssen vorsichtig sein.«

Auf meinem Handy entdecke ich eine neue Freundschaftsanfrage. »Hallo, mein Name ist Nature. Ich habe das Live-Interview mit dir gesehen«, schreibt eine Frau. »Schön, dich kennenzulernen!« Auf ihrem Profilbild hält sie eine flache Hand in Richtung Kamera. Ob es ein freundliches Winken oder eine Abwehrgeste ist, lässt sich schwer sagen. Das rechte Auge ist von den Fingern verdeckt, das linke blickt den Betrachter aufmerksam an. So aufmerksam, dass man Albträume davon bekommen könnte. Da sie einer der sechs Zuschauer war, muss sie zur Zensurabteilung des Senders gehören. Ich beschließe, ihre Anfrage zu löschen.

Von: Yang Berlin

Hey, wie läuft's? Bist du schon berühmt?

> **An: Yang Berlin**
> Ich war in einer Internet-Fernsehshow!

> **Von: Yang Berlin**
> Eine Datingshow?

> **An: Yang Berlin**
> Nein, es ging um die Traditionen der Tujia

> **Von: Yang Berlin**
> Ach so. Langweilig

Ich dachte, eine gewisse Routine entwickelt zu haben, was Schulbesuche angeht. Bis zu meinem Auftritt in der Mittelschule von Yuanguping, einem Dorf, das zu 40 Prozent aus Häusern und Straßen und zu 60 Prozent aus Baustellen für weitere Häuser und Straßen besteht. Wir treffen etwa 100 Schüler, alle zwischen zwölf und 14 Jahre alt, auf dem Basketballfeld ihres Schulhofs. Nora begleitet mich zur Mitte des Sportplatzes. Nachdem uns die Englischlehrerin der Schule begrüßt und den Kindern vorgestellt hat, beginnen meine Prüfungen. Ich fühle mich ein bisschen wie der Kungfu-Novize in »Die 36 Kammern der Shaolin«, ständig muss ich Aufgaben erfüllen.

Erste Prüfung: 100 Kindern hintereinander die Hand schütteln. Sie stellen sich auf Englisch vor, ich antworte »Hello, my name is Stephan«, und dann sagen wir beide: »Nice to meet you.«

100 Hände sind eine ganze Menge.

Zweite Prüfung: ein Lied. Die Kinder versammeln sich im Kreis, ich bekomme ein Headset-Mikrofon und einen Lautsprecher zum Umhängen, der so groß ist wie ein sehr alter Walkman und fürchterlich den Ton verzerrt.

»Würdest du ein Lied für uns singen?«, fragt die Lehrerin.

»Ich kann leider nicht singen«, antworte ich.

»Dann sing doch was zusammen mit den Schülern!« Sie ruft zwei Mädchen nach vorne, die ein chinesisches Lied zur Melodie von »Morgen kommt der Weihnachtsmann« anstimmen. Mangels Textkenntnis summe ich ein bisschen mit. Hunan TV filmt, große Begeisterung beim Publikum.

Dritte Prüfung: *Da Lian Xiao* erlernen. Das ist ein Tanz mit einem Bambusstock, an dem beidseitig rote und gelbe Puschel befestigt sind. Ein Junge zeigt mir, wie ich damit im Rhythmus auf Fuß und Knie schlagen soll, das Ergebnis erinnert verblüffend an einen Schuhplattler. Die Kids applaudieren.

Vierte Prüfung: Militärbefehlshaber spielen. Die Kinder stellen sich in mehreren Reihen vor mir auf, ich soll dann auf Englisch »up«, »down«, »left« oder »right« sagen, und sie müssen so schnell wie möglich in die Hocke gehen, aufspringen oder sich um 90 Grad nach rechts oder links drehen. Wer einen Fehler macht, fliegt raus. Sie gehorchen ziemlich fix, aber nicht immer korrekt, am Ende bleibt nur noch ein Junge übrig. Der darf sich von mir etwas wünschen.

Fünfte Prüfung: Er wünscht sich, dass ich Basketball spiele. Fünf Freiwürfe, 100 Kinder gruppieren sich um mich. Zweimal treffe ich Luft, zweimal den Ring, einmal den Korb. Riesenjubel.

»Jetzt mögen sie dich. Wir können mit dem Unterricht anfangen«, sagt Nora.

Umzug in Klassenraum 194 im dreistöckigen Schulgebäude. »Sei ehrlich und arbeite hart«, steht in großen roten Schriftzeichen an der Rückwand. Ich stelle mich vor, erzähle was über meinen Job und erkläre, warum ich Englisch so toll finde. Dann Fragerunde. Wie alt bist du? Was ist dein Lieblingstier? Magst du chinesisches Essen? Magst du es, wenn kleine und große Würmer auf deinem Körper herumkrabbeln? Oha, auf die Frage war ich nicht vorbereitet, aber die Antwort fällt nicht schwer.

Die Lehrerin trägt den Schülern nun auf, einen Brief an mich zu schreiben, auf Englisch oder Chinesisch. Während sie das tun, kann ich in der Nachbarklasse mein Programm noch einmal abspulen.

Zum Abschied bekomme ich fast 100 Briefe. Und Geschenke. Papierflieger, Papiervögel, Origami-Herzchen. Eine Knetfigur mit blauen Augen und gelben Haaren. Einen Bleistift mit Radiergummi in Form eines Drachenkopfes. Einen Stoffaffen und einen Stoffhund. *In China kannst du alles werden, was du dir erträumst*, die Worte von Yang sind wieder in meinem Kopf. Ich bin ernsthaft überwältigt und erkläre meine Mission, berühmt zu werden, für beendet. Alles erreicht, besser wird's nicht, mehr Liebe brauche ich nicht.

Auf der Rückfahrt in die Stadt erzählt Nora mir etwas über ihre eigene Verbindung zu den Dörfern. Sie spricht nun ungewohnt leise, flüstert fast, weil sie sich erkältet hat und heiser ist. »Als ich fünf war, wurde das alte Holzhaus meiner Familie abgerissen. Für ein Straßenbauprojekt. Wir bekamen nicht mal eine Entschädigung.« Der Künstler nimmt ihre Hand. Er spürt, dass sie aufgebracht ist, auch wenn er nicht versteht, was sie sagt. »Heute kämpfe ich dafür, dass dieses Kulturerbe erhalten bleibt. Die Chinesen müssen begreifen, dass ›alt‹ nicht immer ›arm‹ bedeutet. Das Alte kann ein riesiger Reichtum sein.«

Mir wird plötzlich klar, wie unrecht ich ihr mit meiner schlechten Laune zu Beginn unseres Ausflugs getan habe. In Wahrheit ist ihr harmlos-unterhaltsames Online-Fernsehformat die allerklügste Variante, um möglichst viele Menschen zu erreichen. Würde sie im Ton eines Ethnologen von den kulturellen Eigenheiten der Tujia berichten, sie würde nur einen Bruchteil der Zuschauer erreichen. Würde sie den Modernisierungswahn mit scharfer Zunge als Skandal anprangern, dürfte sie bald nicht mehr senden. Indem sie Ausländer in ihre Sendung holt, zeigt sie den Dorfbewohnern einerseits, wie interessant ihre Kultur für Reisende aus aller Welt ist. Und sie macht ihre Liveshows ein bisschen lustiger und ungewöhnlicher fürs Publikum. Nora ist ein Genie, und ich bin ein Idiot, weil ich das erst auf der Rückfahrt begreife.

»Wie finanzierst du die Sendung?«

»Ich arbeite als Englischlehrerin und Übersetzerin. Außerdem haben wir ein paar Wettbewerbe gewonnen. Mit meinem Journalismus-Abschluss aus den USA könnte ich woanders eine tolle Karriere machen. Aber ich glaube, hier habe ich meine Bestimmung gefunden.«

»Beautiful«, sagt ihr Mann und deutet nach draußen, auf ein Reisfeld im Nebel, hinter dem sich die Umrisse eines uralten Hauses abzeichnen.

丹東市
DANDONG

Einwohner: 2,4 Millionen
Provinz: Liaoning

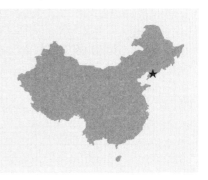

DAS RESTAURANT AM RANDE DER WELT

Am Flughafen von Zhangjiajie setzen Nora und ihre Begleiter mich ab. Meine Reise geht nun weiter nach Dandong im Nordosten. Gastgeber Sung wohnt 35 Kilometer weiter nördlich, und heute Abend ist er beschäftigt, deshalb verbringe ich die erste Nacht im Zentrum der Stadt. Macht gar nichts, denn hier steht das Zhong-Lian-Hotel, das eine der interessantesten Aussichten in ganz China bietet. So interessant, dass in jedem Zimmer ein leistungsstarkes Fernglas bereitliegt. »For your convenience of exotic scenery«, steht auf einem Zettel, zusammen mit der Information, dass bei einem Verlust 500 Yuan Strafgebühr fällig werden.

Vom achten Stock aus blicke ich zunächst auf eine viel befahrene Straße, zwei Spuren in die eine Richtung, drei Spuren in die andere. Rechts steht ein sandfarbenes Hochhaus mit einer riesigen Werbung für Luxusapartments in einem Immobilienprojekt namens »Seventh Mansion«. Jenseits der Straße verläuft quer der Yalu, was »grüne Ente« bedeutet und sich auf den kurvigen Verlauf des Flusses bezieht, der an einen Entenhals erinnern soll. Ein Ausflugsboot liegt am Pier, links daneben strecken sich eineinhalb Brücken in Richtung anderes Ufer.

Die halbe Brücke reicht nur bis zur Mitte des Flusses, seit sie 1950 von der US Air Force mit Bomben zerstört wurde. Heute ist die Ruine eine Touristenattraktion, zwischen sämtlichen Streben der Bogenkonstruktionen flattern rote Chinaflaggen.

Die ganze Brücke, die Freundschaftsbrücke, führt nach Sinuiju in Nordkorea. Sie ist die wichtigste Landverbindung für den Warenaustausch zwischen beiden Ländern. Auch als Nordkoreas Diktator Kim Jong-Un im März 2018 zum Staatsbesuch nach Peking reiste, passierte sein Zug hier die Grenze, hinter extra angebrachten Sichtschutzwällen. Nur 160 Kilometer Luftlinie liegen zwischen Dandong und Pjöngjang, gut 400 Kilometer sind es bis zum Atomwaffentestgelände Punggye-Ri, das bis 2018 in Betrieb war.

Ich nehme das Fernglas und betrachte das gegenüberliegende Flussufer. Zwei Kräne sind zu erkennen und ein paar Hochhäuser, sichtbar einfacher gebaut als ihre Pendants auf der chinesischen Seite. Außerdem das weiße Gerüst einer Achterbahn und ein Riesenrad, beide wirken so, als seien sie seit Langem außer Betrieb.

Eine mehr als 1000 Kilometer lange Grenzlinie verbindet China mit Nordkorea. Zwei Welten, und doch immer nur ein paar Meter Wasser dazwischen, zunächst der Yalu, dann der Tumen weiter im Norden. Diese Nähe ist einer der Gründe für die enge Zusammenarbeit der Regimes. Käme es zu einem Umsturz in Nordkorea, wäre eine Flüchtlingskrise unvermeidbar. Schon im Koreakrieg in den 1950er-Jahren unterstützte China die kommunistischen Brüder im Norden. Seit Pjöngjang im Oktober 2006 seinen ersten Atomtest durchführte, ist das Verhältnis allerdings angekratzt. Von einem nuklear bewaffneten Nachbarn ist man in Peking wenig begeistert. Trotzdem ist China weiterhin mit Abstand der wichtigste Partner und bestreitet 90 Prozent des nordkoreanischen Außenhandels.

Ein Taxi mit niedlichen Hundebaby-Stofftieren auf der Hutablage fährt mich am nächsten Tag Richtung Norden, immer am Grenzfluss entlang. Pastellbraun und Pastellsenfgelb sind die kargen

Felder am gegenüberliegenden Ufer. Auf der chinesischen Seite dagegen stehen moderne Wohnblocks, patriotische Skulpturen mit roten Schals und Hinweisschilder mit cartoonartigen Illustrationen: »Wertschätzen Sie das gute Leben! Halten Sie sich an die Grenzregulierungen!

Ich frage den jungen Fahrer, ob er lieber hier oder auf der anderen Seite leben würde, und erwarte ein patriotisches Bekenntnis zu China. Stattdessen antwortet er philosophisch: »Jedes Leben hat seine Freuden und seine Leiden. Wäre ich drüben geboren worden, würde ich vermutlich auch Gründe finden, um glücklich zu sein.«

Mannshohe Specksteinskulpturen der zwölf Tierkreiszeichen markieren meinen Zielpunkt, das koreanische Restaurant von Sung und seiner Familie. Er begrüßt mich mit einer nordkoreanischen Drache-und-Phoenix-Zigarette im Mundwinkel. »Besser als die chinesischen. Sehr stark, 85 Yuan pro Stange«, sagt er. Er ist 36 Jahre alt, über 1,80 Meter groß und hat den dichten Pony, die Pausbacken und die modische Adidas-Kluft eines koreanischen Popstars. Zugleich wirkt er feinsinnig, fast aristokratisch, wie ein Schlossherr, der mich in seinem Reich empfängt. Durch einen Vorgarten, in dem eine Skulptur des südkoreanischen Fruchtbarkeitsgottes Harubang steht, gelangen wir in einen Speisesaal mit guter Aussicht auf Fluss und Nachbarland. Für Sung ist diese Wohnlage besonders absurd, denn er stammt aus Südkorea und hat mit seinem Pass keine Chance, nach Nordkorea einzureisen. Jeden Tag blickt er aus dem Fenster auf eine No-Go-Zone, keine 400 Meter entfernt und doch unerreichbar.

Im Hintergrund plätschert das Wasser eines Aquariums, in dem drei Speisefische ihre letzten Stunden verbringen. Gegenüber der Fensterfront stehen in hohen Glaszylindern eingelegte Ginseng-Wurzeln. »Als mein Vater vor 20 Jahren hierherkam, handelte er zunächst mit Ginseng«, sagt Sung. »Je mehr die

Form der Wurzel der menschlichen Anatomie ähnelt, desto stärker sollen die Heilkräfte sein.« Er berichtet, dass manche Ginseng-Produkte angeblich graue Haare wieder schwarz machen können. Und zeigt mir dann einen Behälter mit rötlichem Reiswein, in dem sich eine tote Schlange befindet. Sie scheint in Richtung Fenster, in Richtung Nordkorea zu blicken. »Zwei Meter lang, haben wir hier im Garten gefunden«, erklärt er. »Man muss sie lebend im Alkohol ertränken, sonst ist die Wirkung schwächer.« Als kräftigend und potenzsteigernd gilt so ein Drink. Auch Kim Jong-Un soll mit Schlangenschnaps experimentiert haben, um seinem Wunsch nach einem zweiten Kind nachzuhelfen. Inzwischen soll er sogar drei Kinder haben, aber so genau weiß das niemand.

Sung bietet an, mich zum Bootsanleger zu fahren, und bald sitzen wir im altersschwachen Kombi seiner Eltern und hören im Radio nordkoreanische Musik. Pompöse Streicher, schmalzige Melodien, patriotische Texte, begleitet von statischem Rauschen in ständig wechselnder Lautstärke. Links der Straße sehen wir ein burgähnliches nagelneues Eingangsportal mit Ticketschalter, dahinter geht es zum östlichsten Teilstück der Chinesischen Mauer. Die einzige Stelle des gigantischen Bauwerks, die sich auch heute noch an einer Landesgrenze befindet. Wir sehen keinen einzigen Touristen auf dem Gelände, Platz wäre für Tausende.

Sung übersetzt mir die Radiosongs: »Gerade geht es darum, wie sehr die Sängerin den Großvater von Kim Jong-Un vermisst, sie wünscht sich, ihn in ihrem Traum zu sehen«, erklärt er. Der nächste Song handelt von der Härte des Soldatenlebens, die nur zu ertragen sei, weil der »Große Führer« über seine treuen Kämpfer wacht.

So eingestimmt, erreichen wir den Anleger mit weißen Ausflugsbooten, von deren Hecks chinesische Flaggen wehen. Sung verabschiedet sich, er hat noch im Restaurant zu tun. Ich kaufe ein Ticket und gehe gleich aufs Deck, wo ich mich zu einigen Schirmmützenträgern in Outdoorjacken geselle, die mit ihren 600-Millimeter-Zoomobjektiven wie Safari-Touristen aussehen.

Eine Verkäuferin bietet gebratene Krebse am Spieß an. Per Lautsprecherdurchsage weist der Kapitän darauf hin, dass Fotos von kleinen Fischerbooten und Soldaten verboten sind und jeder, der diese Regeln missachte, selbst für die Konsequenzen verantwortlich sei. Ich muss wieder an den Satz »Wertschätzen Sie das gute Leben!« auf dem Warnschild vorhin denken. Die Androhung einer Freiheitsstrafe, als Kalenderspruch-Poesie verkleidet, herrlich. Also dann: Alles ist super, es gibt kein Problem mit Nordkorea, ein schönes Leben und viel Freude auf der Besichtigungsfahrt!

Das Schiff fährt auf den Grüne-Ente-Fluss hinaus, der Gegenwind riecht nach Brackwasser und Industriefeinstaub. Es neigt sich ein wenig zur Seite, weil auf dem Deck alle Passagiere auf der Backbordseite stehen.

Da, zwei Bauern, etwa 500 Meter entfernt, die mit Spitzhacken ein Feld bearbeiten. Dutzende Auslöser klicken, manche sind hörbar auf Dauerbeschuss geschaltet, acht oder zwölf Fotos pro Sekunde.

Dann sehen wir zwei Ochsengespanne am Ufer, die Besitzer in Lumpenkleidung hantieren im Wasser und sammeln Seetang ein. Eine Szene wie beim Reenactment in einem Freilichtmuseum, sie wird hundertfach fotografiert. Kaum zu glauben, dass noch vor 25 Jahren das Pro-Kopf-Einkommen in Nordkorea höher lag als in China. Für einige der älteren Touristen muss sich der Ausflug wie eine Reise in die eigene Vergangenheit anfühlen.

Vom Deck winkt ein Chinese nach drüben, pfeift, versucht, sich Aufmerksamkeit zu verschaffen. Keine Reaktion, die sozialistischen Brüder winken nicht zurück. Bis vor Kurzem verkauften Bootstouranbieter Päckchen mit Brot und Keksen zum Rüberwerfen. Inzwischen wurde das verboten.

Vielleicht muss man nicht bis an die Grenze zu Nordkorea reisen, um zu erleben, wie absurd Tourismus sein kann. Doch ein Paradebeispiel ist sie schon, die Ausflugsfahrt für Diktatur-

Voyeure, die umgerechnet acht Euro für 90 Minuten bezahlen. Wir bekommen noch eine Art Militärfort mit bröckligem Putz zu sehen, einen Mann auf einem Motorrad auf einer Schotterpiste, zwei Ruderboote, zwei Solarpanele, drei hellgrüne Wachtürme und ein paar weitere Feldarbeiter, außerdem drei Soldaten auf dem Weg zu ihrer Baracke. Was denken sie wohl über die Schiffe, die täglich ihre Runden drehen? Erzählt man ihnen, die Leute seien neugierig, weil Nordkorea der sozialistische Modellstaat schlechthin sei, ein Vorbild für die anderen? Oder spüren sie, dass sie zum Folkloreprogramm in einem Menschenzoo werden, sobald sie sich am Ufer zeigen? Und was geht ihnen durch den Kopf, wenn sie sehen, dass die Straßen und Gebäude jenseits des Flusses so viel besser in Schuss sind?

Keiner reagiert auf weitere Pfeifsignale des Mannes, der so gerne einen Kontakt herstellen würde. Ich finde ihn unmöglich, muss mich aber auch selbst fragen: Warum fasziniert mich diese Fotosafari, obwohl es wenig Spektakuläres zu sehen gibt und es sich komplett falsch anfühlt, aus sicherer Entfernung armen Menschen hinterherzugaffen, ohne Kontakt, ohne Begegnung auf Augenhöhe? Vermutlich, weil das Erlebnis so exklusiv ist, vermutlich, weil das eigene Wissen über Kim Jong-Uns seltsames Reich noch dem ödesten Flussufer eine Aura des Besonderen verschafft. Vielleicht auch, weil ich erstaunt bin, an einer so gut einsehbaren Stelle keine propagandistische Inszenierung zu erleben, sondern archaische Einfachheit. Wenn die Geschichte dahinter interessant ist, werden selbst verdorrte Grashalme zur Attraktion.

»Ich hatte mal einen Gast aus Frankreich, der wollte unbedingt mit einer Nordkoreanerin schlafen. Weil er wusste, wie sie ihn dafür zu Hause feiern würden«, plaudert Sung, als ich zwei Stunden später wieder im Restaurant bin. »Hat er aber nicht geschafft, die sind hier alle sehr abgeschottet.«

Ein paar Tausend Nordkoreaner arbeiten in Dandong. In Restaurants, wo sie bedienen und Karaoke-Shows aufführen, oder in der Textil- oder Elektronikindustrie. 3000 Yuan im Monat sind üblich, die Hälfte ihres Gehalts geht an den nordkoreanischen

Staat. In abgeriegelten Wohnheimen leben sie unter ständiger Überwachung. Wer versucht abzuhauen, kann damit auch die Familie zu Hause in Bedrängnis bringen, denn die haftet für die Arbeiter. Und wer in China als nordkoreanischer Flüchtling auffliegt, wird zurückgeschickt, im Heimatland drohen Gefängnisstrafen und Folter.

Einige versuchen trotzdem, ohne öffentliche Verkehrsmittel bis in den Südwesten Chinas zu gelangen, zu Fuß, mit Schleppern, per Anhalter. Eine gängige Route führt über Myanmar nach Thailand und von dort weiter nach Südkorea, wo sie die Chance haben, als Flüchtlinge anerkannt zu werden. »Und manche Chinesen kaufen sich nordkoreanische Ehefrauen«, berichtet Sung, während er auf einem runden Tisch eine elektrische Grillplatte anschaltet und Schweinebauchstücke darauf drapiert. »Die haben dann keinen Pass und keine Rechte, sind dem Mann völlig ausgeliefert.«

Er öffnet eine Flasche Yalu-River-Bier und schenkt in zwei kleine Gläser ein. »Ich mag die Flüchtlinge nicht«, sagt er plötzlich. »Alles, was sie sagen, ist doch gelogen. Zumindest bei 99 Prozent von ihnen. Wie viele von denen haben wirklich Ärger aus politischen Gründen? Die meisten wollen doch etwas verschleiern. Vielleicht haben sie ein Verbrechen begangen, vielleicht sind Mörder dabei.«

»Gibt es denn nicht 1000 Gründe, Nordkorea zu verlassen? Hunger, Unterdrückung, Unfreiheit?«

»Wenn einem das System nicht gefällt, muss man es von innen verbessern. Nicht einfach abhauen.«

Er zündet sich eine nordkoreanische Zigarette an.

»Das sagt sich leicht. In westlichen Ländern können Bürger demonstrieren, bei der nächsten Wahl etwas ändern. In Diktaturen geht das nicht.«

»Ja, und dann wählen sie so jemanden wie den aktuellen amerikanischen Präsidenten. Da wird die Meinung doch auch manipuliert. Ich glaube, den Nordkoreanern geht es viel besser als noch vor zehn Jahren. Weniger Hungersnöte, und die Wirtschaft verbessert sich.«

»Guck doch mal aus dem Fenster. Wie dort Landwirtschaft betrieben wird, das sieht aus wie Anfang des letzten Jahrhunderts.«
»Die sehen ja nichts von der Welt draußen, haben keinen Vergleich. Ich denke, die Nordkoreaner sind glücklich.«

Ein bemerkenswertes Statement von jemandem, der seit sechs Jahren in einem hübschen Haus mit Aussicht auf den Grenzfluss lebt. Jeden Morgen um sieben hört er verzerrte Propaganda-Lautsprecherdurchsagen, die den »Großen Führer« preisen, nachmittags sieht er Menschen im graubraunen Flusswasser ihre Wäsche waschen.

Sung selbst hat einiges von der erwähnten »Welt draußen« gesehen. Während seines Philosophiestudiums lebte er auf den Philippinen, ein Jahr lang jobbte er in Australien, mit einem Kirchenchor ging er auf Europareise, war in Deutschland, Italien und Frankreich. Vor einem Jahr heiratete er eine Chinesin, die 70 Kilometer weiter nördlich wohnt. Sie sehen sich meist nur am Wochenende. Er will also bleiben, und er hat große Pläne: für ein Hotel mit 27 Zimmern gleich nebenan, mit Nordkoreablick für alle, der Rohbau steht schon.

»In zwei oder drei Jahren wollen wir starten, aber es gibt noch viel zu tun. Und viel Bürokratie«, sagt er und füllt die Biergläser wieder auf. Der gegrillte Schweinebauch ist butterzart, Grillknistern und Grillgeruch erfüllen den Raum, auf kleinen Tellern stehen als Beilagen Kimchi, Bohnensprossen und eingelegte Gurkenstücke.

Für sein Hotel braucht er eine Geschäftslizenz, eine Essens- und Gesundheits-Zulassung, eine Brandschutzgenehmigung, eine Steuer-Zulassung, zudem muss er Umweltauflagen erfüllen, beim Geheimdienst als unbedenklich gelten und ab und zu einen Offiziellen zum Festessen einladen.

»Im Vergleich zu dem Versuch, in China ein Hotel zu eröffnen, waren meine drei Jahre beim Militär ein Klacks! Hast du Lust auf ein Fußbad?«

Kurz darauf sitzen wir in seinem Zimmer, die Hosenbeine hochgekrempelt, die Füße in Plastikeimern mit heißem Wasser, und ich frage ihn, ob er glücklich sei. Er denkt kurz nach.

»Für mich bedeutet Glück Familie. Mit meinen Eltern zusammen sein, mit meiner Frau, wir wollen bald ein Kind. Die Menschen haben unterschiedlich viel Geld, aber alle haben ähnlich viel Zeit. Und die verbringe ich mit meiner Familie, besser geht es nicht. Deshalb, egal, was ich in fünf oder zehn Jahren machen werde: Ich weiß, ich werde glücklich sein.«

Am nächsten Morgen sitzen wir noch einmal im Restaurant zusammen und sprechen über Kim Jong-Uns bemerkenswerte Entwicklung. Jahrelang war er als Außenseiter der Weltpolitik isoliert. Xi Jinping weigerte sich, ihn zu treffen, Barack Obama und andere westliche Oberhäupter sowieso. Doch 2018 schüttelte er Donald Trump in Singapur die Hand, sprach dreimal mit Xi in Peking und zweimal mit Südkoreas Staatschef Moon Jae In.

»Die Lage ist verfahren: China wäre nicht erfreut, wenn Nordkorea sich in Richtung USA orientieren würde«, sagt Sung. »Obwohl beide Großmächte für eine nukleare Abrüstung sind. Kim Jong-Un wiederum weiß, dass ein Ende des Atomprogramms seine Macht gefährden könnte.«

»Wie stehen die Chancen auf eine Wiedervereinigung von Nord und Süd?«

»Da gibt es einige Probleme, speziell den enormen Unterschied zwischen Arm und Reich. Die einen würden auf die anderen herabblicken, noch mehr als damals bei der deutschen Wiedervereinigung.«

»Aber würde Südkorea das wollen?«

»Wenn es jetzt passieren würde, müsste Südkorea unglaublich viel Geld dafür ausgeben. Aber wenn sich die nordkoreanische Wirtschaft erholt, wird es denkbar. Wir sind vor 70 Jahren nicht aus eigenem Willen getrennt worden.«

Aus einem der Riesenfenster beobachte ich einen Mann am anderen Ufer, der mit Holzeimern Wasser holt. Sieht man dort drüben jemals Menschen, die ein Picknick am Fluss machen? Paare, die heimlich knutschen? Jugendliche, die Bier trinken und Gitarre spielen? Ganz sicher nicht. Der Gedanke lenkt mich kurz ab, Sung redet währenddessen weiter.

»Ich glaube, Kim Yong-Un wäre nicht gegen die Wiedervereinigung. Nordkorea hat natürliche Ressourcen, der Süden hat moderne Technologie. Zusammen hätte das Land 80 Millionen Einwohner, das könnte eine starke Wirtschaftsmacht werden, vergleichbar mit Japan.«

»Und du könntest dann endlich mal ein Boot nehmen und die 400 Meter von deinem Haus über den Fluss rudern.«

»Ja. Verrückt, oder?«

Von: Lin Peking

Du kannst in meinem Atelier schlafen. Da stehen viele Bilder und Skulpturen herum, ich hoffe, das macht dir nichts aus

An: Lin Peking

Kein Problem, klingt gut!

Von: Lin Peking

Ich bin sehr gespannt, was du von China hältst, dieser modernen Nazidiktatur

北京

PEKING

Einwohner: 21,5 Millionen
Provinz: Peking

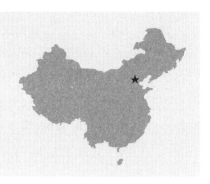

PINKLAND

In Pinkland sind die Bäume und Blumen pink, das Wasser, die Steine, und selbst der Schnee ist pink, ebenso Häuser, Straßen, Autos, Panzer, Nahrungsmittel, Medikamente und die Mauer, die das Land vom Rest der Welt trennt. In Pinkland gibt es keine Ehe, keine Klassenunterschiede, keine Gefängnisse, nur Freiheit und Liebe. Wer einem anderen Bewohner Schmerzen oder Schaden zufügt, wird unverzüglich des Landes verwiesen. Für die Staatsbürgerschaft inklusive Pass können sich nur Frauen und Homosexuelle bewerben, Hetero-Männer bekommen maximal ein 90-Tage-Visum. Die Entscheidung über die Einbürgerung fällt in einem persönlichen Gespräch, zu dem der Antragsteller in pinkfarbener Kleidung zu erscheinen hat. Die Farbe Pink steht unter anderem für Adjektive wie sexy, pur, feminin, romantisch, sanft, entspannt, erotisch. Bürger bekennen sich zur Ablehnung schlechter Farben wie Schwarz, Blau oder Grün, färben sich die Haare pink und tragen pinkfarbene Kontaktlinsen. Währung ist die Pinke Krone, Wappentiere sind zwei knutschende Flamingos, Staatsform ist die Diktatur.

(Quelle: Informationsprospekt über Pinkland)

Das Taxi von Pekings Südbahnhof zu Lin, die am östlichen Rand der Stadt wohnt, braucht selbst bei idealer Verkehrslage mehr als eine Stunde. Denn Peking ist sogar für chinesische Verhältnisse sehr groß, eine Megacity mit 5,7 Millionen Autos, 370 U-Bahn-Haltestellen und 91 Universitäten. Über die Ringstraßen schieben sich träge Automassen und verpesten die Luft, auf den Bürgersteigen hasten Fußgänger mit Atemschutzmasken zum nächsten Termin.

Nach ein paar Wochen unterwegs sollte ich eigentlich abgestumpft genug sein, um beim Anblick einer Ansammlung von Hochhäusern keine besonderen Gefühlswallungen mehr zu erleben. Doch bei dieser Fahrt sehe ich so viele Neubauviertel und Neubauviertelbaustellen, dass ich mich ernsthaft frage, ob dieser Stahlbetonwahnsinn irgendwann aufhört. Oder ob China einfach weiterbauen wird, bis kein hochhausfreier Quadratkilometer mehr übrig ist im Land. Auffällig sind auch die großformatigen Propagandabotschaften auf Schildern am Straßenrand, davon gibt es deutlich mehr als bei meinem letzten Besuch vor vier Jahren. Xi Jinping ist in Sachen Eigen-PR ähnlich eifrig wie einst Mao.

»Sozialismus mit chinesischen Eigenschaften, um neue Siege zu erringen«, steht da in gelber Schrift auf rotem Grund, »Den großen Traum realisieren« und »Großer Kampf für ein großes Projekt«.

Solche Parolen beziehen sich längst nicht mehr nur auf das eigene Land. China will ganz nach oben, bis 2049 ist die globale Führungsrolle in den Bereichen Militär, Technologie und Wirtschaft angepeilt. Aus chinesischer Sicht ist die westliche Vorherrschaft nur eine etwa 250-jährige Zwischenperiode der Geschichte, vor 1800 war man schließlich für viele Jahrhunderte selbst eine Weltmacht.

Für diesen »großen Traum« wird weltweit investiert: Die »neue Seidenstraße«, die »One Belt, one Road«-Initiative, lockt Handelspartner mit hohen Krediten und gigantischen Infrastrukturprojekten. Als Portugal in der Schuldenkrise steckte, kaufte China dort fleißig Firmen auf, in einer ähnlichen Situation übernahm man den Hafen von Piräus in Griechenland. Und in Afrika ist China längst wichtigster Handelspartner und derzeit an über einem Drittel aller Infrastrukturprojekte beteiligt. Das Versprechen, sich anders als westliche Entwicklungshelfer nicht in interne Angelegenheiten einzumischen, kommt bestens an. Und gerne betont Xi die Gemeinsamkeit, vom Westen schlecht behandelt worden zu sein. »Wir haben in der Vergangenheit die gleichen Erfahrungen gemacht. Dadurch entstand eine enge Verbindung zwischen China und Afrika«, sagte er kürzlich vor afrikanischen Staatschefs. Trotz mancher Rückschläge und viel Kritik hat er dort bereits etwas erreicht, was wenige für möglich gehalten hätten: Viele Afrikaner glauben, dass die Partnerschaft mit China mehr für die eigene Wirtschaft bringt als die mit dem Westen (nicht besonders clever ist in diesem Zusammenhang übrigens, wenn ein amtierender US-Präsident afrikanische Länder als »Dreckslöcher« bezeichnet. Von Xi wäre ein solcher Satz undenkbar).

Während Europa Afrika hauptsächlich als Krisenregion wahrnimmt, sieht China, wie sich dort eine immer größere kaufkräftige Mittelschicht entwickelt. Hervorragende Absatzmärkte für chinesische Produkte, auch für Hightech-Spielzeug oder Autos, also Bereiche, in denen man in den nächsten Jahren immer besser werden wird. Und warum sollten nicht auch einige Länder Interesse an den weltbesten Überwachungssystemen oder an Sozialkredit-Software haben?

Dem Westen fehlt noch das Bewusstsein dafür, in welchem Tempo sich die weltweite Wirtschaftsmacht verschiebt. Aber achten Sie einmal darauf, wie oft Sie in den nächsten Monaten Nachrichten lesen werden, in denen es um chinesische Beteiligungen an europäischen Konzernen oder Infrastrukturprojekten geht. Und achten Sie nebenbei auch auf Meldungen über neue Autos oder Handys aus China, die international konkurrenzfähig sind. Da kommt noch einiges auf uns zu.

Lin wartet an der Hauptstraße auf mich. »Es ist ein bisschen unordentlich bei mir, ich hoffe, das ist okay für dich«, sagt sie. Gemeinsam gehen wir an einer Schranke vorbei in ihren Wohnbezirk, der aus achtstöckigen Apartmentblocks besteht. Sie hat fast hüftlange Haare und melancholische dunkle Augen. Zu hellblauen Gummisandalen trägt sie rote Leggings und ein knallbuntes Kleid unter einem viel zu weiten Wollpulli, sie sieht aus wie eine Zauberfee aus dem Secondhandladen. Manchmal streckt sie beim Vorausgehen die Arme zur Seite, mit den Händen im 90-Grad-Winkel zum Unterarm abgespreizt, als wolle sie gleich anfangen zu fliegen.

Lin öffnet die Wohnungstür im dritten Stock, macht das Licht an, und plötzlich sind wir umgeben von seltsamen Gestalten. Vor mir fliegt ein trotzig dreinblickender Kim Jong-Un in einem Einsitzer-Flugzeug und schießt mittels eines roten Knopfes Atomraketen ab, daneben winken Xi Jinping und seine Frau zwischen fröhlichen Jugendlichen.  Ein Kind in einer Art Kimono reitet einen weißen Schwan, Micky Maus und Donald Duck posieren in Arbeiterkluft auf der Großen Mauer, ein blondes Mädchen mit pinkfarbenem Oktopus im Haar säubert sich mit einem Buttermesser die Fingernägel. Auf dem Boden liegt eine geköpfte Venus von Milo, komplett pinkfarben, zwischen zahllosen Farbtuben, Paletten und Pinseln.

Lins Gemälde stehen auf Staffeleien oder lehnen an der Wand, viele lagern übereinander. Der Platz in der Dreizimmerwohnung reicht bei Weitem nicht aus für eine adäquate Galerie, selbst an die Küchenschränke schmiegen sich die Bilder. Ein schwarz-weißer Plastiküberzug lässt den Boden aussehen wie ein überdimensionales Schachbrett. Künstler sein in China ähnelt ein bisschen einer Partie Schach, der das Spielerische fehlt: Taktieren und Vorausdenken sind wichtig, oft muss man sich auf neue Situationen einstellen – immer mit der Angst im Nacken, matt gesetzt zu werden.

»Ich hatte ein großes Atelier, auf einem 500-Quadratmeter-Grundstück im Stadtteil Songzhuang, eine halbe Stunde von hier. Die Staatsmafia hat es zerstört«, sagt Lin, während sie Teewasser in einem Kocher erhitzt. Songzhuang ist bekannt für seine zahlreichen Künstlerstudios. »Sie sagten was von einer Order, 70 illegale Gebäude zu zerstören. Ich habe das Grundstück für 20 Jahre gemietet. Als ich anfing, darauf zu bauen, hieß es, das sei kein Problem. Zwei Jahre später änderten sie plötzlich das Gesetz. So was kommt häufiger vor in diesem Naziregime.«

»Haben sie dich denn vorher gewarnt?«

»Sie gaben mir eine Woche Zeit, das Haus zu verlassen. Doch schon nach drei Tagen kamen sie mit zwei großen Baggern. 30 oder 40 Kunstwerke haben sie zerstört. Und ein Jahr Arbeit, um dort alles einzurichten.«

In Peking sind solche Vorkommnisse nicht ungewöhnlich. Zehntausende Einwohner wurden in den letzten Jahren aus ihren Behausungen vertrieben, oft unter dem Vorwand, es handle sich um marode Gebäude, die aus Sicherheitsgründen abgerissen würden. Betroffen waren meist die Armen – Zugezogene und Wanderarbeiter, die Jobs auf den Baustellen und in den Restaurants der Stadt hatten. Peking will insgesamt 40 Millionen Quadratmeter »illegale« Gebäude zerstören und die innerstädtische Bevölkerung um zwei Millionen reduzieren.

Mehrfach wurden Künstler zu Opfern dieser Maßnahmen. Nicht nur in Songzhuang, auch im »Caochangdi Art District«, bekannt geworden durch Ai Weiwei, wurden zahlreiche Galerien dem Erdboden gleichgemacht.

Lin weiß nicht, ob ihr Haus auch zum Ziel wurde, weil sie es in ein Kunstprojekt verwandelt hatte: Pinkland. Eine utopische Traumwelt, in der sich alles um die Farbe Pink drehte, mit unterschwelliger Kritik an einem Staat, in dem sich viel um die Farbe Rot dreht.

»Künstler sind nicht erwünscht hier. Die Regierung hasst uns«, sagt sie. Lin hat den Abriss auf Fotos und Videos dokumentiert, sie ging mehrfach vor Gericht, wurde aber immer wieder abgewiesen. Eine Kompensation wird sie wohl nie erhalten.

Ich frage sie, was es mit dem Xi-Gemälde auf sich hat. Der Präsident und seine Frau, fröhlich winkend, umgeben von lachenden Kindern, das passt irgendwie nicht. »Gut erkannt. Ich habe das bei Weibo gepostet und bekam viel Lob. Weil es so positiv und patriotisch wirkt.« Die wahre Geschichte sei jedoch eine andere: »Das ist exakt einem Propagandafoto des rumänischen Diktators Ceaucescu nachempfunden. Ich habe nur den Kindern einen chinesischen Look verpasst und unseren Präsidenten eingefügt. Aber das weiß der Betrachter natürlich nicht.«

Dann bringt sie mich nach Pinkland. Oder zu dem, was davon übrig geblieben ist. Ein Raum in der Wohnung ist voller Relikte: zwei Weihnachtsbäume, ein Radiogerät, eine venezianische Karnevalsmaske, eine Perücke, die Skulptur eines weiblichen Unterleibs, Babypuppen, ein Gummihuhn, Tücher und Kleidungsstücke, alles in Pink, selbst die Wand ist pinkfarben gestrichen.

Lin zeigt mir täuschend echt aussehende Pinkland-Reisepässe mit Flamingo-Logo, Pinke-Krone-Banknoten und einen Informationsprospekt mit den Regeln für Bürger und Visumsantragsteller.

»Ich kann dir auch einen Pinkland-Stempel in deinen Pass machen«, bietet sie fröhlich an. Gerade arbeitet sie an einem Filmskript, in dem es um eine Fantasiewelt gehen wird, deren Diktatorin die Menschen dazu zwingt, sich frei zu fühlen und glücklich zu sein. Ein Traumland, umgeben von einer Mauer, in dem es illegal ist, andere Farben als Pink gut zu finden, freie Liebe praktiziert wird und gegen Traurigkeit pinkfarbene Glückspillen verschrieben werden. Eine Utopie zwischen Barbie-Traumhausidylle und »1984« in lesbisch. Sensationell. Wenn ich eine Filmproduktionsfirma besäße, würde ich augenblicklich eine Menge Geld investieren.

Die Atelierwohnung gehört mir für die Nacht allein. Lin verabschiedet sich, um bei ihrer Mutter zu schlafen, die 200 Meter entfernt wohnt. Ihre Eltern sind geschieden, aber der Vater hat ihnen drei Immobilien hinterlassen.

Das Schlafzimmer könnte direkt aus der Kulisse einer verruchteren Version der Tim-Burton-Verfilmung von »Alice im Wunderland« stammen. Das pinkfarbene Kopfteil des Bettes, an dem zwei Handtaschen hängen, ist mit goldenen Zweigreliefs verziert, dazwischen steht in Großbuchstaben »Lick me Baby«. Zum Wandschmuck zählen unter anderem ein Jesusbildnis mit Lämmern, ein mittelalterlich wirkendes Ölgemälde einer Adelsdame mit aufgemaltem Schnurrbart und das Schwarz-Weiß-Foto eines kleinen Jungen, der auf einem Bett sitzt, an dem eine große Säge lehnt. Die Tür, an der »Königin Lins Schlafzimmer« neben einer aufgemalten Krone steht, wird von einem ausgestopften Reh bewacht. Nur der elektronische Luftpartikelfilter, der wie ein leiser Föhn vor sich hin rauscht, passt nicht so recht in dieses surreale Ensemble.

Beim Zähneputzen in einem dunkelgrün gestrichenen Bad voller Zimmerpflanzen beobachtet mich vom Fenstersims ein grinsender Totenkopf.

Versehentlich köpfe ich Ludwig van Beethoven, genauer gesagt eine Gipsbüste des Komponisten, die auf dem Boden steht, merke dann aber erleichtert, dass der Kopf nur locker auflag und schon vorher abgetrennt worden war. Diese Gastgeberin gewinnt eindeutig den Preis für die originellste Inneneinrichtung aller Wohnungen, die ich auf meinen Reisen besucht habe.

An: Nora Zhangjiajie

Hi Nora, wurde unser Interview inzwischen gesendet?

Von: Nora Zhangjiajie

Nein, ist noch in der Überprüfung. Vielleicht senden sie es nie

Lin hat ein WeChat-Profilbild, das Adolf Hitler in pinkfarbener Uniform zeigt, und ständig postet sie bei Weibo Dinge, die innerhalb von Sekunden oder Minuten von eifrigen Zensoren gelöscht werden. Als sie einmal »Ich unterstütze den Dalai Lama« schrieb, stand zwei Stunden später die Polizei vor ihrer Haustür. Mehrfach wurden ihre Accounts gesperrt, 10 000 Follower waren einfach weg, von einem Moment zum nächsten. Doch sie hört nicht auf, sich auf verbotenen ausländischen Nachrichtenportalen zu informieren und ihre Meinung über das Weltgeschehen öffentlich zu machen. Vor ernsthaften Konsequenzen fühlt sie sich einigermaßen sicher. »Die suchen nach den dicken Fischen, nicht nach kleinen Shrimps«, sagt sie einmal.

Was passiert, wenn man in China Dinge sagt, die nicht dem von der Partei gewünschten Skript entsprechen, kann man in vielen Artikeln über Künstler und Dissidenten nachlesen. Oder man verbringt eine halbe Stunde im Wohnzimmer von Lins Mutter.

Das Setting ist unkonventionell, zwischen Sofa und offener Küche befinden sich unter anderem folgende Deko-Elemente: ein lebensgroßes Menschenskelett für den Anatomieunterricht mit grünem Hut auf dem Schädel; ein Wandbild, das ein Kind mit blutiger Augenbinde und einer Gabel in der Hand zeigt, auf einem Teller bekommt es seine eigenen Augen serviert; ein Sofakissen mit Hirsch- und Pferdemotiven im Stil realistischer Malerei des 19. Jahrhunderts; zwei Kissen in Form von Katzenköpfen; ein Gartenzwerg; Vitrinenschränke voller Puppen; ein Flamingo aus Porzellan.

In diesem Ambiente werde ich Zeuge eines Streits, der, wie Lin mir versichert, kein Ausnahmefall ist, sondern Teil einer Serie von Gefechten, die sie fast täglich in unterschiedlichen Variationen führen. Sie redet leise, in sanftem Ton. Die Mutter dagegen spricht laut und mit schneidender Stimme, während des Gesprächs räumt sie mit mehr Getöse als nötig die Küche auf. Sie wirkt drahtig und so fit, als sei sie nur zehn und nicht 20 Jahre älter als die Tochter. Als Yogalehrerin und Vegetarierin ist sie selbst eine Unangepasste, die ihr Leben anders lebt als die Generation vor ihr. Lin übersetzt und kommentiert zwischendurch immer wieder die Worte ihrer Kontrahentin, anstatt gleich zu antworten, was die Situation noch absurder macht.

Annotierte, leicht gekürzte Schimpftirade der regimetreuen Mutter

»Sag nichts Schlechtes über unser Land zu ihm. Ausländer glauben, unser System ist nicht gut, dabei geht es uns jedes Jahr besser. Wer gegenüber Fremden die Regierung kritisiert, verkauft Chinas Seele. Das ist, als würdest du einem Spion helfen. Wenn du so viel Negatives sagst, solltest du dich schuldig fühlen, Chinese zu sein, weil du dieses Land hasst.«

Ich hasse nicht das Land. Sie tut so, als wären Partei und Land das Gleiche, als sei Kritik an dem einen automatisch auch Kritik an dem anderen. Dabei sind das zwei verschiedene Dinge. Ich habe schon so oft versucht, ihr das zu erklären.

»Du bist respektlos. Man muss die Partei ehren wie die eigenen Eltern. Und akzeptieren, dass sie immer recht hat. Wer schlecht über seine Mutter spricht, ist ein schlechter Mensch.«

Ich finde, die Regierung sollte eine Service-Organisation sein, die den Bürgern dient. Und eben nicht wie die Eltern.

»Immer beschwerst du dich. Das Leben ist so schön, du hast genug zu essen, genug Obst, du hast alles. Ein Curry und ein Ei pro Tag genügen doch. Das simple, pure Leben ist das weiseste Leben. Vernünftig essen, gesund leben, gut schlafen. Was willst du noch? Warum bist du nicht bescheiden?«

Ich weiß nicht, was ich darauf antworten soll. Aber ich spüre einfach, dass diese Regierung die Schrauben zu eng anzieht. Ich sage ihr, nein, ich beschwere mich nicht, es ist nur meine Meinung, die ich äußere. Wenn Dinge nicht optimal laufen, muss man sie doch kritisieren dürfen. Ein gesundes Leben zum Beispiel ist gar nicht so leicht möglich, weil unsere Natur so verschmutzt ist.

»Wir können nichts an der Umweltzerstörung ändern. Du musst ja nicht aus einem der Flüsse trinken, du kriegst doch im

Laden sauberes Trinkwasser. Denkst du etwa, unser Land wird sterben?«

Ich nehme nur wahr, dass sich einiges in die falsche Richtung entwickelt. Meine Mutter spürt das nicht. Ich denke oft daran, sie zu verlassen. Die Mutter und das Land. Die Entscheidung fällt mir schwer. Wenn ich gehe, wird sie sagen: Du bist ein schlechter Mensch, weil du deine Eltern im Stich lässt.

»Du stellst nur diesen Schrott her und verschwendest dein Leben. Warum kannst du nicht wieder als Lehrerin arbeiten, heiraten und ein Kind kriegen? Du bist 32. Aber so stur wie du bist, wundert es mich nicht, dass du keinen findest.«

Chinesen mögen unterwürfige Frauen. Manchmal denke ich selbst, ich wäre seltsam oder verrückt, natürlich mag mich keiner. Aber als ich in Europa war, sprachen die Leute mich oft an, und Männer wollten meinen WhatsApp-Kontakt. Als ich meiner Mutter davon erzählte, glaubte sie mir kein Wort.

»Und du hast vergessen, den Abwasch zu machen.«

Oh, ich glaube, da hat sie recht.

Sie streiten leidenschaftlich, unversöhnlich, keiner rückt vom eigenen Standpunkt ab in diesem Puppenstube-trifft-Geisterbahn-Raum, den Lin gestaltet hat. Verblüffend: Die Mutter ließ sich von der Tochter das Wohnzimmer dekorieren, obwohl sie ihre Kunst als »Schrott« bezeichnet. In China muss man Indizien für Elternliebe manchmal in Taten suchen und nicht Worten.

Lin schlägt vor, ein bisschen die Pekinger Kunstszene zu erkunden. Mit ihrem Handy in pinkfarbener Schutzhülle bestellt sie ein Taxi.

»Ich bin gar nicht so stark, eigentlich bin ich klein und schwach«, bekennt sie, immer noch angeschlagen von dem Streit. »Ich will doch nur ich selbst sein, aber das erlaubt man mir nicht.« Wie lange sie schon darum kämpft, erzählt sie mir während der Fahrt über die Peking-Harbin-Schnellstraße in Richtung Innenstadt.

Mit zehn begann sie, Malunterricht zu nehmen. Doch schon in der Schule ging ihr das stumpfe Kopieren auf die Nerven, das

Lernen nach Vorgaben, bei dem eigenes Nachdenken nicht erwünscht ist. Einmal schrie ihr Kunstlehrer sie an, er wolle ihr Bild aus dem Fenster schmeißen, weil sie zu grelle Farben verwendete. Zu viel Pink, schon damals. Den Schülern wurde eingetrichtert, Freiheit und Individualität nicht wichtig zu finden. Dem Land müsse man dienen, der Partei folgen und bereit sein, Opfer zu bringen.

Im Musikunterricht sangen sie patriotische Lieder. Lin erinnert sich an einen der Texte: »Unser Mutterland ist wie ein Garten, die Blumen im Garten sind sehr bunt, unsere Köpfe sind wie Sonnenblumen, und in unseren Gesichtern ist immer ein Lächeln.« Lin hatte das Gefühl, als Einzige im Raum immun zu sein gegen den betäubenden Zauber zuckersüßer Melodien und Texte. Da stimmte doch was nicht. Wo waren sie denn, die Gärten und Blumen, und warum war ihr oft nicht nach Lächeln zumute?

Zu Hause malte sie Comicfiguren an die Wände ihres Kinderzimmers und bekam Schläge zur Strafe. Ihre Tür durfte sie nie abschließen, und wenn sie duschte, kam oft die Mutter ins Bad, um mit ihr zu reden. Ständige Kontrolle, bloß keine Geheimnisse. Diktatur in der Familie, Diktatur in der Schule.

Lins Eltern waren in den 1980er-Jahren so arm, dass sie nicht einmal Puppen zum Spielen hatte. Deshalb begann sie als Erwachsene, Puppen zu sammeln.

Nach der Schule ergatterte sie einen Studienplatz an einer angesehenen Kunstakademie in Peking. Doch selbst dort: wenig neue Ideen, keine Verrücktheit, keine Experimente. Sie verehrte den Graffiti-Künstler Banksy, musste aber russische alte Meister kopieren. Die kreativsten Menschen der Stadt verbrachten ihr Studium damit, Althergebrachtes nachzuahmen. Was Kunst war, wurde von den Dozenten vorgegeben, Tabuthemen oder Regelbrüche waren nicht erwünscht.

Lin kam trotzdem durch, die gestellten Aufgaben fielen ihr nicht schwer. Von einer Unifeier postete sie bei Weibo ein Foto der Teilnehmer auf dem Campus mit wehenden roten Fahnen – und stellte daneben ein ähnliches Bild von einem Naziaufmarsch. Beides wurde zügig gelöscht.

Sie bekam einen Job als Kunstlehrerin an einer Mittelschule, doch laut Lehrplan musste sie Technik unterrichten statt Kreativität. Mit engagierten Schülern kam sie gut aus, doch sie hasste es, Eltern anzurufen, wenn die Kinder zu KFC gingen statt zum Unterricht. Nach ein paar Jahren kündigte sie, ihre Mutter hat ihr das bis heute nicht verziehen. Jetzt träumt Lin von einem Stipendium für ein Kunststudium in Europa, um das Land verlassen zu können.

Wir erreichen das Red Brick Art Museum, einen fast komplett aus roten Backsteinziegeln erbauten privaten Kunsttempel. »Die unaussprechliche Offenheit der Dinge« heißt die aktuelle Ausstellung des isländischen Künstlers Ólafur Elíasson, eine Serie von Licht-, Wasser- und Spiegelinstallationen, die jeweils einen ganzen Ausstellungsraum einnehmen. Ob der Titel politisch gemeint ist? »Die Polizei überprüft jede Ausstellung, doch sie können nicht alles sehen«, sagt Lin und lächelt.

Das namensgebende Kunstwerk jedenfalls löste Spekulationen aus, ob sich darin eine umweltpolitische Botschaft verbirgt: Ein Raum mit einem riesigen Kreis in der Mitte, der zu schweben scheint, in Wahrheit aber ein Halbkreis ist, der nur durch Spiegel in der Decke seine komplette Form erhält. Auch die Besucher spiegeln sich oben. So weit, so unverfänglich. Doch das Ganze ist in Orange gehalten, was eine Anspielung auf die Farbe der zweithöchsten Smog-Warnstufe sein könnte. Mehrfach wurde in den vorherigen Monaten der entsprechende Grenzwert in Peking erreicht. Elíasson ist bekannt dafür, ökologische Probleme zu thematisieren, und hier scheint ihm das unerkannt gelungen zu sein. Pekinger Besucher legen sich auf den Boden, betrachten ihr Spiegelbild an der Decke und sind in alle Richtungen von Orange umgeben. Lin ist sichtlich angetan.

Wir nehmen ein Didi-Taxi (die chinesische Variante von Uber) in den »798 Art District« im Nordosten der Stadt, wo sie unbedingt die Ausstellung eines amerikanischen Skandalkünstlers sehen will.

Pekings bekanntestes Kunstviertel hat eine DDR-Vergangenheit. In den 1950er-Jahren entwickelten ostdeutsche Architekten unter dem Namen »Projekt Nr. 157« ein vom Bauhaus inspiriertes Fabrikareal für Elektrowaren. Die Unterkünfte für 20 000 Arbeiter bauten sie gleich dazu, und schon bald nach der Eröffnung galt die Anlage als eine der besten in ganz China. Die Tontechnik für das Arbeiterstadion in Peking entstand hier ebenso wie Lautsprecher für den Tian'anmen-Platz, außerdem Elektronik für militärische Zwecke. Doch in den 1980er-Jahren verlor die Fabrik an Bedeutung, ganze Abteilungen wurden geschlossen und Arbeiter entlassen. Das Gelände stand vor dem Abriss, als ab 1995 Künstler einzogen und die Fabrikhallen in Ateliers verwandelten.

Industrieruinen und zeitgenössische Kunst, das passt gut zusammen, der »798 Art District« wurde ein Riesenerfolg. Und in Windeseile kommerzialisiert, mit Produktpräsentationen von Sony und einem Shop von Christian Dior, mit Souvenirläden, Szenerestaurants und Reisebusparkplätzen.

Die Wege sind flankiert von dicken Metallrohren und Skulpturen. Ich entdecke einen »Mao-Anzug« ohne Kopf, wie ich ihn schon in Macau gesehen habe – der dafür verantwortliche Künstler Sui Jianguo war einer der Ersten, die sich hier niederließen. Eine Gruppe Teenager in Skaterklamotten macht Selfies vor einem zehn Meter hohen Graffito, das King Kong beim Durchbrechen einer roten Backsteinmauer zeigt. Ein entspannter Polizist zündet sich eine Zigarette an.

Wir lassen zahllose Galerien links liegen, Lin steuert zielstrebig zum »M Woods Museum«. »Innocence« lautet der Titel einer Video-Werkschau des Kaliforniers Paul McCarthy, der bekannt ist für verstörende Kunst-Performances in wackliger B-Movie-Optik. Schauspieler tragen Knubbelnasen aus Plastik und versuchen sich improvisatorisch an allerlei Anspielungen auf Disney-Figuren, Fernsehserien und Grimms Märchen. Verstörend wird das Ganze durch große Mengen Mayonnaise, Ketchup und Sirup, die dabei zum Einsatz kommen, weil gepinkelt und gefurzt wird und weil der Regisseur sichtlich bemüht ist, gelegentliche pornografische Momente um Himmels willen nicht erotisch wirken zu lassen. McCarthy lotet die Grenzen des Akzeptablen aus und zeigt dann fröhlich alles, was sich jenseits davon befindet. So endet das Video »Painter« mit einer Szene, in der ein Kunstkritiker den Maler besucht und zur Begrüßung ausgiebig am nackten Hintern beschnüffelt wird, als sei dies der übliche Umgang zwischen beiden Berufsgruppen. Und in »White Snow« erleben die Zuschauer auf Großbildschirmen Schneewittchen in einer zweistündigen Orgie mit den sieben Zwergen. Lin harrt den ganzen Film lang aus, niemand außer ihr erträgt es bis zum Ende.

»Genial!«, lautet ihr Urteil. So viel Grenzübertretung, so viel Anti-Ästhetik und Anarchie, und das mitten in Peking. »Bestimmt hat sich die Moralpolizei von dem Märchen-Titel und dem Wort ›Innocence‹ täuschen lassen und nicht genauer hingeguckt.« Vielleicht gelten aber auch bei bekannten ausländischen Künstlern andere Regeln als bei Einheimischen. Ob man einem Chinesen eine solche Ausstellung durchgehen lassen würde, ist schwer zu sagen. Das Regime ist clever genug, die Untertanen nicht wissen zu lassen, wo genau sich die rote Linie befindet.

Von: Qing Polizistin

Hallo, wie läuft es? Wo bist du als Nächstes?

An: Qing Polizistin

Hangzhou und Yunnan. Kommst du vorbei?

Von: Qing Polizistin

Vielleicht nach Guiyang? Das liegt dazwischen. Nur fünf Stunden Zugfahrt für mich

An: Qing Polizistin

Echt jetzt? Okay!

Von: Qing Polizistin

Du machst alle Pläne, und ich folge dir einfach, okay? Ich brauche Urlaub

An: Qing Polizistin

In Ordnung! Ich kümmere mich

Von: Qing Polizistin

Du klingst jetzt sehr männlich haha

上海
SHANGHAI

Einwohner: 23 Millionen
Provinz: Shanghai

SCHNAPPI IN SHANGHAI

Vor lauter Skandalkunst bleibt mir in Peking keine Zeit mehr für andere Sehenswürdigkeiten, von vorherigen Reisen kann ich aber berichten, dass Verbotene Stadt, Himmelstempel und Sommerpalast unbedingt einen Besuch wert sind.

Für mich geht es nach dem Abschied von Lin auf einer Schnellzugstrecke weiter nach Südosten. 1318 Kilometer von Peking nach Shanghai in vier Stunden und 28 Minuten, mit bis zu 328 km/h im Zug vom Typ CRH380. Wie viel Angst vor Unglücken müssen sie auf dieser Strecke haben, um so oft die Glückszahl acht unterzubringen! Die heißt auf Chinesisch *ba*, was so klingt wie das Wort für »vorwärts« oder »reich werden«.

Zum Glück bin ich nicht abergläubisch, denn mein Zug hat die Nummer G4, startet um 14.00 Uhr, und ich sitze in Wagen vier auf Platz 14F. Weil die Zahl vier (*si*) so klingt wie das Verb »sterben«, soll sie Pech bringen. Viele Häuser haben keinen vierten oder 14. Stock, viele Fluglinien keinen Platz vier, und kein chinesisches Geschäft würde an einem Vierten des Monats eine neue Filiale eröffnen. Für Handynummern oder Autokennzeichen mit vielen Achten dagegen zahlen Kunden hohe Preise, und als bester Hochzeitstermin im Jahr gilt der 8. August. Die Planer der

Olympischen Spiele in Peking setzten noch einen drauf: Das Sportevent begann am 8.8.08, abends um 8.08 Uhr.

Trotz Pechzahlenhäufung kommt mein Zug auf die Minute pünktlich an. Per U-Bahn fahre ich zu Frau Wang, der »normalen Freundin« aus meinem Visumsantrag. Nach sechs Wochen in China bin ich endlich dort, wo ich eigentlich die ganze Zeit sein sollte, aber das prüft zum Glück niemand nach. Frau Wang heißt mit Vornamen Huifen, wir kennen uns von zwei meiner vorherigen Reisen.

Sie wohnt in einem Gebäudekomplex in einer hübschen Ecke der ehemaligen Französischen Konzession, einem Viertel mit britischen Bars, deutschen Bierkneipen, thailändischen Spa-Salons und französischen Bäckereien. Huifen arbeitet als Chinesischlehrerin, ist 31 und zählt zu den positivsten Menschen, denen ich je begegnet bin. In einem Land der Zwänge wirkt sie wie jemand, den nichts belastet, sie ist selten in Eile und bleibt nie lange ernst. Wenn mal was schiefgeht, ist das doch auch irgendwie komisch, was bringt es schon, sich aufzuregen? Außerdem hat sie eine Vorliebe für farbenfrohe Kleider und Pandas. Die Zweizimmerwohnung ist komplett voll mit Pandamotiven, hier ein Kissen, dort ein Fächer, dazu Stofftiere, Kühlschrankmagneten, Decken und Lollis. Selbst die Q-Tip-Packung im Bad hat die Form des Lieblingstiers der Chinesen, das so gar nicht zu dem Land zu passen scheint. Pandas sind faul und Vegetarier, gleich zwei Eigenheiten, die chinesische Eltern nicht so gerne sehen.

Apropos: Huifens Mutter ist gerade für ein paar Tage zu Besuch. Auch sie strahlt eine Gelassenheit aus, wie ich sie in China selten erlebt habe, meilenweit entfernt vom »Tiger Mom«-Stereotyp. Zur Begrüßung spielt sie mir auf ihrem Laptop einen deutschen Song vor: »Schnappi, das kleine Krokodil«. Sobald der Refrain kommt, singen Mutter und Tochter gemeinsam mit und wippen mit den Schultern. Huifen holt eines ihrer Pandastofftiere dazu und lässt es auf dem Tisch tanzen, den Schluss dichtet sie lauthals in »Pi Pa Panda, Panda Panda Pan« um.

Nachdem ich mich mehrfach in den Arm gekniffen habe, um sicherzugehen, nicht zu träumen, frage ich, woher sie dieses

Lied kennen. »Das läuft hier oft in Online-Kochsendungen«, sagt Huifen. »Keine Ahnung, warum. Vielleicht, weil ›schnappen‹ auch was mit Essen zu tun hat?«

Die Mutter freut sich so über meine unübersehbare Verblüffung, dass sie gleich den nächsten Song anklickt. Weiter geht es mit »Auf und auf voll Lebenslust« vom Jodelexperten Franzl Lang, »Eifersucht« von der Metal-Band Rammstein und »Es ist ein Schnee gefallen«, der blumigen Interpretation eines Volksliedes, gesungen von der Mittelalter-Popgruppe Adaro. Wie diese ungewöhnliche Auswahl zustande kommt? Die Mutter hat einfach *dewen yinyue*, »deutsche Musik«, auf einer chinesischen Video-Webseite eingegeben, und das waren die ersten Treffer. Chinas Deutschlandbild, destilliert aus vier populären Liedzeilen, sähe demnach ungefähr so aus:

Auf und auf, was kost' die Welt (Lang)
Ach Lieb, lass dich erbarmen (Adaro)
Töte mich und iss mich ganz auf (Rammstein)
Schnappi Schnappi Schnapp.

Das chinesische Gegenprogramm liefert ungefragt der Nachbar. Was für Huifen die Pandas sind, ist für ihn sein Karaoke-Computerprogramm. Mit reichlich Pathos beginnt er, von den Pferden und Steppen der Mongolei zu singen. Trotz einer Zwischenwand ist alles gut zu hören.

»Fast jeden Morgen und jeden Abend geht das so«, sagt Huifen. Sie muss sich mit ihm eine Küche teilen, die sich außerhalb ihrer Wohnung befindet.

»Wenn er mal nicht singt, streitet er meistens mit seiner Frau, deshalb ist mir der Gesang lieber.«

»Worüber streiten sie denn?«

»Ständig. Immer geht es um Eifersucht. Er brüllt dann so Sachen wie ›Nur weil sie mich mag, heißt das ja nicht, dass ich sie auch mag‹ oder ›Ich könnte jede haben!‹ Der Mann ist über 70, seine Frau 20 Jahre jünger. Ich brauche keinen Fernseher, das ist die beste Seifenoper.«

Huifen ist mit ihm auch auf WeChat verbunden. In seinem Profil postet er häufig Fotos und Videos aus Karaoke-Läden. Dazu schreibt er kurze Notizen wie »Wir singen und tanzen, sehr glücklich«. Außerdem weiß sie dank WeChat, dass er früher als Bauingenieur gearbeitet hat und ein wohlhabender Mann sein muss. Ein paar Straßen weiter hat er sich in guter Lage eine Wohnung gekauft.

Einmal war seine Tür weit offen, und er, nur mit einer Unterhose bekleidet, stand im Wohnzimmer und sang aus vollem Herzen. Aus dem Stockwerk darüber drohte ein Nachbar, wegen Lärmbelästigung die Polizei zu rufen, wurde aber nicht beachtet. Eine halbe Stunde später hörte der Sänger von selbst auf, ohne dass es zu einem Einsatz kam.

Ein anderes Mal hörte sie ein Telefonat mit, als die Ehefrau nicht zu Hause war. »Der Mann fragte eine andere Frau, ob sie nicht Lust habe, einmal für ihn zu kochen. Sie fragte wohl, warum das nicht seine Frau machen könne, denn er sagte als Nächstes: ›Meine Frau kocht nicht gut.‹ Außerdem lobte er noch ihren Gesang, sie hatten sich wohl beim Karaoke kennengelernt, und ergänzte: ›Meine Frau singt nicht gut.‹ Kurz darauf verließ er das Haus, anscheinend hatte er ein Date mit ihr ausgemacht.«

Wir hören noch ein bisschen zu. Mangelnden Enthusiasmus kann man seiner Interpretation chinesischer Schlager nicht vorwerfen, auch wenn nur etwa jeder zweite Ton stimmt. In den Liedern träumt er sich weg, ganz weit weg aus seiner Wohnung, ist kein Rentner in Shanghai, sondern Abenteurer im Grasland der wilden Mongolei.

Von: Qing Polizistin

Ich habe eine Unterkunft in Guiyang gebucht!

An: Qing Polizistin

Super!

Von: Qing Polizistin

Ist eigentlich für Ausländer nicht zugelassen, aber wir riskieren das jetzt mal

Von: Qing Polizistin

Wenn du nicht bleiben kannst, lache ich ein bisschen und finde dann was anderes für dich hahahaha

An: Qing Polizistin

Sehr komisch! Ich dachte, du wolltest mir die Planung überlassen?

Von: Qing Polizistin

Vor jeder Reise werde ich nervös. Ich habe auch schon was in einem Dorf gebucht. Chinesen können sich nicht entspannen ;)

EIN NACHDENKLICHER HULK

Am nächsten Tag will ich ins Stadion, Fußball gucken. Huifen kann nicht mit, aber sie muss ebenfalls zur U-Bahn, also gehen wir ein Stück zusammen. Am Ausgang der Wohneinheit kommen wir an einem Bildschirm vorbei, so groß wie eine Bushaltestellen-Reklame, der per Touchscreen Informationen für Bürger bereithält. Nächste Polizeiwache, Umgebungskarte, Geschäfte in der Nähe. Außerdem laufen lokale Nachrichten, Werbefilmchen – und Clips, die Shanghaier Bürger beim regelwidrigen Überqueren roter Ampeln zeigen. Ihre Gesichter sind eindeutig erkenn-

bar. Damit jeder Bescheid weiß, wie leicht es ist, Ärger zu kriegen.

Ein paar Schritte weiter wundere ich mich über ein geschlossenes Schiebefenster in der Wand. Noch vor einem Jahr, bei meinem letzten Besuch, befand sich hier Shanghais wohl populärste Eisdiele »WIYF«. Zu Stoßzeiten warteten die Kunden zwei bis drei Stunden, bis sie an der Reihe waren, sie standen bis zur nächsten Ecke unter den Platanen der Straße Schlange. »Homemade Icecream«, »Delicious« und »All Natural« steht noch auf einem in Pastellfarben gehaltenen Retro-Poster.

Der Besitzer, ein französischer Geschäftsmann namens Franck Pecol, dem in der Stadt noch zahlreiche weitere Bistros und Bäckereien gehörten, verdiente sich eine goldene Nase. Wie kann ein derart erfolgreicher Laden den Betrieb aufgeben?

»Oh, da gab es einen Skandal, die ganze Stadt sprach darüber«, berichtet die Gossip-Liebhaberin Huifen. »Die Bäckereien haben Mehl verwendet, das seit Monaten abgelaufen war. Und in einer Küche liefen nachts Ratten herum. Ein ehemaliger Angestellter hat das aufgedeckt, indem er heimlich Filme drehte und die bei Weibo veröffentlichte.«

Der Chef floh nach Frankreich. Einige Mitarbeiter mussten ins Gefängnis, die Läden wurden geschlossen. »Wirtschaftlicher Erfolg kann sehr kurzlebig sein in China«, sagt Huifen. Ganz unumstritten war der Fall aber nicht, obwohl als Beweismittel 578 Säcke mit Gammelmehl beschlagnahmt wurden. Online-Kommentatoren diskutierten darüber, wie gefährlich abgelaufenes Mehl tatsächlich sei, ob der Geschäftsmann möglicherweise Feinde hatte, und was wohl bei anderen Bäckereien ans Tageslicht käme, wenn jemand heimlich Videos drehen würde.

Ich denke an Huifens Nachbarn, über den sie so viel Privates weiß. An die Rote-Ampel-Sünder auf dem öffentlichen Bildschirm. Und den Bäcker mit dem Whistleblower-Angestellten.

Von den Überwachungskameras an jeder Ecke ganz zu schweigen. Egal, wo man ist, ob öffentlich oder privat, am Arbeitsplatz oder in der Freizeit: In China sollte man sich keine Minute unbeobachtet fühlen.

An der U-Bahn-Station dokumentieren Videokameras, wie sich unsere Wege trennen, Huifen fährt zur Arbeit, ich zum Shanghai-Stadion.

Zum heutigen Spiel gegen Renhe FC, fünfte Runde des Ligapokals, hält sich der Andrang in Grenzen. An der Haltestelle »Shanghai Stadium« steigen viele Leute aus, aber nur zwei in den roten Trikots der Fußballmannschaft. Es folgt ein Spalier aus Schwarzmarkthändlern, die »*Piaozi yao wa?*« fragen, das ist Shanghai-Dialekt für »Willst du ein Ticket?« Sie stehen vom Ausgang der U-Bahn bis zu den Straßen, die die Sportanlage umgeben. Mal wollen sie 380 Yuan, mal 100, mal 80.

Ich wimmle alle ab, um nach den offiziellen Ticketschaltern zu suchen. Gar nicht so einfach. Kein Schild deutet darauf hin, ich frage an einer Hotelrezeption, an einem Fanshop, ich frage zwei Passanten. Zweimal werde ich in die Irre geleitet, und zweimal wissen sie es nicht. Ich scheine das einzige 80 000-Zuschauer-Stadion der Welt entdeckt zu haben, das über keine Ticketschalter verfügt. Ob die beim Bau vergessen wurden? Ich wende mich also an einen der *Piaozi*-Händler. Er will zunächst 50 (je näher der Anpfiff rückt, desto günstiger scheint es zu werden), ich sage »30«, er »40«, ich sage »Nein danke« und gehe, er ruft mir »30« nach, einverstanden.

Wenn das mal gut geht. Doch die Polizistin am Einlass kichert nur, sagt »*Laowai*« und winkt mich durch. Ich betrete ein riesiges Oval mit sehr vielen Sitzschalen und sehr wenigen Menschen. Ein Bier würde jetzt helfen, in Pokalstimmung zu kommen, doch Alkohol ist nicht erlaubt. Stattdessen kaufe ich mir zwei staubtrockene Muffins und Chips mit Tomatengeschmack und setze mich auf meinen Vier-Euro-Platz, Block 18, Reihe 35.

Auf einer überlebensgroßen Anzeige werden die Spieler gezeigt. Shanghai hat zwei Weltstars in seinen Reihen, die brasilianischen Nationalspieler Oscar und Hulk. Beide waren bei der

historischen 1:7-Niederlage gegen Deutschland bei der Weltmeisterschaft 2014 dabei, Oscar erzielte damals sogar den Ehrentreffer. Zwei Jahre später ging er für 61 Millionen Euro vom FC Chelsea nach Shanghai und verdient nun 417 000 Euro pro Woche. Für seinen Wechsel nannte er überraschend uneigennützige Gründe: »Natürlich ist die englische Liga stärker. Ich komme, um zu helfen.« Hulk kostete den Verein 59 Millionen, er verdient 360 000 Euro pro Woche. Sein Riesenporträt an der Anzeigetafel scheint nachdenklich auf die leeren Ränge zu blicken. Ob Geld vielleicht doch nicht alles ist in einem Sportlerleben?

China, das belegen solche Transfersummen, hat eine Menge vor mit dem Fußball. So was Ähnliches hat schon einmal geklappt: 1950 erklärte Mao Tischtennis zum Nationalsport, heute sind die Chinesen Weltspitze. Schon clever, er wählte eine Disziplin, die im Westen nicht übermäßig populär war und die keine ernsthaften Vorteile für Menschen mit kräftiger Physis bringt. Turmspringen, Badminton und Turnen sind weitere Sportarten, in denen China regelmäßig Goldmedaillen abräumt. Fußball dagegen: Platz 75 in der FIFA-Weltrangliste, zwischen Südafrika und Sambia.

Jetzt sagt Xi Jinping: Im Jahr 2050 wird China Weltmeister. Das könnte man als Spinnerei eines verträumten 65-Jährigen abtun, der selbst in der Schule mal ein bisschen gekickt hat. Aber der Mann ist nun einmal Staatschef, also steht plötzlich eine Menge Geld zur Verfügung für den zukünftigen Lieblingssport der Chinesen. Gerade entstehen 20 000 Fußballschulen im ganzen Land, die größte davon in Guangzhou hat Platz für 3000 Nachwuchskicker, außerdem wurde Fußball flächendeckend als Schulfach eingeführt. Chinesische Konzerne kauften die Mehrheitsanteile an europäischen Spitzenclubs wie Inter Mailand und Aston Villa, die Super League holt sich für unfassbare Geldsum-

排名排名排名排名排名排名排名排名排名排名排名排名

DIE BESTEN ÜBERSETZUNGEN VON MARKENNAMEN

1. Coca Cola
   Ke kou ke le – schmackhaft und macht froh

2. Reebok
   Rui Bu – schnelle Schritte

3. Viagra
   Wanaike – Gast, der 10.000 Mal Liebe macht

4. BMW
   Bao ma – wertvolles Pferd

5. Oral-B
   Ou le-B – europäische Freude B

men Spieler und Trainer aus dem Ausland, und bei der Weltmeisterschaft 2018 in Russland waren chinesische Sponsoren so allgegenwärtig, dass Besucher sich ständig fragten, was Firmen wie Wanda, Vivo und Mengniu eigentlich herstellen.

Doch Moment mal, wo bleibt die Skepsis gegenüber einem so eindeutig »westlichen« Massenphänomen? Ach was, sagen sie hier, Fußball sei eigentlich sowieso chinesisch. Schon im 3. Jahrhundert vor Christus spielte man Cuju, ein fußballähnliches Spiel, Ewigkeiten bevor britische Dorfbewohner erstmals eine Schweinsblase in Richtung gegnerisches Stadttor kickten. Ideologisch passt es also auch.

Die Idee mit den internationalen Stars hat allerdings so ihre Tücken. Carlos Tévez zum Beispiel, ein 33-jähriger Argentinier, joggte für seine 500 000 Euro pro Woche so behäbig übers Feld, dass ihm sein Coach bei Shanghai Shenhua vorwarf, er sei schlicht »zu dick«. Nach nur einem Jahr mit läppischen 16 Einsätzen und vier Toren kündigte er Anfang 2018 vorzeitig seinen Vertrag. Und dann hat die Verpflichtung von Cristiano Ronaldo nicht geklappt, obwohl ein Verein 300 Millionen Euro Ablösesumme und 100 Millionen Jahresgehalt geboten haben soll. Auch Robert Lewandowski, Arjen Robben und Pierre-Emerick Aubameyang sollen irrwitzige Angebote erhalten haben, die sie aber ablehnten.

Warum, kann ich bei einem Pokalspiel wie heute erahnen. Etwa 5000 Zuschauer haben auf den roten und grauen Sitzschalen in dem riesigen Oval Platz genommen, das sind etwa 0,02 Prozent der Stadtbevölkerung. Zum Vergleich: In Hoffenheim entsprächen 0,02 Prozent 0,68 Zuschauern, in Wolfsburg wären es 26, in München 321. »Walk for forever – endless dream«, in holprigem Englisch scheint der Text eines roten Transparents sagen zu wollen: Wir sind noch nicht da, wo wir hinwollen. Ein paar Fans immerhin feuern ihr Team mit Sprechchören an.

Shanghai beginnt mit großem Pech: Schon in der 13. Minute geht Oscar nach einem Kopfballduell zu Boden und muss ausgewechselt werden. Es folgt ein nicht sehr hochklassiges Spiel mit vielen Fehlpässen, viel Geplänkel im Mittelfeld und wenigen Torszenen. Hulk (der Spitzname bezieht sich auf seine robuste Statur und Spielweise) trägt gelbe Schuhe und eine gelbe Kapitänsbinde, ansonsten fällt er einmal mit einem starken Hackentrick als Vorlage auf und mit einem Fernschuss aus 25 Metern, der knapp vorbei geht. 0:0 steht es nach der regulären Spielzeit, statt einer Verlängerung gibt es gleich Elfmeterschießen. Und hier hat Hulk seinen für heute spektakulärsten Auftritt. Zweimal legt er sich den Ball zurecht, macht dann neun Schritte zurück. Ein riesiger Anlauf, vor dem Ball stoppt er plötzlich ab und trifft unhaltbar ins rechte Eck. Den folgenden entscheidenden Elfer hält der Torwart von Shanghai, sein Team gewinnt 4:3. Die Zuschauer applaudieren freundlich, aber nicht übermäßig laut.

Wird das funktionieren mit der künftigen Fußball-Großmacht China? Natürlich kann ich aus einem Spiel keine Prognose ableiten. Doch die enormen Investitionen in den Nachwuchs dürften schon bald einheimische Stars hervorbringen. Im besten Fall sogar den einen oder anderen, der international bekannt wird und dem Land ein paar Sympathiepunkte einbringt. Interessant ist die Parallele zur industriellen Weiterentwicklung der letzten Jahre: Auch dort setzte China auf ausländisches Know-how, lernte schnell dazu und holte in einem Wahnsinnstempo auf. Könnte also auch beim Fußball klappen – und da sogar ohne Diskussionen um Plagiate oder geistiges Eigentum.

杭州
HANGZHOU

Einwohner: 9,2 Millionen
Provinz: Zhejiang

BERÜHMT AM COMPUTER

Eine junge Frau in einem weißen Spitzenkleid sitzt im Schaufenster und tippt auf einem Computer. Sie trägt weiße In-Ohr-Kopfhörer, hat ein Radiomikrofon vor sich und ein Handy, das auf ein Stativ montiert wurde. Ihr Arbeitstisch ist umgeben von Stofftieren. Hinter ihr befindet sich der Laden, Parfums und Lippenstifte in zig Varianten. »Eine neue Art von Shopping«, steht an der Glastür.

Neben und über dem Schaufenster in der In77-Shoppingmall in Hangzhou sieht man dieselbe Frau noch einmal. Diesmal nur das Gesicht, in fünffacher Lebensgröße auf insgesamt fünf Hochkant-Videobildschirmen. Ihr digitales Abbild hat größere Augen und eine hellere Gesichtsfarbe, alle Bewegungen werden mit etwa halbsekündlicher Verzögerung angezeigt. Live können Passanten mitlesen, wie sie auf den Bildschirmen mit Online-Kunden kommuniziert, die nach Preisen und Infos über Produkte fragen, einen Schminktipp wünschen oder ein Date vorschlagen mit dem Hinweis »Ich kann dich stundenlang verwöhnen«. Laut einer Angabe in der linken oberen Ecke sind gerade 13 376 Internet-Zuschauer auf der Streaming-Plattform Yi Zhibo live dabei. Augenklimpernd bittet die Frau um »mehr Herzchen«, mehr

Likes also, »damit wir der heißeste Online-Shop« werden können.

Wie Verkaufsfernsehen, aber persönlicher, wie Vertreterbesuch an der Haustür, aber bei Tausenden gleichzeitig, wie der Videoanruf einer Freundin, aber mit kommerzieller Absicht. Auf den ersten Blick ist kaum ein Unterschied festzustellen zu den Online-Berühmtheiten, die nur sich selbst vermarkten und dabei die gleichen weißen Kopfhörer und die gleiche Gesichtsoptimierungssoftware verwenden. Ein Zeitenwandel: Vor ein paar Jahren galten Menschen, die ständig vorm Computer sitzen, als Nerds. Heute werden Menschen vor Bildschirmen sitzend zu Stars.

Von Shanghai habe ich nur eine Stunde mit dem Schnellzug nach Hangzhou gebraucht, im Nordosten der Stadt empfängt mich mein Gastgeber Pierre. Auch er träumt davon, ein *Wang-Hong*-Gesicht zu werden, eine Berühmtheit im Internet. »Aber nicht wegen meines Aussehens. Ich mache Humor-Videos.« Er ist 24, trägt eine schwarz umrandete Brille und hat in seiner Einzimmerwohnung einen Tisch, der technisch fast exakt dem Arbeitsplatz der Lippenstift-Marketingfrau gleicht: Mikrofon, Handystativ, Computerbildschirm. Dazu ein paar Buchattrappen aus Pappe als Deko.

Pierre ist groß und schlank und zählt zu den Menschen, die extrem unterschiedlich aussehen, je nachdem, ob sie eine Brille tragen oder nicht. Vom Typ Highschool-Streber zum Typ Teenagerschwarm in nur einer Sekunde. Es gibt ein Video von ihm, in dem er sich über Ausländer beschwert, die kostenlos Nightclubs besuchen und kostenlos trinken dürfen. Weil die Betreiber glauben, je mehr Ausländer kommen, desto besser steht ihr Club da. Das prangerte er als unfair an. Er habe etwas übertrieben mit der digitalen Optimierung seines Gesichtes und vier Millionen Views erreicht. »Ich bekomme immer noch Anfragen deshalb. Von Mädchen, die mich kennenlernen wollen. Ich schreibe dann zurück, dass ich in Wirklichkeit gar nicht so hübsch bin«, sagt er. Später gucke ich mir das Video an: Er sieht darin fast genauso aus wie in echt. Halt ohne Brille.

Von: Qing Polizistin

Was ich noch sagen wollte: Es gibt eine Regel

An: Qing Polizistin

Welche Regel?

Von: Qing Polizistin

Keine Verführungsversuche. Hahaha

An: Qing Polizistin

Gilt das nur für mich oder auch für dich?

Von: Qing Polizistin

Für dich. Du musst dich kontrollieren

An: Qing Polizistin

Waaas?? Aber du darfst mich verführen?

Von: Qing Polizistin

Mache ich nicht. Stell dir vor, ich wäre deine Schwester

Pierre kennt sich mit digitaler Bildbearbeitung aus, er arbeitet für ein Start-up, das Werbefotos für Fotosoftware macht. Also unter Studiobedingungen versucht, das Äußerste aus einer neuen Handy- oder Drohnenkamera herauszuholen, um den Kunden ihr Potenzial zu demonstrieren. Stundenlang kann er über Kameratypen und technische Daten referieren.

Seine liebste Freizeitbeschäftigung hat auch mit Unterhaltungstechnik zu tun, er schreibt in seinem Couchsurfing-Profil: »Ich bin jemand, der das Leben liebt. Aber auch ein Typ, der sehr gerne LoL spielt.« Als wäre das ein Gegensatz. LoL ist die Abkürzung von League of Legends, dem populärsten Online-Computerspiel Chinas. Zwei Teams aus je fünf Helden kämpfen gegeneinander und versuchen, das Hauptquartier des Gegners zu zerstören. Einfaches Prinzip, unglaublicher Erfolg: Inzwischen gibt es Landes- und Weltmeisterschaften, zu den Finalkämpfen kommen 20000 Zuschauer, die besten Gamer werden dank lukrativer Werbeverträge reich. Noch eine Variante, um vor einem Computer sitzend berühmt zu werden.

Ein Traum auch für Pierre? »Nein, um Gottes willen. Dafür bin ich zu alt.«

»Du bist 24.«

»Ja, da werden die Reaktionen schon langsamer. Die meisten Gamer hören spätestens mit 23 oder 24 auf und machen was anderes. Manche haben dann schon bleibende Schäden an den Sehnen oder am Rücken. Zwölf oder 14 Stunden Computer am Tag sind nicht gesund.«

Er loggt sich mit seinem Profil am Rechner ein, um mir einen Crashkurs zu geben. »Wir spielen mit vier anderen menschlichen Spielern gegen KI, künstliche Intelligenz. Das ist am Anfang leichter«, bestimmt er. »Zuerst müssen wir unseren ›Champion‹ auswählen. Willst du Assassin, Schütze oder Zauberer sein? Ein Assassin richtet besonders große Zerstörung an, ein Schütze kann aus der Distanz angreifen, und ein Zauberer, na ja, logisch, kann halt zaubern.« Ich entscheide mich für Assassin, und kurz darauf materialisiert sich die Spielfigur auf den Steinbodenplatten einer Fantasiewelt aus Wäldern und Türmen, in der

Freunde grün markiert sind und Feinde rot – wäre das doch im wahren Leben auch so einfach. Mit der rechten Maustaste bewegt Pierre die Figur, mit den Tasten Q, W, E und R setzt er Spezialwaffen ein. Er kämpft und rennt, kauft neue Waffen und greift Türme an, trotzt dem »Enemy Rampage« mit einem »Double Kill«, und ich fühle mich beim Zuschauen ziemlich jenseits der 24, so schnell wie das alles geht.

Ab und zu sind englischsprachige Ansagen zu hören, vermutlich sollte man sich nicht wundern, wenn junge Chinesen mehr mit Sätzen wie »Your inhibitor is respawning soon« oder »An ally has been slain« anfangen können als mit dem, was sie im Sprachunterricht lernen. 18 Prozent der Teenager des Landes verbringen laut einer Studie jeden Tag mehr als vier Stunden mit Computerspielen. Der Wunsch nach Realitätsflucht und Heldentaten in fremden Welten scheint hier besonders ausgeprägt zu sein, manche führen das auch auf eine gewisse Vereinsamung wegen der Ein-Kind-Politik zurück.

Im Jahr 2008 erklärte China als erstes Land der Erde die Computerspielsucht zu einer psychologischen Störung, die es zu behandeln gilt. Gleichzeitig wünscht sich die Regierung eine Generation, die mit modernen Technologien vertraut ist: 2018 wurde »künstliche Intelligenz« kurzerhand zum Schulfach erklärt. So macht man das, liebes deutsches Bildungsministerium, das Jahre braucht, um den Digitalpakt auf den Weg zu bringen. Und gegen den wirtschaftlichen Erfolg einheimischer Spielehersteller hat man in China natürlich auch nichts. Eine 28-Milliarden-Dollar-Industrie ist dank der großen Nachfrage entstanden, der größte Markt weltweit.

Doch immer wieder gibt es Kontroversen um einzelne Spiele, etwa das enorm populäre »Honor of Kings«, eine Variante von »League of Legends« speziell für Mobilgeräte. Dessen Suchtpotenzial wurde als so hoch eingestuft, dass Hersteller Tencent dazu verdonnert wurde, Mechanismen wie eine Sperre nach einer Stunde Spielzeit für Minderjährige einzuführen. Aufsehen erregte ein Fall aus Hangzhou, bei dem ein 13-Jähriger nach einem Streit über seinen Spielekonsum vor seinem Vater wegrannte,

Land mit Geschichte: Viele Chinesen sehen die Vorherrschaft des Westens als vorübergehendes Phänomen an. Schließlich war China vor 1800 jahrhundertelang eine Weltmacht.

Sung betreibt mit seiner Familie nördlich von Dandong ein Restaurant. Aus dem Fenster kann er direkt nach Nordkorea blicken.

Am Bahnhof der Stadt steht eine Mao-Skulptur. Dandong spielt beim Handel mit dem Nachbarland eine wichtige Rolle.

Auf einem lokalen Markt in der Nähe beobachten wir einen Arzt bei der Arbeit. Ich bin froh, gerade keine Zahnschmerzen zu haben.

Über diese Brücke findet ein Großteil des Handels mit Nordkorea statt. Während meines Aufenthaltes fahren nur wenige Lastwagen und Busse über die Grenze.

Gastgeberin Huifen in Shanghai hat eine Vorliebe für Pandas, Gossip und den Song »Schnappi, das kleine Krokodil«.

Der Westsee in Hangzhou ist ein beliebtes Hintergrundmotiv für Hochzeitsfotos, die mit großem Aufwand inszeniert werden.

Arbeiter in Hangzhou: Jeder China-Besucher ist überwältigt von der Zahl der Hochhausbaustellen. Doch viele Wohnungen stehen leer.

Die aufstrebende Mittelschicht lebt in opulenten Wohnanlagen mit modernster Einrichtung. Üblich ist, dass Paare sich nach der Hochzeit eine Immobilie kaufen.

Eine gigantische Roboterskulptur steht im Zentrum des »Oriental Science Fiction Valley« in Guiyang. Sie wirkt wie die Gottheit einer neuen Religion.

Die Fahrgeschäfte bringen Besucher mit Virtual-Reality-Technologie in abenteuerliche Zukunftswelten. Doch nicht alles funktioniert reibungslos.

Auch ältere Formen der Unterhaltung sind noch populär: In einem Park in Guiyang spielen die Männer Xiangqi, eine chinesische Schach-Variante.

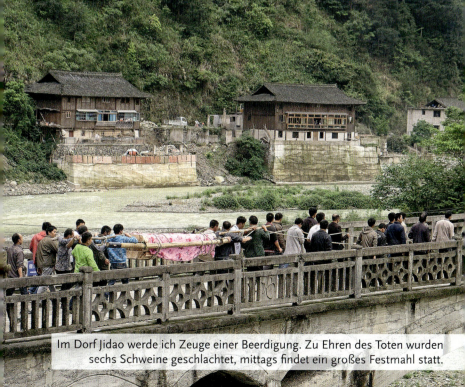

Im Dorf Jidao werde ich Zeuge einer Beerdigung. Zu Ehren des Toten wurden sechs Schweine geschlachtet, mittags findet ein großes Festmahl statt.

Mao als Talisman im Auto: In manchen ländlichen Gegenden ist der ehemalige »Große Vorsitzende« noch immer ein Idol. Sein Abbild soll Glück bringen.

Etwa 100 Millionen Chinesen sind Buddhisten. Besonders häufig sieht man ihren *Om mani padme hum*-Schriftzug in der Sichuan-Provinz.

Seine eigene Glaubensgemeinschaft hat der »Meister« in Tengchong gegründet. 14 Auserwählte leben mit ihm in einem riesigen alten Haus.

Im Wulingyuan-Nationalpark bei Zhangjiajie leben Makaken, die nicht uninteressiert am Proviant der Besucher sind.

Berühmtes Fotomotiv in der Yunnan-Provinz: Dutzende Fotografen versammeln sich schon im Morgengrauen am Schwarzer-Drache-Teich in Lijiang.

Die Ästhetik von Warnschildern hat sich geändert, seit Hochleistungskameras zur Überwachung Standard sind.

In Fenghuang sieht es noch ganz so aus wie im alten China. Zumindest, wenn man die Touristenmassen nicht im Foto zeigt.

Fasan am Wegesrand: Im Yading-Naturreservat finde ich endlich einmal ein bisschen Ruhe. Dafür muss ich ziemlich hoch aufsteigen.

Der Milchsee liegt auf etwa 4300 Meter Höhe. Hier treffe ich Vic, der mich überredet, die ganze Kora-Wandertour mitzumachen.

Eine Umrundung des heiligen Berges Chenresig (6032 Meter) soll gut fürs Karma sein. Extrem anstrengend ist sie auf jeden Fall.

Am Ziel wartet ein buddhistisches Kloster auf müde Wanderer. Hier ist man zurück im Touristentrubel mit Holzstegen und Wegweisern.

In Kashgar sind viele Schilder auch auf Uigurisch beschriftet. Kulturell spürt man eine größere Nähe zu Tashkent oder Islamabad als zu Peking.

Die Regierung hat hier eine Hochsicherheitszone eingerichtet, mit digitaler Komplettüberwachung und Umerziehungslagern für Muslime.

Viele Moscheen wurden geschlossen. Wer als praktizierender Muslim auffällt und regelmäßig zum Gebet geht, muss mit Ärger rechnen.

Hochhäuser in Ürümqi: In der Hauptstadt der Provinz Xinjiang leben inzwischen fast 80 Prozent Han-Chinesen, die Uiguren sind eine kleine Minderheit.

Nicht nur im »Big-Data-Demonstrations-Park« in Guiyang frage ich mich: Wo führt die Entwicklung Chinas hin? Welche Veränderungen kommen da auf uns zu?

von einem Gebäude sprang und sich beide Beine brach. Der Junge hatte sich eingebildet, er könne fliegen, so wie einige der »Honor of Kings«-Charaktere.

23 Millionen Videospielsüchtige soll es in China geben. Strengere Gesetze wurden verabschiedet und Boot Camps eingeführt, die mit militärischem Drill und manchmal mit Prügelstrafen versuchen, junge Menschen wieder zurück auf den Pfad der Tugend zu führen.

Pierre hat seine Zweifel, ob das wirklich hilft. »Mit ständig neuen Updates und neuen Charakteren bringen einen die Hersteller dazu, nicht aufzuhören. Wenn du einmal anfängst, kommst du so schnell nicht mehr raus«, sagt er. Energisch hämmert er auf die Q-Taste, der tapfere Assassin kämpft gerade mit mehreren Gegnern gleichzeitig. »Double kill«, sagt die Computerstimme anerkennend.

Zurück in die reale Welt. Im Himmel gibt es das Paradies, auf Erden gibt es Hangzhou und Suzhou, lautet ein chinesisches Sprichwort. Der Handelsreisende Marco Polo beschrieb Hangzhou gar als »schönste und großartigste Stadt der Welt«, weil die Märkte und Kanäle ihn an Venedig erinnerten und weil ihn der Westsee bezauberte.

Aus Märkten wurden Malls, aus Kanälen Straßen, doch der See ist immer noch da, umgeben von üppigen Parks und Wäldern. Spektakulär viel Grün für eine Neun-Millionen-Metropole in China, wo jeder in attraktiver Stadtlage befindliche Baum verdammt gute Argumente braucht, damit er nicht früher oder später zum Wegelagerer auf Baugrund erklärt wird.

Die Luft ist stickig, der Himmel bewölkt und das Wasser nicht so blau wie auf den Photoshop-optimierten Hangzhou-Postkartenfotos. Dennoch, oder gerade deshalb, geht von diesem See mit seinen grünen Weiden, den roten Lotusblumen am Ufer und den malerischen Pavillons und Brücken ein melancholischer Zauber aus. An manchen Stellen gelingt es sogar, kein einziges Hochhaus im Blickfeld zu haben, und das im Schnitt nur 1,5 Meter tiefe Wasser wirkt einigermaßen sauber. Viele Jahre dauerten die Bemühungen, schädliche Algen und Chemikalien loszuwerden, bis der Bürgermeister der Stadt endlich feierlich verkünden konnte: »Wenn Sie jetzt hier eine Mineralwasserflasche auffüllen, sieht es aus wie: Mineralwasser!«

排名排名排名排名排名排名排名排名排名排名排名排名

DIE BESTEN TRINKWASSER-SORTEN

1. Ganten
   Kaum Nebengeschmack, hübsche Designerflaschen, ein Superwässerchen.

2. Alkaqua
   Klingt wie Magenbitter von Bonaqua, ist aber alkoholfrei und erfreut mit relativ neutralem Wassergeschmack.

3. C'est bon
   Dieser französische Ausdruck kann »das ist gut« oder »geht schon« bedeuten. Hier ist eher Letzteres gemeint.

4. Nongfu Spring
   Sehr verbreitet, leider so chlorig im Abgang, dass große chemische Anstrengung bei der Trinkbarmachung offenbar wird.

5. Wahaha
   Lustiger Name, sehr unlustiger Geschmack. Füllen Sie eine Flasche im örtlichen Freibad auf, ungefähr so.

Was sich sonst noch so im Westsee tummelt, davon erzählt die berühmteste Legende der Stadt. An der Zerbrochenen Brücke soll einst eine mit Zauberkräften ausgestattete weiße Schlange aus dem See gekrochen sein und sich in eine Frau verwandelt haben, und zwar eine dermaßen hübsche, dass sich sogleich ein junger

Gentleman namens Xu Xian fand, der bei einem einsetzenden Regenguss mit einem schützenden Schirm zur Stelle war. Die beiden tauschten WeChat-Nummern aus (oder wie ging das damals?) und beschlossen, zu heiraten und eine Apotheke zu eröffnen. Ewiges Eheglück schien denkbar zu sein, bis eine Sumpfschildkröte mit Schlangen-Abneigung aus dem See krabbelte, sich an Land in einen Mönch verwandelte und plante, dem armen Xu zu demonstrieren, wen er tatsächlich geehelicht hatte. Der Schildkrötenmönch sorgte dafür, dass die Schlangenfrau beim nächsten Drachenbootfest einen Becher verzauberten Rubinschwefelwein trank, und zack, *in vino veritas*, war ihre tatsächliche Spezies erkennbar. Xu reagierte übersensibel: Er fiel vor Schreck tot um.

Doch glücklich ist, wer mit einer patenten Apothekerin verwitwet ist. Ihr kam ein magisches Aufputsch-Kräutlein in den Sinn, das sie vom Emei-Berg pflückte, um ihn aus dem Dornröschenschlaf zu holen. Der gerade Erweckte erklärte, ihre Schlangenhaftigkeit eigentlich gar nicht so verkehrt zu finden, er sei nur im Affekt gestorben, der Überraschungsmoment und so, das werde nicht noch einmal vorkommen. Um seinen Worten mehr Gewicht zu verleihen, schwängerte Xu die Retterin, und zwar keinen Moment zu früh, denn kurz darauf klingelte der fiese Mönch an der Tür, entführte ihn und sperrte ihn in ein Kloster. Ein Befreiungsversuch der treuen Apothekerin mit Babybauch ging schief, doch schließlich konnte er selbst entkommen, Vater werden und miterleben, wie nun wiederum seine Schlangendame in der Leifeng-Pagode eingekerkert wurde, immer ist irgendwas. Dort hielt sie jahrzehntelang aus, bis sie endlich befreit werden konnte. Die Familie war wiedervereint, der Mönch floh im Bauch einer Krabbe, und bis heute kommt kaum jemand zur Zerbrochenen Brücke oder zur Leifeng-Pagode, ohne an diese Liebesgeschichte denken zu müssen.

Wegen einer weiteren Legende hat die fünfstöckige Pagode einst sehr gelitten: Es hieß nämlich, ihre Steine würden gegen böse Geister helfen und der Geburt männlicher Nachkommen förderlich sein. Die Chinesen und ihr Glaube an Glücksbringer:

Weil zu viele Passanten ein Steinchen abhaben wollten, stürzte die Pagode 1924 ein, was wiederum mancher für eine gute Nachricht hielt, weil damit die treue Schlangenfrau nun definitiv frei sei. Vor ein paar Jahren wurde das alte Wahrzeichen der Stadt auf seinem Hügel am Ufer originalgetreu wiederaufgebaut, es ist nun von genug Kameras umgeben, sodass niemand mehr einen Stein mitnimmt.

»Tourist density crowded«, steht auf einem Bildschirm an den Ticketschaltern, man spricht schon von »Touristendichte«, als ginge es um eine Masse und nicht um Menschen. Der Hinweis wäre nicht nötig, denn es ist der 1. Mai, landesweiter Feiertag, und der Andrang ist sichtbar enorm. Im Gänsemarsch kommen sie von den gewundenen Holzstegen am Ufer, Hunderte stehen vor den Treppen zur Pagode, von oben müssen sie selbst wie eine weiße Schlange aussehen in ihren hellen T-Shirts und Mützen. Und zwischendurch ist immer mal wieder ein Brautkleid dabei, natürlich ist ein so romantisch vorbelasteter Ort höchst populär für Hochzeitsfotos.

Männer in Maßanzug und Lackschuhen und Frauen mit zehn Meter langen weißen Schleppen posieren zusammen für die Fotografen. Die Luft ist trüb und das Wasser düster, aber mit aufwendiger Nachbearbeitung wird das alles fantastisch aussehen.

An: Qing Polizistin

Komme ich allein ins Hotel, wenn ich vor dir da bin?

Von: Qing Polizistin

Wenn du schlau genug bist, ja

Von: Qing Polizistin

开智能锁密码；039858#
你们到了贵阳北站上到西广场可看到西广场对面的楼顶几个大字；北大资源梦想城，梦园公寓就在这一楼盘的A02栋楼，你们走到亚朵酒店大门口，可见正对面有一红色滚动字幕；梦想酒店从此上四楼，你们也从此门进入电梯间，上到12楼，出电梯右转走走廊左边第二间就是12/05号房。开智能锁方法；用手盖住门手把之上的数字频，手往下一划，数字显现，操作密码，完成后数字频左上角出现时，搬动门手把，门打开。

An: Qing Polizistin

Shit

Von: Qing Polizistin

Also gut: Gebäude A02, 12. Stock, Zimmer 05, Passcode 039858. Ich schicke dir die Location über Baidu Maps

贵阳市
GUIYANG

Einwohner: 4,7 Millionen
Provinz: Guizhou

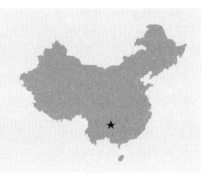

WENIGER SCHLIMM ALS HITLER

Nach einer achtstündigen Fahrt und mehr als 1600 Kilometern Strecke (diese Schnellzüge sind eine Wucht) erreiche ich den Riesenbahnhof von Guiyang. Die Hauptstadt der Provinz Guizhou hat 4,7 Millionen Einwohner, wäre also in einer EU ohne London mal eben die bevölkerungsreichste Stadt. Außerhalb Chinas ist sie trotzdem kaum bekannt, obwohl sie seit Neuestem ein wichtiger Technologie-Standort ist. Ausländer kommen selten hierher, ihre Daten hingegen manchmal schon: Jeder, der sich mit einem iPhone bei Apples chinesischem Cloud-Dienst registriert, landet damit seit Februar 2018 in den gigantischen Servern von »Guizhou Cloud Big Data Industrial Development Co.« (GCBD), einem Unternehmen, das der Regierung untersteht. In den Geschäftsbedingungen wurde ein kleiner, nicht ganz unbedeutender Satz ergänzt: »Apple und GCBD haben das Recht zum Zugriff [...] auf alle Nutzerdaten inklusive der Inhalte.« Kein Wunder, dass ausländische Technologie-Blogs empfehlen, sich nicht mehr in der chinesischen Cloud anzumelden.

Diese Option haben die Einheimischen nicht. Auch Tech-Giganten wie Alibaba, China Mobile, China Telecom und Huawei lagern in Guiyang die Daten ihrer Nutzer. Ausgerechnet in einer relativ unterentwickelten Provinzstadt, wo mehr als die Hälfte der Bürger unter der Armutsgrenze lebt, entstand das »Big Data Valley«, eine wichtige Basis für die supervernetzte, alles überwachende Zukunft des Landes.

Meine Karten-App führt mich auf den Bahnhofsvorplatz, auf dem Soldaten gerade ein paar Trainingsrunden laufen, dann durch eine Unterführung auf die andere Straßenseite. Mein Ziel ist ein Hochhaus mit Nudelsuppenrestaurant im Erdgeschoss.

Im Aufzug hängt Werbung für einen Luxus-Massagesalon und den Online-Autoflohmarkt *xin.com*, der mit dem Konterfei von Leonardo DiCaprio um Kunden buhlt. Ich prüfe das später nach: eine offizielle Werbepartnerschaft, kein im Internet geklautes Bild. Der US-Superstar wird in China zum Gebrauchtwagenhändler heruntergestutzt, manchmal sind es die kleinen Details, die zeigen, wie sich die Verhältnisse ändern.

Im zwölften Stock steige ich aus. Der Code passt, und ich betrete ein ordentliches Zimmer mit großem Bad und riesigen Fenstern mit Blick auf die Skyline. 18 Euro pro Nacht für tadellosen Komfort. Qing gewinnt gleich mal erste Pluspunkte als gute Reiseplanerin. Ich gehe zurück zum Bahnhof, um sie abzuholen, es wird schon dunkel und beginnt zu regnen.

Von: Qing Polizistin

Gerade angekommen

Von: Qing Polizistin

Ausgang Westplatz?

An: Qing Polizistin

Ja. Bin am Ende der Halle

Von: Qing Polizistin

Werde deine zwei Meter kaum übersehen

An: Qing Polizistin

Hao a

Von: Qing Polizistin

Bitte kein Chinesisch

An: Qing Polizistin

Wei shenme?

Von: Qing Polizistin

Weil ich dich sonst auslachen muss

Bald sehe ich sie auf mich zukommen, ein heller Fleck inmitten der dichten Passagierströme, sie trägt eine himmelblaue Jacke, eine weiße Hose und weiße Schuhe.

»Ich bin müde, weil ich gestern Nachtschicht hatte«, sagt sie zur Begrüßung.

»Ich lade dich zum Essen ein. Hättest du Lust auf saure Fischsuppe?«

»Auf jeden Fall! Meine Lieblingsspeise in Guiyang!« Ihre düstere Miene hellt sich auf. »Respekt. Du weißt schon alles.«
»Was meinst du mit ›alles‹?«
»Du weißt, was das beste Gericht in Guiyang ist. Das ist so gut wie alles.«
»Du bist sehr chinesisch«, sage ich, und dann steigen wir in ein Taxi.

Im Dunkeln zieht eine gesichtslose Stadt an uns vorbei, eintönige Hochhausblöcke und die üblichen Leuchtreklamen von Restaurants und 24-Stunden-Shops. An einer Mauer hängen blaue Poster, auf denen Propagandasprüche für die neue digitale Welt werben: »Big Data – Blockchain – glänzende Aussichten«, »Digitale Ökonomie treibt neues Wachstum an« oder »Nutzt Big Data für soziale und wirtschaftliche Entwicklung«.

Das mit dem Wachstum stimmt. Unglaubliche 16 000 neue Tech-Unternehmen und 155 Forschungsinstitute sollen sich laut einem Bericht von *Sixth Tone* allein im ersten Halbjahr 2018 in Guiyang registriert haben. Auch sonst wird hier einiges ausprobiert, etwa ein besonders effizientes Überwachungssystem mit Kameras, um Verbrecher zu fangen. »Guiyang hat überall ›Skynet‹. Egal wo Sie hingehen, Sie werden beobachtet«, hieß es in einer Pressemitteilung der lokalen Polizei. Skynet ist der Name der zentralisierten Datensammlungssoftware, die Gesichtsdaten mit den Passfotos chinesischer Bürger abgleicht und GPS-Daten und Bewegungen von Autos auswertet. Qing aus der Hightechstadt Shenzhen sollte sich also wie zu Hause fühlen.

Wobei, hoffentlich bekommt sie keine Schwierigkeiten deshalb. »Eigentlich muss ich vom Arbeitgeber eine Erlaubnis einholen, wenn ich in eine andere Provinz reise. Aber das bringt nur Ärger, man muss es begründen und kriegt oft nicht die ganze Zeitspanne bewilligt. Also habe ich es gelassen«, sagt meine Lieblingspolizistin.

Unser Festmahl wird im zweiten Stock einer unscheinbaren Shoppingmall aufgetischt, im »Alt-Kaili Saurer-Fisch-Restaurant«. Die Angestellten tragen Kostüme der Miao-Minderheit, bunt und mit klingelndem Silberzeug auf dem Kopf. Qing sucht in einem Nebenraum mit Aquarien einen Fisch aus, der kurz darauf in einem achteckigen Metalltopf in Brühe serviert wird. Über ihm treiben rote Chilischoten, kleine Wahrsager mit der Botschaft: Deine Zunge wird brennen, und du wirst auch noch dankbar sein dafür.

»Eigentlich vertrage ich kein scharfes Essen. Aber beim letzten Mal habe ich hier drei Tage hintereinander Fischsuppe gegessen. Einfach zu gut«, sagt Qing. Der Tisch biegt sich nun fast unter den Beilagen: Blattsalat, Lauchzwiebelstücke, Karottenscheiben, Gemüse in Reispapier-Taschen und gebratene Tofukugeln. Schon beim ersten Bissen muss ich an Henry Kissinger denken. Beziehungsweise an ein Zitat von ihm: »Nach einer Pekingente zum Abendessen unterschreibe ich alles«, hat der frühere US-Spitzendiplomat mal gesagt, und ich bin sicher, in Guiyang würde er seine Aussage noch um diese himmlische Fischsuppe erweitern.

Aus den Lautsprechern tönt seicht schmeichelnder Mandopop, Geschirr klappert, die Gespräche um uns erzeugen ein konstantes Hintergrundrauschen.

Wir plaudern über Kuckucksuhren und Adolf Hitler. Eine Kuckucksuhr würde Qing nämlich gerne kaufen, wenn sie mal nach Deutschland kommt. Meinen vorsichtigen Hinweis, das sei ein ihrer Altersgruppe nicht angemessenes Wohnaccessoire, das möglicherweise nach einigen Tagen seinen akustischen Reiz verliere, lässt sie nicht gelten: »Ich will so ein Ding haben!« In China verlaufen die Trennlinien zwischen dem, was in welchem Alter üblich ist, nun mal anders. 20-Jährige hängen sich Kuckucksuhren an die Wand, 40-Jährige tragen Hello-Kitty-Handtaschen, 70-Jährige tanzen im Park zu Lady Gaga. Wir schließen das Thema mit der Frage ab, ob es auch Modelle gibt, die nur einmal am Tag »Kuckuck« machen, vielleicht nur um zwölf Uhr mittags oder so, und mit der Idee, sich probeweise einfach eine Kuckucksuhr-App runterzuladen, was dann auch wieder viel Geld sparen würde.

Auf Hitler kommen wir, als sie nach den Einreiseregeln für deutsche China-Besucher fragt. Maximal vier Wochen Aufenthalt sind mit einem normalen Touristenvisum möglich, das findet sie ziemlich kurz.

»Vielleicht liegt das an eurer Geschichte?«, fragt sie.
»An was?«
»Na, an Hitler und so.«
»Das ist 80 Jahre her.«
Eine emsige Kellnerin gießt in den riesigen Topf zwischen uns heiße Brühe nach.
»Glaubst du, es gibt einen Grund, warum Hitler in Deutschland möglich war? Und nicht in einem anderen Land? Oder war das nur Zufall?«
»Es gab einige Faktoren: die wirtschaftliche Lage, die Schmach des Ersten Weltkrieges, seine populistische Rhetorik.«
»Vielleicht lag es daran, dass ihr Kontrollfreaks seid? Sind die Deutschen obsessiv?«
»Das musst du mir erklären.«
»Er war besessen von der Idee, alle Juden zu töten. Weil er ein obsessiver Typ war, Ordnung schaffen wollte. Er konnte es nicht aushalten, dass auch nur ein Einziger überlebte. Ich dachte an Hitler, weil ich gestern alle Mücken an meinem Arbeitsplatz getötet habe.«
»Und du fühltest dich wie Hitler?«
»Ja. Ich habe eine dieser elektrischen Fliegenklatschen benutzt. Es waren so viele! Überall hatte ich Stiche. Vor jeder Schicht bitte ich einen Kollegen, die Batterie der Fliegenklatsche aufzuladen. Und dann laufe ich einen Raum nach dem anderen ab und töte sie alle.«
Mir geht die Frage durch den Kopf, ob es auch von Obsessivität zeugt, jeden einzelnen Bürger eines Landes digital beobachten zu wollen, quasi rund um die Uhr. Aber ich spreche das nicht aus.
»Jetzt habe ich ein bisschen Angst«, sage ich stattdessen.
»Es gibt aber einen Unterschied zwischen mir und Hitler: Er tötete Menschen, ich töte Mücken. Richtig? Mücken sind schlecht, oder?«
Da braucht es wohl einen Deutschen, um moralische Absolution zu erteilen. Der wiederum würde gerne das Tischgespräch aus der Düsternis sachte zurück ins Flirtartige drehen. Also dann:

»Ich sage dir jetzt was, was ich noch zu keiner Frau gesagt habe: Du bist nicht so schlimm wie Hitler.« Sie lacht. Wenn es irgendwo einen Wettbewerb um das »Kompliment des Jahres« gibt, möchte ich bitte diesen Satz einreichen.

Qing ist zufrieden mit dem Zimmer. Hervorragendes Preis-Leistungsverhältnis, getrennte Betten und gute Lage: nur ein paar Minuten zu Fuß zum Bahnhof, von dem aus wir am nächsten Tag in die Dörfer fahren wollen.

»Das machst du bestimmt ständig, oder?«, fragt sie, während sie eine Feuchtigkeitsmaske mit Lavendelgeruch auf ihrem Gesicht platziert, mit der sie wie ein Geist aussieht.

»Was?«

»Irgendwelche hübschen Frauen zum Reisen einladen.«

»Nein, ich bin sehr wählerisch.«

»Hahaha. Ich glaube dir kein Wort. Behalte bloß deine Finger bei dir.«

Dann legt sie sich hin, schreibt noch ein paar Nachrichten, bevor sie die Maske abnimmt und das Licht ausmacht.

Es kann so still sein in einem gut isolierten Zimmer am Rand von Guiyang, so still und dunkel. Doch plötzlich bin ich woanders, in einer Fußgängerzone, die nach Wuppertal oder Duisburg aussieht. Ich blicke mich um und wundere mich, dass alle Menschen zylinderförmige Hüllen aus einer Art trübem Glas um den Kopf tragen. Wie altmodische Schweißermasken, aber nahezu durchsichtig. Oben auf der Hightech-Außenhaut ist ihre aktuelle Punktzahl angezeigt, grün für gute, rot für schlechte Werte, und manche haben sogar Zahlen in Schwarz auf dunkelgrau eingetrübten Zylindern, die anderen Passanten machen einen großen Bogen um sie. An den Seiten der Kopfbedeckung sind jeweils die Namen zu lesen sowie Angaben zu Beruf, Gesundheitswerten, Auszeichnungen, Parteizugehörigkeit und Monatseinkommen. Immer, wenn jemand durch eine Aktion Punkte dazugewinnt, ertönt ein Geräusch, das wie die Abwärtsterz einer Kuckucksuhr klingt, aber seltsam verzerrt, wie in einem Computerspiel aus den 1980er-Jahren. In einem roten Stern erscheint dann vor dem Gesicht kurz die hinzugewonnene Punktzahl mit einer Begründung: eine Geldspende, Umweltschutz-Verdienste, die Meldung einer Straftat.

Ein Mädchen, das aussieht wie Qing, nur 20 Jahre jünger, übersetzt mir die chinesischen Schriftzeichen und sagt fröhlich, dass diese Technik endlich den Traum von einer perfekten Gesellschaft möglich mache. Ihre eigene Punktzahl liegt im grünen Bereich. »Hier, probier mal«, sagt sie dann und setzt mir ebenfalls eine Plastikröhre auf den Kopf, feierlich wie bei einer Krönungszeremonie. Immerhin geht es um die Chance, Teil der perfekten Gesellschaft zu werden.

Innen schmeckt die Luft süßlich und riecht nach Kaugummi, ein Atemfilter gehört zur Ausstattung. Plötzlich nehme ich die Welt um mich herum wie auf einem riesigen Handy-Bildschirm wahr, auf dem ich mit Blickrichtung und Zwinkern einzelne Punkte hervorheben kann. Ich sehe, über wie viele Ecken ich mit manchen Passanten befreundet bin, dass der Typ vorne links genau wie ich gerne Gitarre spielt, und ich bekomme Vorschläge, wo ich günstige Wanderschuhe kaufen könnte, nur 200 Meter entfernt.

Das Programm fragt, ob ich eine Statusmeldung am Außenzylinder posten will, und schlägt so was vor wie »Suche Arbeit«, »Suche Freundin« oder »Apartment zu verkaufen«. Ich merke, dass alle Bürger exakt gleich schnell laufen und niemand gefährdet ist, mit jemandem zu kollidieren. Auf meinem Bildschirm sind bei genauerem Hinsehen vorgegebene Fußstapfen zu erkennen, denen ich folge wie ein Spieler in einem dieser Wii-Tanzautomaten, alle Menschen sind jetzt Spieler im Wii-Tanzautomaten, folgen den vorgeschlagenen Schritten, dann kann einem nichts passieren, vielleicht wird man sogar jeden Tag besser im Punktesammeln, erreicht das nächste Level, das macht dann richtig Spaß, am liebsten würde man nachts gar nicht mehr ... »schlafen«, sagt die junge Qing.

»Kannst du auch nicht schlafen?«, lautet der komplette Satz, er kommt von drei Meter weiter links, und ich liege plötzlich wieder in einem Hotelbett. »Was? Äh, nein«, lüge ich schlaftrunken.

»Wollen wir einen Film gucken?«, fragt sie.

Ich fasse mir an den Kopf. Kein Plastikzylinder.
»Wie spät ist es?«
»Zwei oder so.«
»Okay, klar.«
Sie kommt herübergeklettert, legt ihr Handy vor uns neben das Kissen und sucht online nach englischsprachigen Videos. Sie findet eine Folge der britischen Kostüm-Comedyshow »Horrible Histories«, in der es um »Vicious Vikings«, »Rotten Romans« und »Terrible Tudors« geht. Ein alliterationsfreudiger Blick auf die Weltgeschichte, bestimmt wahnsinnig witzig, aber die Pointen vergesse ich bald, weil die real stattfindende Episode »Pretty Policewoman« immer spannender wird. Wer die »Twin«-Bettentrennung aufbricht, signalisiert schließlich, dass der vorher vereinbarte Bruder-Schwester-Quatsch möglicherweise nachverhandelbar ist.

Als das Handy von der Matratze fällt, gucken wir schon nicht mehr hin. Wie verboten das alles doch ist. Ich dürfte nicht hier sein, weil es kein Ausländerhotel ist und weil Guiyang nicht auf meinem Visumsantrag stand, sie dürfte nicht hier sein, weil sie sich ihre Reise nicht genehmigen ließ und außerdem Mann und Kind in Shenzhen hat. Alles egal jetzt, im Zimmer sind wir unsichtbar für die 10 000 Kameras der Stadt, wir sind ein Fehler im System, verborgen vor Skynet, wir sind im toten Winkel. Vom Boden brüllen Wikinger und römische Gladiatoren, die »Horrible Histories« laufen ohne uns weiter, und niemand kann wissen, was sich hier abspielt zwischen dem Spion und der Polizistin.

Ein bisschen gerädert, aber nicht unzufrieden, steigen wir am nächsten Morgen in den K112 nach Kaili und wechseln am blitzsauberen Betonbahnhof in einen blitzsauberen Elektro-Bus, der in die Dörfer fährt. Ich schaue aus dem Fenster, Qing tippt auf dem Handy. »Echt nervig. Ich muss bestätigen, alle aktuellen Ansprachen von Xi Jinping gelesen zu haben«, sagt sie mürrisch und deutet auf den Bildschirm. Die Kopfgrafik weist darauf hin, dass es sich um offizielle Dokumente handelt, sie zeigt den Eingang der Verbotenen Stadt in Peking und den dort stehenden

Huabiao, eine Art Totempfahl mit zwei Flügeln an den Seiten und einem Fabelwesen auf der Spitze. Das Tier mit Kamelkopf und Löwenhaar teile den Göttern die Stimmung der Menschen mit, glaubte man früher, es handelt sich also um einen Vorfahren der heutigen Überwachungstechnik.

»Ich lese die Reden nie, klicke sie einfach weg«, gibt sie zu. »So, noch vier, fertig.« Dann wendet sie ihre Aufmerksamkeit dem Online-Shop für Polizeiuniformen zu, pro Jahr hat sie dort 250 Euro Freiguthaben. Sie bestellt Socken und einen Pyjama.

排名排名排名排名排名排名排名排名排名排名排名排名

SELTSAMES FÜRS SMARTPHONE

1. Das populäre Online-Spielchen »Für Xi Jinping klatschen« zeigt Ausschnitte aus einer Rede des Staatspräsidenten. Dann hat man 18 Sekunden Zeit, durch eifriges Tippen auf den Bildschirm möglichst schnell zu applaudieren.

2. Die Flirting-App TanTan hat eine Funktion, die einem mitteilt, wie oft man schon gleichzeitig am selben Ort war wie die aktuelle Zufallsbekanntschaft.

3. Auf der App Miao A können sich User Zeit mit berühmten Menschen kaufen. Von einer WeChat-Nachricht bis zum persönlichen Treffen ist je nach Geldbeutel alles möglich.

4. Bei WeChat können Nutzer eine »Flaschenpost« versenden. Irgendetwas, was man schon immer mal anonym aufschreiben wollte, wird darin notiert. Und dann können andere User das lesen.

5. Mit einer App namens Didi Daren konnte man Schläger anheuern, um einen Feind zu verprügeln. Als Medien darüber berichteten, wurde sie eiligst wieder vom Markt genommen.

Wir verlassen die kleine Stadt, passieren grüne Berge hinter grünem Gitternetzkunststoff und zwei eindrucksvolle Neubauten. Beide sind etwa 15 Stockwerke hoch und haben eine über 50 Meter breite Front.

An der schneeweißen Fassade des ersten steht irgendwas mit »Big Data«, das zweite hat beigefarbene Wände und beherbergt ein Gericht, sie scheinen also zusammenzugehören. »Die werden mit Absicht so wuchtig gebaut«, sagt Qing, die meinen Blick bemerkt. »Um den Leuten zu sagen: Seid bloß vorsichtig.«

»Warum machen sich die Chinesen so wenig Gedanken wegen der Überwachung?«

»Es ist doch schön, wenn sich dadurch die Qualität der Menschen verbessert. Und wir kennen es nicht anders, schon von Kindheit an. Meine Eltern kontrollieren mich bis heute. Das nervt oft, aber sie meinen es gut.« Sie deutet auf die halbkugelförmige Kamera an der Decke des Busses. »Und die sind hauptsächlich dazu da, uns zu schützen. Hast du von Yingying Zhang gehört, der chinesischen Studentin, die in den USA ermordet wurde?«

»Nein.«

»Bis heute wurde die Leiche nicht gefunden und der Täter nicht überführt. Weil es zu wenige Kameras gibt in den USA. Der Hauptverdächtige hat die Tat geleugnet, und am Ende wurde er freigelassen, zumindest bis zu einer weiteren Gerichtsverhandlung nächstes Jahr. In China wäre das unmöglich. Für uns ist es schwer zu glauben, wie so etwas in einem modernen Land wie den USA passieren kann.«

»Aber wenn du jemanden zu Hause oder in den Bergen ermordest, gibt es doch hier auch keine eindeutigen Beweise«, sage ich.

»Doch, man kann sehen, wie beide ins Haus oder in die Berge gingen. Und ob beide wieder zurückgekommen sind. Das sind sehr starke Beweise. Deshalb fühlen wir uns sicher. Und viele Ausländer, die hierherkommen, auch. Oder hast du Angst?«

»Nicht davor, ausgeraubt zu werden. Aber davor, was mit meinen Daten geschieht.«

Sie macht eine wegwerfende Handbewegung.

»Alles halb so wild. Obwohl, während der Ausbildung hatte ich einen Vorgesetzten, der mich auf den Sicherheitsmonitoren beobachtete. Spontan rief er mich zu sich und sagte dann so Dinge wie: ›Du hast gerade einen Apfel gegessen, warum gibst du mir nichts ab?‹ Ein anderes Mal versuchte er, mich anzufassen. Ich war zu jung und naiv, um jemandem davon zu erzählen. Trotzdem: Im Ausland habe ich mehr Angst als hier.«

»Warum das?«

»In Italien oder Frankreich werden chinesische Touristen oft ausgeraubt. Viele, die dort waren, geben den Rat, nachts nicht rauszugehen. In China dagegen ist das kein Problem.«

»Keine engen Gassen in Vorstädten, wo du nachts nicht hingehen würdest?«

»Nein. Normalerweise bleiben wir sowieso zu Hause nach 23 Uhr. Und wenn es später wird, nehmen wir ein Taxi.«

»In Europa ist man damit auch ziemlich sicher.«

»Das bezweifle ich. Nicht in Frankreich oder Italien. Und schon gar nicht in den USA mit den ganzen Waffen.«

»Warst du schon mal in einem dieser Länder?«

»Nein. Ich hätte schon Panik, weil ich so klein bin. 1,60 Meter, nur zwei Zentimeter über der Mindestgröße für Polizistinnen. Es ist so leicht, mich anzugreifen.«

Mir geht durch den Kopf, dass ihr Bild von westlichen Ländern vermutlich ähnlich inakkurat ist wie das Bild vieler Europäer von China. Die meisten Berichte und Reportagen betonen das Skurrile, das Extreme, die enormen Unterschiede. Davon findet man reichlich, und doch ist das nur ein Teil der Wahrheit. Ich bin immer wieder verblüfft über Parallelen, oft werden in China die Dinge nur ein bisschen weiter auf die Spitze getrieben. So weit weg davon, wir wir uns das gerne vormachen, sind wir gar nicht. Wir kritisieren Chinas staatliche Datensammelwut, nutzen aber täglich Facebook und Google, die ebenfalls Daten speichern und bereits jetzt mächtiger sind als manche Staaten. Wir haben Angst vor der Diktatur, erleben aber gerade im Westen eine Renaissance antidemokratischer Populisten. Wir sind schockiert über staatliche Meinungsmanipulation, haben aber noch kein Mittel gefunden gegen ausländische Propaganda-Kampagnen, die das Ziel haben, Europa zu spalten. Wir sind skeptisch beim Thema Totalüberwachung, müssen uns aber selbst fragen, wie weit wir vorhandene technische Möglichkeiten ignorieren wollen, wenn es beispielsweise um Verbrechensbekämpfung geht.

Der Bus fährt schon seit einiger Zeit an einem Fluss entlang, die Ortschaften werden immer kleiner, die Umgebung immer grüner. Nur die Betonpfeiler am gegenüberliegenden Ufer, Vorboten einer neuen Bahntrasse, stören den ästhetischen Eindruck erheblich. Qing erzählt von Fernsehbeiträgen über die Arbeit der Polizei, in denen gezeigt wird, wie dank modernster Technik Mörder und Diebe innerhalb von Minuten nach der Tat gefasst wurden. So funktioniert Propaganda: Aus dem Inland zeigt man Paradebeispiele für die Vorzüge der Überwachung, aus dem Ausland berichtet man über jeden Überfall auf chinesische Touristen.

In einem malerischen Holzhausdorf namens Jidao steigen wir aus, gehen hinunter zum Fluss und über eine Brücke, um zu unserer Homestay-Unterkunft zu gelangen. Wir hören Trompetenklänge und sehen Einheimische mit langsamen Schritten auf uns zukommen. Die Frauen haben ballonartige Dutts auf dem Kopf und bunte Kleider an, die Männer tragen Sportjacken und Stoffhosen. Eine Prozession aus traurigem Anlass: In der Mitte wuchten ein paar Burschen einen Holzsarg, der mit einem rosafarbenen Tuch bedeckt wurde, in Richtung Dorfausgang.

»Er war erst 50, aber schwer krank«, berichtet unsere Vermieterin, eine ältere Dame in Miao-Tracht mit ebenfalls imposantem Dutt. »Heute wurden zu seiner Ehre sechs Schweine geschlachtet.«

Wir laden unsere Rucksäcke in einem gepflegten Zimmer aus hellem Holz ab, schieben die Twin-Betten zusammen und machen dann einen Waldspaziergang ins Nachbardorf Langde.

Als wir dort ankommen, ist Qing überrascht, dass es 60 Yuan Eintritt kostet, den Ort zu besichtigen, bei ihrem letzten Besuch war das noch gratis. Sie fragt einen Passanten, ob man die Gebühr umgehen könne.

»Einfach hinten rum und von der anderen Seite reingehen. Ich verstehe auch nicht, warum das was kostet, ist doch nur ein Dorf«, antwortet er fröhlich. »Wollt ihr mit mir trinken? Ich suche noch Saufkumpane!« Er hat schon ein bisschen Schräglage und glasige Augen, wir lehnen freundlich ab.

Nach ein paar Hundert Metern betreten wir das Dorf also von der anderen Seite. Wir kommen an Silbershops, hübschen alten Häusern und einem Veranstaltungsplatz für Tanzshows vorbei und steuern dann ein Restaurant mit einfachen Holztischen an. Es ist noch ein bisschen früh, aber der Besitzer sagt, dass er bereits etwas kochen könne für uns. An der Wand hängt die obligatorische Küchenbewertung der Hygiene-Behörde, der etwas unglücklich dreinblickende Smiley scheint nicht zur Bewertung »B« zu passen. Als ich näher herangehe, sehe ich, dass hier ein »C« mit der besseren Note überklebt wurde. Herrlich: Die Besucher, die sich schummelnd das Eintrittsgeld gespart haben, werden postwendend beim Abendessen beschummelt.

Keiner vertraut keinem in China, hört man oft, ich beginne zu ahnen, warum. Qing berichtet, dass Online-Betrug ein großes Problem sei. »Letztens schrieb mein bester Freund auf WeChat, er habe gerade kein Geld auf dem Handy, ob ich ihm schnell 200 Yuan überweisen könne. Zum Glück habe ich das nicht getan, sein Account war gehackt worden.«

Wir haben Zeit zum Reden, weil der Koch ewig braucht für ein bisschen Reis, Gemüse und Schweinefleisch. Draußen laufen ein paar Hühner vorbei und Kinder mit altmodischen Hosen, die im Schritt offen sind, was Windeln unnötig macht. Praktisch, hat aber auch Nachteile.

»Beschiss funktioniert aber auch ohne Internet«, sagt Qing. »Viele alte Menschen kaufen Fake-Medikamente, die angeblich helfen sollen, 100 Jahre alt zu werden. Sie glauben das, was ihnen auf obskuren Werbeveranstaltungen versprochen wird. Zunächst bekommen sie lauter Gratis-Tests angeboten, Blutdruck und so. Das Wartezimmer ist wie ein Rentnertreff, man unterhält sich nett. Und die jungen Mitarbeiter in Arztkitteln wirken wie perfekte Töchter und Söhne, so freundlich. Manche der Senioren wissen, dass sie für dumm verkauft werden. Aber sie finden das gar nicht schlimm, weil es sich so gut anfühlt, mit diesen Leuten zu sprechen.«

Nach einer Ewigkeit schafft es der Restaurantbesitzer immerhin, eine Flasche warmes Snow-Bier auf dem Tisch zu platzieren. »Soll ich helfen in der Küche?«, bietet Qing an, aber er lehnt mürrisch ab.

»Meine Mama wurde auch Opfer von Betrügern«, erzählt sie dann. »Sie war wirklich dumm. Tut mir leid, das sagen zu müssen.« Sie berichtet, wie die Mutter, sonst alles andere als reiselustig, plötzlich strahlend verkündete, demnächst nach Taiwan zu fliegen. Und zwar auf Einladung der dortigen Regierung, zusammen mit ihrer kompletten Squaredance-Gruppe. Schirmherr der Unternehmung sei der Enkel des früheren Staatspräsidenten Chiang Kai-shek.

»Alte Menschen haben diese romantische Vorstellung von Taiwan. Eine Insel der Wunder, natürlich Teil Chinas, wie ein verlorenes Familienmitglied. Wir lieben Taiwan, und Taiwan liebt uns, so lernen wir das.«

Qing fragte nach der Reiseroute, aber die wusste ihre Mutter noch nicht. »Bezahlt hatte sie allerdings schon, an irgendeine Frau, nicht an eine Agentur. Sehr verdächtig. Ich riet ihr, nach der Route zu fragen und damit zu drohen, ansonsten das Geld zurückzuverlangen.«

Doch die Veranstalter wollten nichts erstatten. »Sie sagten sogar: Du bist das schwarze Schaf hier. Alle anderen freuen sich auf die Reise, und du machst Ärger. Es sei doch eine Ehre, von der Regierung des Bruderlandes eingeladen zu sein!«

Ich muss an eine andere Mutter denken, nämlich die der Künstlerin Lin in Peking. Ihre Argumentation gegenüber der Tochter klang ganz ähnlich. Wer aus der Reihe tanzt, liegt falsch, ein guter Nagel sticht nicht heraus.

»Mamas Geld war also weg. Sie hätte natürlich einfach zu Hause bleiben können, aber den Triumph wollte sie den Halunken nicht gönnen«, sagt Qing. Also lieber mitfahren und versuchen, es einigermaßen zu genießen. Schon bei der Ankunft am Flughafen Taipei bestätigte sich, dass etwas mit der Reise nicht stimmte. Der versprochene offizielle Empfang fiel aus, stattdessen ließ der Reiseleiter Trompetenfanfaren aus seinem Handy ertönen und sagte ein paar schöne Worte. Einmal war die Gruppe angeblich zu einer großen Feier eingeladen, alle zogen sich was Feines an, aber dann war dort niemand außer den eigenen Leuten. Oder sie gingen in ein »Spitzen-Restaurant«, das dann nur minderwertiges kaltes Essen im Angebot hatte.

»Und dafür zahlten sie den Preis einer Luxusreise. Einen Vertreter der Regierung bekamen sie nie zu sehen. Zum Totlachen.«

Dann kommt endlich das Essen. Nach mehr als 40 Minuten Wartezeit. Es schmeckt nicht besonders. »Ich werde eine negative Bewertung über das Restaurant schreiben«, sagt Qing.

Chinesische Tourismusunternehmen behandeln alte Dörfer wie Start-ups. Sie bauen Tickethäuschen, stellen Personal ein, locken auswärtige Restaurant-, Shop- und Hotelbetreiber an. Von dem Eintritt geht ein kleiner Anteil, zum Beispiel fünf Prozent, an die Dorfbewohner. Mit dem Rest wird die Renovierung finanziert, der Anteil für die Provinzregierung gezahlt und manchmal ein besonders geschäftstüchtiger Dorfbürgermeister belohnt. Der Großteil landet jedoch beim Investor.

Wenn massenhaft Besucher kommen, ist das eine Goldgrube. Wenn nicht, zieht der Investor bald wieder ab, entfernt das Tickethäuschen, und das Dorf muss wieder allein zurechtkommen. »Ich glaube, Langde wird sich hier nicht lange halten. Es gibt berühmtere Dörfer mit mehr Attraktionen in der Umgebung, warum sollte man hierherkommen?«, sagt Qing.

Per Anhalter fahren wir zurück in die Unterkunft, der junge Fahrer eines Sandtransporters nimmt uns mit. »Trucker sind perfekt für eine Mitfahrgelegenheit«, verrät Reiseprofi Qing. »Sie langweilen sich in ihrer Alltagsroutine. Und sie haben keine

Angst vor Überfällen, weil jeder weiß, dass sie wenig Geld verdienen.«

Am nächsten Morgen hat Qing schlechte Neuigkeiten. Ein wichtiges Meeting bei der Arbeit, spontan angesetzt, sie muss früher als geplant zurück. Wir haben also nur noch einen Tag. Sie schlägt vor, zurück in die Stadt zu fahren.
»Können wir machen«, sage ich. »Hast du Lust auf den neuen Hightech-Vergnügungspark?«
»Nein.«
»Soll super sein, der größte Virtual-Reality-Park der Welt, gerade eröffnet.«
»Klingt total langweilig.«
Sie recherchiert ein bisschen in Online-Bewertungsforen.
»Die Besucher sagen, viele Attraktionen sind noch nicht offen, man steht vier Stunden an für zwei Minuten Achterbahn. Und der Eintritt ist teuer.«
»Ich bezahle für uns beide.«
»Du kannst allein hin.«
»Das ist blöd, wir haben so wenig Zeit.«
»Dann lass uns Karaoke singen gehen.«
»Ich kann nicht singen.«
Die Diskussion geht noch ein paar Minuten weiter, bis einer von uns seinen Willen schließlich durchsetzt.

Ein paar Stunden später laufen wir also durch Guiyang und suchen nach KTV-Etablissements. Der erste Kandidat hat einen spektakulären Eingang aus falschem Marmor, ein geschniegelter Angestellter fährt uns in einem Aufzug mit goldenen Spiegeln in den ersten Stock, wo zwei stark geschminkte Damen in Miniröcken hinter einem kleinen Tresen stehen. Leider sei kein Raum für zwei mehr frei, sagen sie. »Du kannst auch mit einer der Frauen singen. Oder sie gleich mit nach Hause nehmen, wenn du mehr zahlst«, sagt China-Erklärerin Qing.

In der Umgebung gibt es noch einige Karaoke-Tempel, jeder hat ein verlockendes Motto, zum Beispiel »Musik ist ein unendlicher Drink« (Man KTV) oder »Jeden Tag glücklich« (Xin Chang

KTV). Für Ersteren findet Qing online ein günstiges Angebot: 168 Yuan für vier Stunden, inklusive acht Flaschen Bier und Snacks.

Eine Mitarbeiterin führt uns zu Kabine A52: An der gelblichen Holzwand hängt in einem viel zu großen Silberrahmen ein expressionistischer Kunstdruck, der einen Saxofonisten und einen Cellisten zeigt, als Sitzgelegenheit dient eine schwarze Leder-Eckbank, auf dem Tisch stehen neben einem Würfelbecher zwei Mikrofone mit rotem und blauem LED-Licht am goldenen Griff. Ein Kellner klopft und bringt kleine Teller mit Melonenstücken, Cocktailtomaten und Fischfilet herein, außerdem einen Riesenbehälter mit Popcorn und acht Snow-Bierflaschen. An den Wänden hängen zwei Bildschirme, ein kleinerer zum Auswählen der Songs und ein großer für die Mitsing-Videos.

Qing legt mit viel Hall und Herzblut los, ein Klassiker von Teresa Teng mit dem Titel »The Moon Represents My Heart«. Um dessen Wirkung auf den Zuhörer zu simulieren, setze man sich eine Infusion mit Vanillesoße an die Armvene, fülle dann einen Swimmingpool mit reichlich Zuckerwatte und lege sich hinein. Während man immer tiefer einsinkt und sich die rosa Süßmasse über einem schließt, verspeise man eine halbe Sachertorte. Anders gesagt: Du kannst dich gegen die verführerische Zuckrigkeit dieses Songs wehren, so viel du willst, irgendwann saugt er dich ein, pflanzt sich in deinen Kopf und geht nie wieder raus.

Bildsprache und Qualität der Videos sind wenig überzeugend, dafür wird nach jeder Zeile per Live-Einblendung bewertet, wie exakt Tonhöhen und Tonlängen getroffen wurden. »Good« und »Perfect« heißt es dann, oder »Combo X3«, »Combo X4«, wenn mehrere Verse hintereinander gut gelingen. Ob die Performance die Zuhörer emotional packt, wird nicht einbezogen in das Computer-Urteil, und wer eigenmächtig mal zwei Töne anders singt, wird

mit Abzügen bestraft. Am Ende steht eine digital ermittelte Prozentzahl. Alles über 80 ist schon ganz gut, über 90 ist spitze.

Zu meinem Glück fehlt diese Funktion bei den englischsprachigen Titeln. Der Hall ist das akustische Äquivalent zu übertriebener digitaler Fotoperfektionierung, er macht jede Stimme etwa 25 Jahre jünger. Ich versuche mich an »Wonderwall«, »Lemon Tree« und »Moon River«, die Auswahl ist nicht besonders groß. Erschwert wird die Song-Suche dadurch, dass ich erst nach einer Weile die Logik des Systems kapiere. Nicht den kompletten Titel, sondern die Anfangsbuchstaben der einzelnen Wörter muss man eingeben, also WAY für »We Are Young« oder BR für »Bad Romance«.

Dank Bier und Qings Gesellschaft wird es ein amüsanter Abend, was vermutlich auch an der begrenzten Zeit liegt, die unsere Reiseliaison einerseits überschattet, ihr aber gleichzeitig eine höhere Intensität verleiht: Wir haben nur diese paar Tage, morgen muss sie zurück, und danach werden wir uns nicht noch einmal treffen. Schließlich hat sie Mann und Kind in Shenzhen, und ich fliege so bald nicht wieder nach China. Dies ist also unser Abschied, im kitschigen Ambiente von Raum A52, mit Melonensnacks und wässrigem Bier und Liedern über die ewige Liebe.

Am nächsten Morgen bringe ich sie zum Zug und bin wieder allein. Was tun gegen den Abschiedsschmerz? Virtuelle Ablenkung und Flucht in Fantasiewelten, was sonst, also auf ins »Oriental Science Fiction Valley« am Stadtrand!

Ein Taxi bringt mich hin, über eine Baustelle laufe ich zum Eingang, wo eine Mitarbeiterin in hellblauer Uniform mein Ticket scannt. Ich staune über eine 53 Meter hohe »Transformers«-Figur und rase virtuell im fliegenden Auto durch eine nächtliche Zukunftsstadt. Doch dann bleibe ich mit diesem Zugwaggon stecken. In meiner Virtual-Reality-Brille sehe ich nur einen düsteren Raum, aus dem es kein Entkommen gibt. Ganz bestimmt nicht die Erfahrung, die die aufstrebende Hightech-Stadt Guiyang ihren Gästen bescheren will. Ich erwäge gerade, herauszuklettern und auf den Schienen zur Tür vorzulaufen, da setzt sich das Gefährt wackelnd in Bewegung. Zwei Meter weiter hält es wieder an. Auf dem Bildschirm in der Brille steht jetzt eine Fehlermeldung, die ich aber mit einem Augenzwinkern wegklicken kann. Dann bin ich wieder in dem Raum mit den grauen Wänden. Was für ein beschissener Ort, um daran zu denken, dass ich Qing vermisse. Nach einer gefühlten Ewigkeit bewegt sich der Waggon weiter, diesmal tatsächlich bis zur Tür. Ich bin zurück in der echten Scheinwelt, also in der von den Parkdesignern geplanten: lächelnde Angestellte, bunte Lichter und Raumschiff-ähnliche Gebäude.

Draußen kommt jetzt die Sonne hinter den Wolken hervor, heitere Familien schlecken Eiscreme, ein Junge sitzt auf einer Bank und packt mit großen Augen einen Roboter aus, den Papa ihm gekauft hat. Und am Wegesrand stehen Cyborgwesen und beobachten stumm das fröhliche Treiben.

Ein Ort, der bestens geeignet ist, um mich aus der Zukunft zurück in die Gegenwart zu holen, ist der alte Bahnhof im Zentrum von Guiyang. Neben der Hauptstraße, quasi ein Stockwerk tiefer, befindet sich unter Bündeln von Stromkabeln eine düstere Gasse. Mit 13-Yuan-All-you-can-eat-Fressbuden, die nach billigem Fett riechen, mit Handlesern und Massagesalons, und an der dunkelsten Stelle, etwa 20 Metern ganz ohne elektrisches Licht, stehen Huren vor verdreckten Hauseingängen, die Zimmer dahinter will man sich kaum vorstellen.

Ich habe eine längere Fahrt vor mir, also kaufe ich in einem Laden Digestive-Kekse, »Soft French Bread« (mehr Plastikverpackung als Brot), Erdnüsse, zwei Dosen Tsingtao-Bier, eine »1,555-Liter«-Flasche »C'est bon«-Wasser (wenn da mal die Mengenangabe stimmt) und Eingelegte-Paprika-Rindfleisch-Instantnudeln im Pappcontainer. China-Praxistipp: Nie die billigsten Instantnudeln im Regal kaufen, die 30 Cent extra sind gut angelegt. Gewarnt sei auch vor Packungen mit Cartoons, die schreiende oder schwitzende Peperoni darstellen. Mit dem Proviant in Plastiktüten mache ich mich auf den Weg zum Bahnsteig.

Minutenprotokoll einer weitgehend ereignislosen Zugfahrt von Guiyang nach Kunming

18:02
Platz 68 in Waggon 17 ausfindig gemacht. Das Reiseexperiment kann losgehen: Habe die langsamste Verbindung zwischen Guiyang und Kunming gebucht, knapp elf Stunden für 638 Kilometer, Nachtzug, billigste Platzkategorie. Die Sitze sind hart, und die Fenster sehen aus, als wären sie zuletzt während der Ming-Dynastie gereinigt worden.

18:09
Der K433 rollt pünktlich aus dem Bahnhof. Gegenüber: zwei junge Männer Mitte 20. Einer von ihnen bietet mir einen rosafarbenen Kaugummi an, den ich dankend annehme.

18:13
Auf Platz 54 bearbeitet ein braun gebrannter Mann mit einem Elektrorasierer seine Wangen. So selbstverständlich, als wollte er zeigen: Es ist völlig normal, sich um 18.13 Uhr im K433 zu rasieren.

18:15
Die Frau auf Nummer 62 transportiert eine Gardinenstange in der Hand und trägt einen Jogginganzug, der exakt die gleiche Farbe hat wie der Kaugummi in meinem Mund. Von dem Zufall ahnt sie nichts, ich sehe von einem diesbezüglichen Hinweis ab.

18:24
Ein Obstverkäufer marschiert durch den Gang und bietet »*wu kuai liang bao* – zwei Beutel für fünf Yuan« an. Niemand kauft etwas, ob er darüber arg enttäuscht ist, lässt er sich nicht anmerken.

18:31
Ein weiterer Anbieter mobiler Gastronomie versucht es mit Reis, Gemüse, Fleisch und zwei Eierhälften, drapiert auf Styroportellern. »*Hao chi* – gutes Essen«, sagt er, doch das ist nicht die erste Assoziation, die sich einem objektiven Beobachter aufdrängt.

18:52
Es kommt zu mehreren Feuern, zum Glück außerhalb des Schienenbereichs: Draußen sind brennende Heuballen zu sehen.

18:56
»Was hat deine Kamera gekostet?«, fragt der Kaugummischenker von gegenüber. Er ist besser angezogen als ich. »8000 Yuan«, sage ich. Das entspricht nicht der Wahrheit, sie war deutlich teurer.

18:57
Er heißt Wang Yahong, und seine nächsten Fragen lauten: »Wo hast du das Ticket gekauft, im Internet?« und »Bist du schon mal mit einem Highspeed-Zug gefahren?« Eigentlich möchte er wissen: Was zur Hölle macht ein reicher Ausländer im billigsten Zug?

18:58
Das Ticket kostete 86 Yuan, etwa zehn Euro. Der Highspeed-Zug wäre dreimal so teuer gewesen, braucht dafür aber nur zwei Stunden, weil er eine direktere Route nimmt.

19:12
Ein Passagier, männlich, Mitte 40, schlendert durch den Gang, guckt mich an, hält an, guckt Richtung Fenster, dann wieder zu mir, denkt nach, guckt noch einmal und geht dann weiter.

19:22
Der Zug hält in Anshun. Nie gehört, 2,3 Millionen Einwohner.

19:57
Ein rundlicher Herr in Anzug und weißem Hemd mit Punkten setzt sich an den Vierertisch gegenüber und beginnt ein Gespräch. Der erste Satz, den ich verstehe, lautet: »Du solltest eine chinesische Frau finden.«

19:58
Wäre mein Chinesisch besser, würde ich antworten: »Der Männerüberschuss in diesem Land liegt bei ungefähr 40 Millionen. Solltet ihr nicht ein bisschen protektionistischer denken, was eure Frauen angeht?« Leider weiß ich nicht, was »protektionistisch« auf Chinesisch heißt.

19:59
Die Sprachbarriere erschwert die Konversation, deshalb schlage ich vor, die Übersetzungsfunktion von WeChat zu verwenden. Ein Funkloch verhindert dies zunächst.

20:26
Wieder Handyempfang, allgemeine Erleichterung. Der Hemd-Mann beginnt, Nachrichten zu tippen, ich übertrage sie mit der Funktion »translate« ins Deutsche.

20:27
Auf meinem Bildschirm stehen nun folgende Sätze: »Hallo: Ich bin ein roter Stier in Thailand, Glukose Auffüllung Liquid Chini. Willkommen in China!«, »Zeit haben, nach Henan zu gehen, um zu spielen?«, »Zu meinem Haus?« Der Absender lächelt herzlich.

20:28
Er öffnet einen Aktenkoffer und reicht mir zwei Dosen, eine mit Red Bull und eine mit »Energy Chinese Enhanced Energy Drink«.

Ich verstehe nun seine erste Nachricht: Er ist Händler für Brausegetränke.

20:30
Ein Handyfoto entsteht, das zwei Männer zeigt: einen Getränkehändler mit einem breiten Grinsen im Gesicht und einen Ausländer mit geschenkter Dose. Auf dem Etikett steht: »Thaland Red Bullbeverace Company«.

20:32
Mir geht durch den Kopf, dass »spielen«, also das chinesische *wan'r* aus seiner Nachricht, auch ohne erotische Konnotation gemeint sein kann. Wird es zu einem Besuch in Henan kommen? Bleiben Sie dran.

20:35
Auf der »Energy Chinese Enhanced Energy Drink«-Dose ist eine berühmte Schauspielerin abgebildet. Ich scherze, das sei meine chinesische Freundin, und löse damit bei den Zuhörern Lachanfälle von mehr als einer Minute Dauer aus.

20:39
Ein bislang unbeteiligter Zuhörer klopft mir auf die Schulter und lacht. Und lacht dann noch mehr. Party in Waggon 17.

21:34
Der Red-Bull-Händler verabschiedet sich mit einem Händeschütteln und einer Nachricht, die mein Handy als »Mann, halten Sie Ihre Sicherheit auf der Straße« übersetzt. Dann geht er mit seinem Koffer zur Tür.

21:36
Der Zug hält in Liupanshui. Nie gehört, knapp drei Millionen Einwohner.

21:49
Fahrkartenkontrolle. Der Schaffner blickt auf mein Ticket, dann auf mich, dann wieder auf mein Ticket und dann noch einmal auf mich.

22:11
Wäre ein Abteil ein Schlagzeug, dann wären Schnarchgeräusche die Basedrum und auf den Tisch knallende Spielkarten die Snare. Ich versuche zu schlafen.

0:13
Stopp in Xuanwei. Nie gehört, 1,3 Millionen Einwohner. Der Waggon leert sich erheblich, nur noch sieben Passagiere harren aus.

2:49
Der Schaffner läuft durch den Gang und kündigt mit lauter Stimme »Qujing, Qujing« an, den nächsten Halt. Nie gehört, 6,7 Millionen Einwohner. Mist, wieder wach.

4:03
Aus den Bordlautsprechern ertönt beruhigende Klaviermusik. BERUHIGENDE KLAVIERMUSIK. Um vier Uhr morgens.

4:08
Juristische Frage: Kann ich Richard Clayderman für ein von ihm aufgenommenes Stück wegen Körperverletzung verklagen, auch wenn er nicht selbst die Entscheidung getroffen hat, es morgens in einem chinesischen Bummelzug mehrfach hintereinander abzuspielen?

4:33
Der Zug hält. »Kunming«, ruft der Schaffner. Zu früh, denke ich, im Plan stand doch 5.05 Uhr! Pustekuchen, ich hatte Ankunfts- und Weiterfahrtszeit verwechselt.

4:40
Positiv fällt auf: Der Bahnhof von Kunming ist um diese Uhrzeit nicht so überlaufen. Dafür werde ich plötzlich von einem jungen Typen verfolgt, der ein Bündel Geldscheine in der Hand hält.

4:46
Wenn ich schneller gehe, geht er auch schneller. Wenn ich langsamer gehe, geht er langsamer. Immer etwa drei Meter hinter mir, auch außerhalb des Bahnhofs.

5:01
Erst als ich auf die andere Straßenseite wechsle, lässt der Mann von mir ab. Ich werde nie erfahren, was er von mir wollte. Ich steige in einen nagelneuen Shuttlebus zum Flughafen, um nach Baoshan zu fliegen. Ich bin zurück in der Zukunft.

腾冲市
TENGCHONG

Einwohner: 620 000
Provinz: Yunnan

DIE STIMME DES MEISTERS

An: Bo

Guten Morgen! Ich bin gerade gelandet

Von: Bo

Hallo! Sag Bescheid, wenn du im Bus bist!

An: Bo

Äh. Sind es wirklich 150 Kilometer vom Flughafen bis Tengchong?

Von: Bo

An welchem Flughafen bist du?

An: Bo

Von: Bo

Bo aus Tengchong hätte mir ruhig sagen können, an welchem Flughafen ich landen sollte. Sein Online-Profil gibt nämlich Baoshan als Wohnort an, doch bei der Ankunft sehe ich auf der Landkarte von Tencent Maps: 150 Kilometer bis zum vereinbarten Treffpunkt, das dauert angeblich einen Tag, 14 Stunden und zwei Minuten. Riesenschock. Erst dann bemerke ich, dass die Option »zu Fuß« eingestellt war. Mit dem Auto sind es zwei Stunden und 15 Minuten.

Im weiteren Verlauf der WeChat-Unterhaltung erweist sich Bo als ziemlich plauderfreudig und erzählt eine Menge Dinge, die mir gerade nicht weiterhelfen. Zwischen einigen weiteren Tränenlachsmileys und niedlichen Tier-Gifs erklärt er, der Flughafen von Tengchong heiße Tuofeng, ein Freund aus Taiwan habe den gleichen Fehler gemacht wie ich, und seltsamerweise habe das System der Couchsurfing-Seite in seinem Profil automatisch den Regionsnamen Baoshan eingestellt, als er seine Stadt eintragen wollte. Im Übrigen sei es aber leicht zu verwechseln, da Tengchong zu Baoshan gehöre.

Nachdem dies alles geklärt ist, rückt er endlich mit der Information heraus, ich müsse nun ein Taxi zur Busstation nehmen, dann zweieinhalb Stunden Bus fahren, am Ziel könne er mich abholen.

Bo wohnt in einem liebevoll hergerichteten Altbau, zweistöckig mit hellrot gestrichenen Holzwänden und einem kleinen Innenhof mit halb offener Küche. Überall stehen Topfpflanzen und Ziergefäße, ich hatte schon fast vergessen, wie harmonisch fern-

östliche Deko-Elemente zusammenpassen können. »Bevor ich hierhergezogen bin, habe ich in Suzhou gelebt. Aber in einer Großstadt kann ich nicht kreativ sein. Alle rennen nur hinter Geld, Macht und Erfolg her.«

Der 39-Jährige trägt eine etwas zu weite orangefarbene North-Face-Fleecejacke und eine Brille mit rechteckigen Rändern, die glatten Haare sind ohrlang mit angedeutetem Mittelscheitel. Bo spricht langsam und abwägend, oft verfeinert er seine Sätze mithilfe von Details und kleinen Korrekturen sukzessive weiter, bis er den Kern des Gedankens erfasst hat. Die Formulierung einer Aussage wie »In dem Haus steckt viel Arbeit, aber ich mache das gerne. Trotzdem sieht es auf Fotos schöner aus als in echt« kann sich da schon mal über mehrere Minuten hinziehen. Am Ende eines erfolgreich zu Ende gebrachten Gedankens lacht er meistens verlegen. Unter normalen Umständen würde ich eine Unterhaltung mit ihm als etwas reizarm empfinden. Aber umgeben von so viel Hast und Effizienz kommt mir ein langsam dahinplätscherndes, aber geistreiches Gespräch wie ein Erholungsurlaub im Kloster vor.

Vor vier Jahren kündigte er seinen Job in einer IT-Firma, nun macht er Patent-Übersetzungen und Programmierjobs, für die er kein festes Büro braucht. Er ist Buddhist und hat hier eine Ruhe gefunden, die er anderswo vermisst. »Es gibt ein paar Probleme, aber die Vorteile überwiegen«, sagt er sinngemäß, wobei er zehnmal so viele Wörter verwendet. Als er vor drei Jahren herkam, besuchte ihn der Vermieter zunächst jeden Tag. »Er wollte sehen, ob ich ein anständiger Mensch bin, ob ich alles richtig mache. Man sollte hier die Tür offen lassen und viel mit den Nachbarn sprechen. Sonst kommt man ins Gerede. Die Leute glauben, ich wäre reich, weil ich aus der Großstadt komme. Mein Leben ist hier viel weniger anonym, daran musste ich mich erst gewöhnen.«

Bei einem Spaziergang durch die angenehm hochhausarmen Straßen fühle auch ich mich wenig anonym. Viel öfter als anderswo werde ich von Passanten begrüßt, von Schulkindern in ihren Trainingsanzug-Uniformen und von Jadeverkäufern. Jade ist das wichtigste Wirtschaftsgut der Stadt. Die Grenze zu Myanmar ist nur wenige Kilometer entfernt, von dort kommt erstklassige Ware, die nirgendwo in China günstiger zu kaufen ist als hier. Riesige Läden stellen grünlich schimmernde Reichtümer in Glasvitrinen zur Schau, kleine Broschen kosten 1000 Euro, polierte Edelstein-Tischplatten 30 000. Tengchong fühlt sich wie eine Kleinstadt an und ist mit 600 000 Einwohnern für chinesische Verhältnisse tatsächlich relativ winzig.

Vor einem »Vero Moda«-Laden spricht mich eine junge Frau in roter Leinenhose, grauem Leinenhemd und Baseballkappe an. Sie will wissen, wo ich herkomme, was ich hier mache und ob ich Interesse hätte, an einer Abendschule Englisch zu unterrichten, man sei gerade auf der Suche nach ausländischen Lehrern.

»Ich bleibe nur zwei Tage«, antworte ich.

»Oh, das ist kurz«, sagt sie. »Können wir trotzdem sprechen?«

»Worüber?«

»Ein paar Sachen«, sagt sie. »Ich heiße Xiao Hu.«

Sie holt drei Plastiktüten mit Schuhen und Kleidung von ihrem Moped, dann führt sie mich zu einem Eingang mit Aufzug und drückt die Vier, »KTV« steht neben dem Druckknopf. Ein Karaoke-Laden, nicht unbedingt der typische Ort für ein unverfängliches Gespräch. Ich beschließe, vorsichtig und bereit für eine plötzliche Flucht zu sein.

Wir steigen aus, und sie steuert auf ein paar Sitzplätze zu, nicht weit von einer Art Empfang, wo man Karaoke-Zimmer und Tickets für das Kino nebenan buchen kann. Wir setzen uns, und ich frage Xiao Hu, was sie in Tengchong macht.

»Ich bin in einer Gemeinschaft. Mit einem Meister, der uns chinesische Kultur lehrt.«

Sie spricht schnell, fast gehetzt, so als wollte der nächste Satz den vorherigen überholen. »Eine religiöse Gruppe?«, frage ich.

»Nicht ganz, aber es gibt Elemente von Buddhismus, Christentum und aus den Lehren von Konfuzius. Meister kommt gleich, er hat heute Geburtstag und feiert ein bisschen.«

Es folgt ein Monolog darüber, wie ihr Leben sich verbessert habe, seit sie den »Meister« kenne. Früher sei sie oft krank gewesen, habe schlechte Haut und Pickel gehabt, weder chinesische noch westliche Medizin hätten geholfen. Aber seit sie den Lehren des Meisters folge, gehe es ihr viel besser. Er habe besondere Fähigkeiten, könne die Stimmungen anderer Menschen erspüren. »Wir wohnen in einem schönen Haus. Zehn Jahre werde ich für die Ausbildung bleiben.«

Dann kommt er um die Ecke, der Meister. Ein rundlicher kleiner Mann in T-Shirt, Trainingshose und Ledersandalen. Sein Gesicht glänzt, als habe er getrunken. Xiao Hu gibt ihm die Plastiktüten mit den Klamotten, er verzieht sich hinter eine unbesetzte Theke am anderen Ende des Raumes und zieht sich um. »Am Geburtstag kann man gratis ins KTV und ins Kino, und eine Fußmassage gibt es auch umsonst. Das macht er alles heute«, verrät sie.

Er kommt zurück, nun in einem ähnlichen Leinen-Outfit wie sie. Er fragt mich, ob ich der neue Englischlehrer aus Kolumbien sei, sie verneint für mich. Dann sagt er mit einer heiser klingenden, tiefen Stimme, sie sollten jetzt gehen. »Darf ich deine WeChat-Nummer scannen?«, fragt Xiao Hu. »Vielleicht können wir uns wiedersehen.« Ich halte ihr den QR-Code auf meinem Handy hin, dann ziehen Meister und Schülerin davon.

»Ach, die Gruppe kenne ich«, sagt Bo, als ich ihm zu Hause von meiner Begegnung erzähle. Sein Innenhof ist wie eine Insel der Stille, versteckt hinter Seitengassen, 200 Meter von der Hauptstraße entfernt. »Die wollten mich auch mal rekrutieren. Ich hatte ein Gespräch mit dem Meister, aber er hat mich nicht überzeugt.« Er gießt Fujian-Tee in zwei weiße Tassen. »Ich habe viele religiöse Männer getroffen, in deren Anwesenheit ich wirklich etwas gespürt habe. In tibetischen Klöstern zum Beispiel. Er dagegen redete hauptsächlich über sich, mit so einer aufgesetzt tiefen Stimme. Und er sagte, ich könne schnell eine Frau finden, wenn ich der Gruppe beitreten würde.« Er lacht verlegen, seit Jahren hat er eine Freundin. Aber er kann nachvollziehen, warum der Meister Anhänger findet. »Chinas größte Religion ist das Geld, darum dreht sich alles, so will es die Regierung. Aber viele spüren, dass ihnen etwas fehlt, sie sind auf der Suche nach einem Sinn.«

Glaube aller Art wird aus Peking mit Argwohn betrachtet, auch wenn die großen Religionen nicht mehr verboten sind, wie noch zu Maos Zeiten. Wer nur auf Geldverdienen aus ist, startet keine Revolution, wer nach Ideen und Weisheit strebt, könnte Zweifel am Sozialismus entwickeln. Man fürchtet parallele Machtstrukturen, die den Staat herausfordern könnten. Deshalb müssen Mönche, Pfarrer und Imame bei der »Patriotischen Vereinigung« eine Prüfung ablegen, damit ihre Staatstreue sichergestellt ist. Unter dem Schlagwort »Sinisierung der Religionen« soll der Glaube in Abgleich mit Partei-Richtlinien gebracht werden. Die »Falun Gong«-Sekte wurde verboten, weil man umstürzlerische Tendenzen befürchtete.

In der Praxis betrachten die meisten Chinesen Spiritualität eher prag- als dogmatisch: Ein Gebet vor einer Buddhastatue schadet genauso wenig wie eine Spende für ein daoistisches Kloster, ein kleiner Hausaltar für die Ahnen, ein Glücksbringer-Armband oder ein Ratschlag vom Handleser am Straßenrand.

Bo glaubt an die Macht der Ruhe. Minimalistische Einrichtung, Feng Shui, klare Linien, Rückzug ins Innere. Am Abend zündet er Räucherstäbchen an und spielt auf der Guqin, einem Zupfinstrument mit sieben Saiten aus Seide, das auf einem Tisch vor dem Musiker liegt. Das Stück heißt »Stille, klare Herbstnacht«: lange stehende Töne, viele Pausen zum Atemholen, schwebender Klang. Jede gespielte Phrase scheint auf die nächste Unterbrechung hinzuarbeiten, der Sinn schnellerer Tonfolgen liegt nicht im Beweis von Virtuosität, sondern darin, den Momenten des Innehaltens stärkere Wirkung zu verschaffen. »Die Leere, die verschiedenen Arten von Weiß in einem Gemälde sind in der chinesischen Kunst genauso wichtig wie der Rest des Bildes. Das gibt Raum für die Fantasie«, sagt Bo, als mit dem Verklingen des Schlusstons die Stille in den Raum zurückgekehrt ist.

Am nächsten Tag treffe ich Xiao Hu an einer Straßenecke, an der ein Propagandaposter der Kommunistischen Partei hängt. »Zivilisierung wärmt eine Stadt« steht dort auf Chinesisch, Burmesisch und Englisch. Ein paar Meter weiter befindet sich ein buddhistischer Tempel. Staat und Religion, konkurrierende Ideologien, die um Folgsamkeit buhlen.

Xiao Hu hat einen Elektroroller mit winzigen Rädern und einem Rücksitz, der sich keine 30 Zentimeter über dem Boden befindet. Ich muss die Knie bis zum Kinn anziehen, um mitfahren zu können. »Dieses Bike ist echt zu klein für einen Ausländer«, sagt sie und gibt Gas.

Das zusätzliche Gewicht scheint ihr zu schaffen zu machen, sie fährt Schlangenlinien und bremst vor Kreuzungen schärfer als nötig. Oder liegt es doch nicht an mir? »Ich habe nie gelernt, wie man so ein Ding fährt. Man braucht dafür keinen Führerschein«, erklärt sie. »Von Verkehrsregeln habe ich keine Ahnung.« Wie zum Beweis quert sie die Straße und fährt am linken Rand im Gegenverkehr weiter, ohne sonderlich viel Aufsehen zu erregen, denn das machen hier viele so.

Wir halten an einem Park mit viel Grün, penibel gesäuberten Teerwegen und politischen Botschaften auf bunten Holztafeln, die an Instruktionen auf einem Trimm-dich-Pfad erinnern. Die zwölf Grundpfeiler des Sozialismus auf roten Displays, immer zwei Schlagworte übereinander: »Patriotismus« steht über »Engagement«, »Wohlstand« über »Demokratie«.

Xiao Hu erzählt mir von der Ausbildung bei ihrem Meister. »Die ersten drei Monate ruhst du dich nur aus. Du *lernst*, dich auszuruhen. Gesunder Schlaf, nicht zu viel und nicht zu wenig. Ich hatte Schlafprobleme, als ich zu ihm kam«, sagt sie. Sie spricht wieder so schnell, als hätte sie immer die drei- oder vierfache Menge an Gedanken im Kopf und Mühe, sie in der vorgesehenen Zeit unterzubringen. »Meister gab mir Aufnahmen seiner Stimme, 48 Stunden mit seinen Weisheiten, und damit konnte ich endlich Ruhe finden. Seine Stimme hat große Macht. Selbst wenn du nicht alles verstehst, kann sie Krankheiten heilen. Sie wirkt sogar auf Tiere: Nie kommt eine Schlange oder Spinne in mein Zimmer, wenn ich das abspiele.«

Der Park befindet sich an einem Hügel, zwei Jogger schnaufen an uns vorbei. An Laternen hängen Rauchverbotsschilder, und gleich daneben stehen Masten mit Überwachungskameras und rotblauen Polizeilichtern. Ob die blinken, sobald jemand sich eine Zigarette anzündet? In China ist alles möglich.

Doch auch sonst wird den digitalen Aufpassern einiges geboten: »Zweimal in der Woche kommen Meister und ich mit einem Mikrofon und einem Lautsprecher hierher, und dann singen wir Karaoke zusammen«, berichtet Xiao Hu. Nie verwendet sie einen Artikel, wenn sie über den Sektenführer spricht. »Als ich neu in der Gemeinschaft war, habe ich fast jede Minute mit Meister verbracht. Ich konnte nicht getrennt von ihm sein, ohne unruhig zu werden. Erst nach einem Jahr wurde das besser.« Sie fühlt sich privilegiert, weil sie in die Gemeinschaft aufgenommen wurde. »Er hat schon Tausende unterrichtet, aber nur 13 oder 14 Anhänger können hier mit ihm wohnen. Das ist ein großes Glück. Vor Kurzem habe ich einen Brief an die UNESCO geschrieben und ihn für den Friedensnobelpreis vorgeschlagen. Aber bisher kam keine Antwort.« Ich frage, ob ich ihn treffen kann, und sie schreibt ihm eine Textnachricht.

Wir kommen an einen buddhistischen Tempel mit Aussichtsterrasse. Sie geht rein zum Beten, ich bleibe draußen und blicke auf die Stadt. Tengchong ist umgeben von grünen Hügeln, und im Zentrum befindet sich ein See, der ein paar Kilometer weiter nördlich gerade eins zu eins nachgebaut wird. Chinesische Logik: Zwei Seen bedeuten potenziell doppelt so viele Touristen wie ein See, warum also nicht? Viele Einwohner wurden zwangsumgesiedelt, weil ihre alten Unterkünfte den Baggern weichen muss-

ten. In ein paar Jahren wird eine Schnellzugstrecke fertig sein, um mehr Besucher hierherzubringen. Zu Jade-Shops und Vulkanparks, heißen Quellen, traditionellen Dörfern (ein hübsches namens Xia Qiluo und ein leider zu touristisches namens Hechun) und Gedenkstätten, die an den Krieg mit Japan erinnern. Im Stadtzentrum gibt es ein uriges Mao-Museum mit Propagandapostern, roten Büchern aller Formate und Bildnissen von Marx und Engels an der Wand. Bis heute wird der große Religionsfeind Mao mancherorts quasireligiös verehrt, speziell in ländlichen Regionen halten noch immer viele Chinesen sein Bildnis für einen Glücksbringer.

Was macht die Lehren des »Meisters« so interessant für Xiao Hu? »Bedingungslose Liebe. Selbst wenn er dich bestraft, weißt du noch, dass er dich liebt. Man weint, aber man fühlt sich sicher bei ihm.«

»Was sind das für Strafen?«

»Das wirst du sehen, wenn du wiederkommst und mehr Zeit mit uns verbringst.«

Xiao Hus Handy klingelt, sie spricht mit aufgeregter Stimme, ich erhalte fast gleichzeitig eine WeChat-Nachricht.

Von: Bo

Ich möchte dir noch einen Rat geben: Triff den Meister lieber nicht. Ich glaube, die Gruppe wurde von der Regierung verboten, und Mitglieder kamen ins Gefängnis.

An: Bo

Ich werde vorsichtig sein, danke!

Xiao Hu beendet ihr Gespräch. »Meister sagt, wir können jetzt mit ihm sprechen. Kommst du?«

»Klar.«

»Wir müssen uns beeilen. Ich lasse den Roller stehen, hoffentlich kriegen wir schnell ein Taxi.«

Sie tippt hektisch in ihrer Didi-App, blickt mit zusammengepressten Lippen nach rechts und links. »Warum dauert das so lange?«, fragt sie, von einem Fuß auf den anderen tippelnd, mit abwechselndem Blick auf die Kartenansicht im Handy und auf die Straße. Nach drei Minuten hält ein schwarzer Kleinwagen für uns. »*Kuai dian* – schnell«, sagt sie zum Fahrer.

Kurz darauf stoppt er vor einem Durchgang zwischen einer Reihe alter Häuser am Stadtrand, nicht weit von der Baustelle für den neuen See. Xiao Hu läuft im Stechschritt voraus durch ein Tor in einen ummauerten Innenhof, der sich bestens als Kulisse für einen chinesischen Historienfilm eignen würde. Perfekt gefegte Bodenplatten, verwitterte Speckstein-Löwenfiguren auf der Veranda, Holzwände mit roten Lampions an den Türen und Ziergittern vor den Fenstern.

»Meister hat das Grundstück entdeckt. 800 Quadratmeter, 14 Zimmer«, sagt Xiao Hu stolz. »Jahrelang standen die Gebäude leer, sein Gespür hat ihn hergebracht.«

Geschmack hat der Mann, das muss man ihm lassen. Wir setzen uns an einen Tisch vor dem Eingang und warten. Sie berichtet noch, dass die ganze Gruppe in ein paar Jahren weiterziehen werde. Man wolle nach Tibet und Dänemark, und nach Hawaii, um dort den Umgang mit Maschinengewehren und Hubschraubern zu lernen, das sei dort unkompliziert möglich.

»Ihr wollt *was*?«

»Oh, da ist er.«

Der Meister trägt einen weißen Umhang, der an einen Arztkittel erinnert, eine teure beigefarbene Jogginghose und Adidas-Loafers.

»Ich komme gerade aus einem Workshop«, sagt er und schüttelt mir mit weichem Druck die Hand.

»Zu welchem Thema?«, frage ich.

»Über alles. Jede Straße führt nach Rom«, sagt er und lächelt geheimnisvoll.

Der Meister hat eine Stimme wie süßer Sirup, schmeichlerisch, tief, fast flüsternd. Eine Stimme, die Jahrzehnte älter klingt, als er aussieht, er dürfte Anfang 40 sein. Ich kann mir vorstellen, wie eine solche Stimme Menschen in ihren Bann zieht. Xiao Hu bringt eine Kanne und Tassen und gießt jedem von uns Jasmintee ein.

»Gefällt es dir in China?«, fragt er.

»Ja, ich habe hier viele Freunde gefunden, und ich liebe das Essen. Die Entwicklung der letzten Jahre ist atemberaubend«, antworte ich wahrheitsgemäß.

»Wirst du wiederkommen?«

»Ich hoffe es.«

»Gut. Tengchong ist der beste Ort in China.«

»Warum das?«

»Die Gegend ist voller Schönheit für den Geist. Die Wolken sind hier anders. Schon an ihnen kann man erkennen, dass in den Bergen Jade versteckt ist. Einmal hatten wir eine Wolke über dem See, die wie ein riesiger Phönix aussah. Die Luft und das Wasser sind hier besonders, und es gibt ungewöhnliche Regenbögen. Die Baustellen allerdings sind nicht gut, wir werden bald weiterziehen.«

Aus dem Augenwinkel merke ich, wie Xiao Hu an seinen Lippen hängt. Sie muss diese Dinge schon Dutzende Male gehört haben, und doch wirkt sie wie verzaubert.

»Bring meine Klinge«, sagt der Meister, und sie springt auf. Dann, an mich gerichtet: »Magst du Waffen?«

»Nicht besonders.«

Sie kommt zurück und reicht ihm ein *Guan Dao*, eine Art Hellebarde. Die gezackte Klinge ist mit einem Drachenrelief verziert, der lange Griff besteht aus edlem Holz. Der Meister dreht die Waffe liebevoll zwischen den Händen. »Manchmal spiele ich damit wie mit einem Freund«, sagt er. Xiao Hu ergänzt: »Waffen haben auch ein Leben. Wenn eine länger bei Meister ist, wird sie mächtiger.«

Es folgt eine kurze geschichtliche Abhandlung des Meisters über traditionelle chinesische Stichwaffen: Anders als die meisten denken, stamme das *Guan Dao* gar nicht aus der Zeit von General Guan, nach dem es benannt sei, sondern erst aus der späten Song-Dynastie, also dem 13. Jahrhundert. Im Übrigen sehe es zwar gut aus, sei aber eher fürs Training geeignet als für echte Kampfsituationen, wo ein normales Schwert erheblich praktischer sei. Während der Meister spricht, legt er das gute Stück mal über seine Knie, dann dreht er es zärtlich in der Hand. Wenn er die Klinge im richtigen Winkel hält, um das Sonnenlicht zu reflektieren, erhellt sie sein Gesicht.

Ich versuche einen Themenwechsel und frage, was er seine Schüler lehrt. Der Meister bittet Xiao Hu, es mir zu erklären. Im Überschalltempo referiert sie über die Stimme des Herzens, auf die man hören soll, über den richtigen Platz im Leben, über Quantenphysik, laut der wir von kleinsten Partikeln umgeben sind, die in Einklang gebracht werden müssen mit den Partikeln des Herzens, darüber, Frieden zu finden und der Gier abzuschwören, über Selbstbetrug und alltägliche Verstellung, über den eigenen Willen, der fälschlicherweise versucht, die Dinge zu kontrollieren, statt sich den Gegebenheiten der Natur anzupassen.

»Eine Übung war, alles aufzuschreiben, was ich bisher falsch gemacht habe. Dafür brauchte ich viel Mut, weil die Wahrheit nicht immer einfach ist. Ich habe viele Nächte geweint. Alles Negative muss nach draußen, muss ans Licht kommen. Danach ist man ein neuer, ein besserer Mensch.«

Ihre letzten Sätze lassen mich wieder an das Sozialkredit-System denken. Alles Schlechte kommt an die Öffentlichkeit, und die Menschen werden besser? Klingt nach einer wunderbaren Utopie. Die Frage ist nur, wer vorgibt, was gut und was schlecht ist, und ob diese Person oder Institution eigene Interessen damit verfolgt.

»Du kannst wählen, ob du frei leben willst oder wie in einem Gefängnis«, sagt der Meister mit seiner tiefen Stimme. »Vielleicht möchtest du ja nächstes Jahr wiederkommen und mehr Zeit mit uns verbringen. Überlege es dir.«

Er steht auf, lehnt seine Waffe an die Wand und verlässt über einen Seitengang den Innenhof.

Xiao Hu strahlt mich an. »Du fühlst dich jetzt anders als vor dem Gespräch, oder?«

»Hm, ich weiß nicht.«

»Doch, du warst wie verwandelt. Nicht so müde und gelangweilt wie mit mir.«

»Er hatte eine Waffe.«

»Haha. Jeder verändert sich bei ihm. Allein durch seine Anwesenheit heilt er schon.«

Zurück in der Innenstadt, sehe ich an einem Autogeschäft ein Werbeplakat, das einen Audi A8 darstellt wie eine göttliche Erscheinung. Umgeben von Sternchen mit silbernen Engelsflügeln an beiden Seiten. Drei Häuser weiter steht in einem Edelsteinladen ein übermannshoher Buddha aus grünlicher Jade, der laut Etikett 500 000 Euro kostet. Woran soll man in Tengchong glauben, an Geld, an Götter, an die Partei, an den Meister?

Meine Bekanntschaften hier haben ihre Wahl getroffen. Da ist Bo, der entschieden hat, aus dem Wettbewerb um Reichtum und Karriere auszusteigen, und das alte Haus, seine Instrumente und Buddha gefunden hat.

Da ist Xiao Hu, die nach Selbstoptimierung strebt, um innere Dämonen zu besiegen, und den Meister gefunden hat. Verschiedener könnten die beiden kaum sein, und doch haben sie beide den Weg der Konvention verlassen und eine Nische entdeckt. Beide sind auf ihre Art Aussteiger, folgen weder dem Geld noch der Kommunistischen Partei.

Bei einem weiteren Treffen frage ich Xiao Hu noch einmal, was es mit den Maschinengewehrkursen auf Hawaii auf sich habe. »Schon Konfuzius riet zur Übung mit Waffen«, das habe den Meister inspiriert, ist ihre schwammige Antwort. Dann hat sie noch eine Mitteilung für mich: »Wir haben uns am vierten Jahrestag der Gruppe kennengelernt, an Meisters Geburtstag. Das ist ein Zeichen«, sagt sie. »Ich weiß, dass du wiederkommen wirst.« Ich bin kein Hellseher, aber ich fürchte, da liegt sie falsch.

麗江市
LIJIANG

Einwohner: 1,1 Millionen
Provinz: Yunnan

PER ANHALTER NACH SHANGRI-LA

Der Komfort einer Busfahrt errechnet sich aus den Parametern Reisedauer, Baujahr des Fahrzeugs, Anzahl der Mitreisenden, Freundlichkeit/Breite/Manieren/Körpergeruch des Sitznachbarn, Polsterqualität, Lehnenzurückklappmöglichkeit, Reinigungs- und Wartungszustand, Straßenqualität, Können des Fahrers, Bordunterhaltung, besondere Ereignisse, Wetter, Aussicht, Belüftungssystem, Verpflegungsvorräte, orthopädisches Eigenbefinden, Verhalten anderer Verkehrsteilnehmer und dem Beinfreiheits-/Körperlängenkoeffizient.

Für die zehnstündige Fahrt nach Lijiang erwische ich einen ziemlich alten und ziemlich kleinen Yutong-Bus mit der Typbezeichnung ZK6808HD9. Jeder Platz ist ausgebucht, neben mir sitzt ein schweigsamer junger Mann, der beinahe pausenlos Nahrung zu sich nimmt. Von Hühnerfüßen über Würste mit roter Plastikhaut bis hin zu scharfen Reiscrackern und Fruchtbonbons. Die dazugehörigen Plastikabfälle bringen das Sitznetz vor ihm an die Grenze seiner Dehnbarkeit. Als Bordunterhaltung laufen Kriegsfilme mit fiesen Japanern und listigen Chinesen, die Straße ist makellos, die Aussicht oft spektakulär: Gerne hätte ich mehr Zeit zum Verweilen in grünen Hügellandschaften und Dörfern, an den Pagoden von Dali und dem Erhai-See. Die Nachmittagssonne erzeugt zwischen den Wolken einzigartige Lichtstimmungen, Gebäude und Felsen und Wasser scheinen von innen heraus zu leuchten. Besondere Ereignisse gibt es keine, und die restlichen Komfortfaktoren befinden sich allesamt etwa im durchschnittlichen Bereich, also erreiche ich Lijiang am Abend müde, aber ohne bleibende Schäden.

Mit meiner Unterkunft habe ich enormes Glück: Gastgeberin Lily besitzt ein kleines Boutique-Hotel oberhalb der historischen Altstadt und stellt mir einfach eines der Zimmer zur Verfügung, mit Riesenbett und blitzblankem Bad – wie sehr man solchen Luxus doch zu schätzen weiß nach Wochen mit wenig Privatsphäre. Endlich Tür zu und ein bisschen Anonymität, es ist herrlich.

Lily ist Mitte 40, trägt Lederjacke, teure Jeans und rote Wildlederschuhe, das Outfit einer erfolgreichen Geschäftsfrau. Ihre ersten Lebensjahre verbrachte sie in Nanyao, einem Dorf der Naxi-Minderheit, heute arbeitet sie als Hotelmanagerin und Veranstalterin von nachhaltigen Reisen. »Wir haben schon 28 Dorfbewohner zu Guides ausgebildet«, sagt sie stolz. Das Leben in ihrem Heimatort hat sich seit ihrer Jugend extrem gewandelt. »Heute tragen nur noch Über-60-Jährige die traditionelle Kleidung, bald wohl niemand mehr.« Und sie erzählt von einer Veränderung, wie man sie überall erlebt, egal, ob in Sibirien, Argentinien oder Thüringen, wenn plötzlicher Wandel die ländlichen Regionen umkrempelt: »Es ist gut, dass die Leute jetzt mehr Geld haben und eine bessere Bildung bekommen. Aber im Umgang miteinander ist etwas verloren gegangen. Früher gab es mehr Gemeinsinn, wir tauschten Waren und halfen uns gegenseitig. Jetzt gibt es Arme und Reiche, die Unterschiede sind größer geworden.«

Am nächsten Morgen stehe ich früh auf, um in den Jade-Frühlingspark zu gehen und etwas sehr Chinesisches zu tun: ein Foto an einer Stelle machen, an der dies schon Millionen Menschen vor mir getan haben. Fünf-Bogen-Brücke, Den-Mond-umarmender-Pavillon und Jadedrachen-Schneeberg, mit ein paar Weidenblättern als Vordergrund wird daraus ein Ensemble wie aus dem

排名排名排名排名排名排名排名排名排名排名排名

FÜNF CHINESISCHE SPRICHWÖRTER, DIE DAS LAND ERKLÄREN

1. Ein Dummkopf, der arbeitet, ist besser als ein Weiser, der schläft.

2. Es ist besser, auf neuen Wegen etwas zu stolpern, als auf alten Pfaden auf der Stelle zu treten.

3. Schlagen ist Liebkosen, Schimpfen ist Liebhaben.

4. Jedes Ding hat zwei Seiten.

5. Wer die Wahrheit sagt, braucht ein schnelles Pferd.

Kalligrafie-Lehrbuch. Etwa 40 weitere Fotografen mit teuren Kameras hocken mit mir am Ufer des Schwarzer-Drache-Teiches, um den perfekten Winkel ausfindig zu machen. Mutige riskieren gar die Kletterei auf einen nicht sonderlich dicken Baumstamm, der über dem Wasser hängt.

Im Park übt ein etwa 30-jähriger Mann unter Pflaumenbäumen Tai-Chi-Figuren, die »Der weiße Kranich breitet seine Flügel aus« oder »Der goldene Hahn steht auf dem linken Bein« heißen. Nur ein paar Meter weiter schmeißen ein paar Rentner einen Gettoblaster an, um zu »Jaaajaja Coco Jambo, Jaa Ja Yeah« der synchronen Squaredance-Leibesertüchtigung zu frönen. Was für ein Generationenbild: Der Junge sucht innere Einkehr mithilfe einer jahrtausendealten Kunst, die Alten suchen Action zu einfachen Dancefloor-Beats aus den 1990er-Jahren, so nachhaltig hat die Kulturrevolution ihnen die Kultur ausgetrieben. Wie nah doch das Ungehobelte und das Poetische zusammenliegen können, frühmorgens in einem chinesischen Park. Ich bewundere den Tai-Chi-Meister, der sich nicht aus der Konzentration bringen lässt, seinen eigenen Rhythmus beibehält und nie die Balance verliert, so wie Schneeberg und Brücke sich nicht von den Fotografen beirren lassen und einfach weiterhin erhaben vor sich hin existieren. Der Lärm und die Hektik der Menschenwelt scheinen ihnen nichts anhaben zu können.

Eine halbe Stunde lang sitze ich einfach auf einer Steinbank und beobachte den jungen Mann. Die Eleganz der Langsamkeit, Innehalten als Kunstform, Demonstration von Macht durch Weichheit. Der Anblick löst in mir etwas Ähnliches aus wie Bos Guqin-Konzert vor ein paar Tagen: eine tiefe Melancholie, eine Ahnung, dass hier etwas unwiederbringlich verloren geht. Wie weit diese meditative, stille Seite fernöstlicher Tradition doch aus dem Alltag verdrängt zu sein scheint. Kaum zu glauben, dass dies ein Land ist, in dem Dichter einst die innere Einkehr zum Ideal erhoben, zum Beispiel Wang Wei im 8. Jahrhundert:

Wo Bambusdickicht mich beschattet,
Sitze wohlig ich allein,
Zupfe die Saiten, hauche wie zum Liede
Atem durch die Lippen aus und ein.
Keines Menschen Auge kann erspähen
Mich Verborgenen tief im Hain.
Nur der volle Mond kommt, mich zu sehen,
Zu verstehen mit seinem reinen Schein.[1]

Und jetzt? Da plärrt nebenan schon der nächste Song aus den Lautsprechern: »Bang bang bang, catch me if you can. If you get me started we can have a party tonight.« Fang mich, wenn du kannst. Eilt China gerade vor sich selbst davon? Hat das Land seine sanfte, stille Seite verloren? Oder sollte einem der junge Tai-

---

[1] Das Gedicht »Im Bambuswald«, übersetzt von Günter Eich, stammt aus der Anthologie »Von Kaiser zu Kaiser: Die klassische chinesische Lyrik«, herausgegeben von Eva Schestag und Olga Barrio Jiménez, Band 2, S. 145, Frankfurt am Main 2009.

Chi-Experte Hoffnung machen? Oft erlebe ich, dass es inzwischen die Jungen sind, die die Alten erziehen, und nicht umgekehrt. Zum Beispiel, wenn es um Manieren geht oder darum, nicht zu viel vom Mittagessen übrig zu lassen, eine Unsitte, die noch immer weit verbreitet ist.

Auf den Kopfsteinpflasterwegen der Altstadt von Lijiang zeigt sich wieder der übliche Brachialtourismus: Menschenmassen zwischen renovierten Holzhäusern, in denen Hunderttausende von Dingen zu kaufen sind, Konsum und Selfies und Geschrei statt »einfach mal die Seele baumeln lassen«, wie absurd muss dieses westliche Urlaubsideal für moderne Chinesen klingen, die ihre wenigen Ferientage im Jahr effizient nutzen möchten.

Für mich gibt es hier nichts zu entdecken. Ich gehe zurück ins Hotel, packe meine Sachen und nehme ein Taxi zum Ortsausgang. Ich will weg von diesem Trubel, raus aus den Städten. Bei sengender Hitze stelle ich mich an einen Kreisverkehr und frage wildfremde Menschen, ob sie mich nach Shangri-La bringen.

Nördlich von hier liegen die Berge und Hochebenen von Yunnan und Sichuan, dort sind die meisten Orte so klein, dass es unmöglich ist, Couchsurfing-Gastgeber zu finden. Also werde ich für eine Weile versuchen, ohne digitale Hilfsmittel Einheimische kennenzulernen, zum Beispiel per Anhalter.

In der ersten halben Stunde stoppt nur ein Reisebus kurz, der aber nach Kunming im Süden unterwegs ist. Ich spreche einen SUV-Fahrer mit Hugo-Boss-Pulli und Schweizer Armbanduhr an, der seinen BMW X1 zum Telefonieren am Kreisverkehr parkt. Auch er will nach Kunming, fährt aber noch einmal kurz in die Stadt zurück, um etwas zu essen.

In der nächsten halben Stunde halten exakt zwei Autos, doch beide sind in die falsche Richtung unterwegs. Schon ertappe ich mich bei einem sehr chinesischen Gedanken: Wie ineffizient es doch ist, am Straßenrand Zeit zu vergeuden, anstatt mit der Didi-App einen Fahrer zu suchen (leider kann ich die App nicht nutzen, dazu braucht man ein chinesisches Bankkonto).

Der SUV-Fahrer kommt noch einmal vorbei. »Kein Auto?«, fragt er.

»Nein«, antworte ich.

»Okay, ich kann dich bis zur ersten Ausfahrt an der Hauptstraße mitnehmen.«

Und schon sitze ich auf dem Beifahrersitz seines Luxuswagens, er schenkt mir eine Wasserflasche und stellt sich als Jackie vor. Als wir einen Tunnel durchqueren, deutet er darauf: »Mein Job.« Er ist Ingenieur und Chef einer Firma mit 100 Mitarbeitern, die Tunnel baut. Nach zehn Minuten hält er hinter einer Mautstation und lässt mich raus.

Wieder stehe ich am Straßenrand, doch nun ist wenigstens sicher, dass jeder vorbeikommende Wagen in meine Richtung fährt. Ich frage mich, was die Polizisten an den Bezahlschranken wohl von einem Fußgänger an der Schnellstraße halten, doch keiner behelligt mich.

Shangri-La ist tatsächlich der Name der nächsten größeren Ortschaft, 170 Straßenkilometer nördlich von hier. Seit der Autor James Hilton in seinem 1933 erschienenen Roman »Der verlorene Horizont« einen utopischen Ort der Glückseligkeit tief in den tibetischen Bergen so nannte, hat sich der Begriff verselbstständigt und macht nun Touristikunternehmern viel Freude. Zwei Orte in Yunnan und Sichuan wurden kurzerhand so benannt, auch in Indien, Bhutan und Nepal gibt es mehrere »Shangri-Las«.

Ein weißer SUV fährt an mir vorbei, bremst ab, fährt dann ein Stück rückwärts. Für einen Moment denke ich, Jackie wäre zurückgekommen, denn das Auto ähnelt seinem Modell enorm.

Doch es handelt sich um einen Dongfeng Fengguang, der im Laden nicht mal halb so viel kostet wie der BMW. Solche Verwechslungen können schon mal vorkommen im plagiatfreudigen China.

Von den Vordersitzen begrüßen mich Selina und Calvin, 41 und 42 Jahre alt, ein Ehepaar auf

Urlaubsreise. Beide sehen aus, als kämen sie gerade von einem Modeshooting, sie in Militärjacke und fransigen Hotpants, mit Dutzenden verschieden gefärbten Zöpfen im Haar, er in lässiger Flicken-Jeans und Shirt mit »Warrior«-Aufschrift. »Shangri-La? Na klar! Hast du lange gewartet?«, fragt sie.

»Nur fünf Minuten. Was habe ich für ein Glück mit euch!«

Und schon brausen wir zu lauter chinesischer Popmusik in Richtung Norden. Die beiden kommen aus Hangzhou, haben dort eine 13-jährige Tochter, die nun bei den Großeltern untergebracht ist. Nur zehn Tage Urlaub können sie im Jahr nehmen, da sind sie froh, einmal Zeit für sich zu haben. Er arbeitet im Führungsteam einer Modefirma, sie ist gerade vom Management einer Englisch-Schule in eine staatliche Straßenbaufirma gewechselt, »weil dort die Bedingungen besser sind«.

Immer häufiger sind nun buddhistische Stupas und tibetische Schriftzeichen zu sehen. Yaks grasen neben der Straße, die Berge werden immer höher, viele haben jetzt Schnee auf den Gipfeln. An einem Hang sind die Baustellen-Betonpfeiler einer neuen Schnellzugtrasse zu sehen.

Wir halten kurz an einem »Scenic Spot« mit Blick auf die Tigersprungschlucht, einen spektakulären Canyon, durch den wie eine entfesselte Urgewalt der Jingscha-Fluss schäumt.

Später stoppen wir an einem Straßenstand, der köstliches getrocknetes Yakfleisch in Chili-Marinade verkauft. Calvin erwirbt bei der Gelegenheit außerdem zwei Yak-Penisse, die in der chinesischen Medizin als starkes Aphrodisiakum gelten.

In Shangri-La lassen sie mich raus, der Ortsname ist leider komplett irreführend: eine dröge Kleinstadt mit ein paar tibetischen Bauelementen, deren prachtvollstes Gebäude sich bei näherem Hingucken als moderne Shoppingmall herausstellt.

Ich übernachte in einem einfachen Hotel und versuche am nächsten Tag frühmorgens wieder mein Glück am Straßenrand. Diesmal mit weniger Erfolg, eine Stunde lang hält niemand, der in Richtung Sichuan-Provinz unterwegs ist. Und da es täglich nur einen Bus um neun Uhr gibt, entschließe ich mich, ihn zu nehmen, statt auf den nächsten weißen SUV zu hoffen.

Am Ticketschalter will die Angestellte nicht wie üblich meinen Ausweis sehen. Mir fällt auf, dass ich schon einige Zeit nahezu inkognito unterwegs bin. In Privatunterkünften ohne die eigentlich vorgeschriebene Registrierung bei der Polizei, per Anhalter ohne Fahrticket. Geld habe ich zum letzten Mal in Shanghai abgehoben, mit dem Handy zahle ich nicht. Wenn ich jetzt noch das Telefon mit chinesischer SIM-Karte ausschalte, bin ich quasi unsichtbar. Ein irgendwie befreiendes Gefühl.

Ein paar Stunden später relativiere ich den Gedanken ein wenig: Die staubige Schotterpiste ist zur Talseite hin ungesichert, dort geht es einige Hundert Meter tief in den Abgrund, und der Bus umfährt immer wieder große Felsbrocken, die von der Wand gefallen sind.

Wir rumpeln über ein Schlagloch nach dem anderen, die aus dem Gepäckfach ragenden Rucksackleinen schleudern wie Peitschen an die Verkleidung, eine Wasserflasche rollt im Affentempo über den Boden. Eindrucksvoll, wie der Chinese in der Reihe vor mir trotz der Erschütterungen ungerührt auf sein Handyspiel gucken kann. Ich bin jetzt im Gebirge, umgeben von namenlosen Fünftausendern. Mir dröhnt der Kopf, ich spüre erste Symptome einer Höhenkrankheit.

Wer wissen möchte, wie sich das anfühlt, sollte einmal folgendes Experiment probieren: Füllen Sie eine halb leere Flasche billigen Rum mit Cola auf. Nachdem Sie die geleert haben, gönnen Sie sich den günstigsten Rotwein vom Discounter aus dem Ein-Liter-Tetrapak, bei Bedarf gefolgt von drei Schnapsgläsern mit Tequila, ohne Salz oder Zitrone. Auf keinen Fall begleitende Nahrung oder Wasser einnehmen, dann schlafen gehen. Am nächsten Morgen ziehen Sie sich eine Gummi-Badekappe über den Kopf, die drei Nummern zu klein ist und deshalb ganz schön zieht, dann vernichten Sie drei Gläser Eiskaffee auf Ex, damit der Puls in Schwung kommt. Um mangelnde Sauerstoffzufuhr zu simulieren, halten Sie sich Mund und Nase zu, in regelmäßigen Abständen immer zehn Sekunden lang. Dabei kräftig ausatmen, sodass Druck auf den Augäpfeln entsteht, mit ein bisschen Übung ist das ganz einfach.

In etwa diesem Zustand beobachte ich vier Polizisten, die uns anhalten, das Gepäckfach durchwühlen und dann einmal durch den Bus gehen. Einer von ihnen, der jüngste, fotografiert alle Insassen. Diese Busfahrt verdient eindeutig weniger Komfortpunkte als die vorherige von Tengchong nach Lijiang.

Die seltenen Mini-Ortschaften sind sehr idyllisch und nun ganz in tibetischem Stil gehalten, sie bestehen aus quaderförmigen, weiß getünchten Bauten mit farbenfrohen trapezförmigen Fensterrahmen. Auf den Flachdächern wehen chinesische Fahnen und Gebetsflaggen um die Wette, die tibetische Fahne ist verboten. Ein Jammer, nicht in diese Häuser reingucken zu können. Wie oberflächlich man doch reist, wenn man nicht in die Wohnungen kommt!

In den 1950er-Jahren wurde die »friedliche Befreiung Tibets« mit so viel Militärgewalt betrieben, dass westliche Staaten von einer Annektierung sprachen und der Dalai Lama nach Indien fliehen musste. Vorher war die Region jahrzehntelang autonom gewesen. Wie so oft bei Landdisputen kann man auch in Tibets verworrener Geschichte viele Gründe dafür finden, warum das Hochland zu China gehören sollte, und genauso viele Gründe dagegen. Hängt immer davon ab, welche Epochen man als Referenz heranzieht und welche man ignoriert. Und zuletzt davon, welche Seite die stärkere Armee hat.

Aus chinesischer Sicht wurden die armen Tibeter aus einem mittelalterlichen Feudalsystem befreit und bekamen die Chance, Wohlstand und Infrastruktur zu verbessern. Die vielen Han-Chinesen, die dort arbeiten und Geschäfte machen, sehen sich als Missionare eines Fortschritts, der erst dank großer Investitionen aus Peking möglich wird. Die Han sind die größte Volksgruppe Chinas, 1,2 Milliarden Menschen gehören ihr an. Ihre massenhafte Einwanderung in Tibet kann man aber auch als Kulturimperialismus verstehen, der ihnen mehr bringt als den Tibetern, schon weil die Han kompromisslosere und damit erfolgreichere Geschäftemacher sind.

Ich übernachte in einem staubigen Talort namens Xiangcheng auf 3200 Metern Höhe und versuche es am nächsten Tag wieder per Anhalter. Ein schweigsames Paar aus Chengdu nimmt mich mit, in einem Golf, der kein Nummernschild hat, aber vollgepackt ist mit Reisegepäck. In Serpentinen geht es auf einer hervorragend geteerten Straße nach oben, bis zu einer Passhöhe auf 3995 Metern, wo schwarze Yaks am Berghang grasen und die Motorräder der Hirten an unverputzten Steinhütten lehnen. Auf den Hochplateaus der Sichuan-Provinz können Kleinwagen-Fahrer ohne Allradantrieb in Höhen gelangen, die in den Alpen nur für gute Bergsteiger erreichbar sind. Meinem Brummschädel geht es zum Glück schon etwas besser als am Vortag.

Mein Ziel heißt schon wieder Shangri-La, erst vor wenigen Jahren bekam der Ort Riwa am Eingang zum Yading-Naturreservat diesen Zweitnamen verpasst. Doch auch hier passt er nicht: große Reisebus-Parkplätze und ein Hotelneubau neben dem anderen. Der »Shangri-La«-Erfinder James Hilton würde sich im Grabe herumdrehen, wenn er wüsste, was aus seiner Idee geworden ist. Er selbst war übrigens nie auf dem tibetischen Hochplateau. Hilton las ein paar *National Geographic*-Artikel des österreichischen Forschers Joseph Rock, ansonsten ließ er von seinem Schreibtisch in Woodford im Osten Londons à la Karl May die Fantasie spielen.

Nicht weit von einem fulminanten Eingangsportal lassen mich meine Wohltäter heraus. In der Schalterhalle zahle ich üppige 270 Yuan Eintritt für den Nationalpark und gehe ein paar Treppen hoch zu einem nagelneuen Shuttlebus, dessen blitzsaubere Sitze nach frischem Leder riechen.

Als der Fahrer gerade die Tür schließen will, kommt noch ein Passagier angerannt, ein junger Mann mit dicker Brille und nagelneuen Trekking-Klamotten. Aufgeregt und völlig außer Atem bedankt er sich. Nach 50 Minuten Fahrt durch spektakuläre Bergpanoramen steige ich am Zielort aus, der auf *sichuantravelguide.com* folgendermaßen beschrieben wird: »Yading war mal ein kleines Dorf, doch jetzt ist es zum berühmten Touristenziel geworden und auch bekannt als ›letztes reines Land auf diesem blauen Planeten‹.« Übersetzung: In dem Ort wirst du weder Einsamkeit noch Müllkippen finden. Außerdem wirkt keines der grauen Steingebäude älter als zehn Jahre, vermutlich hat man wie üblich einfach alles plattgemacht und neugebaut, um den Besuchern einen angemessenen Komfort bieten zu können.

Ich werde die chinesische Abneigung gegen das Alte, die ich auch schon in den Tujia-Dörfern spüren konnte, nie verstehen. Auch wenn sie durchaus logische Gründe hat. Ein Satz wie »Früher war alles besser« passt nicht zum Pragmatismus eines Volkes, dem die Kulturrevolution jeden Hang zum Sentimentalen ausgetrieben hat. Europäer denken, die Bausubstanz sei vor 100 Jahren oft wertiger und stabiler gewesen als heute. Viele Chinesen denken bei alten Häusern an katastrophale Abwassersysteme und Frieren im Winter. Wenn sie nach Europa reisen, sind sie inzwischen oft überrascht, wie unmodern alles ist.

In meinem Hotel hängen Tiger-Illustrationen in den Fluren und Chinaflaggenaufkleber an den Fenstern. Im Nebenzimmer höre ich jemanden kotzen. Bei Chinesen weiß man manchmal nicht so genau, ob sie noch spucken oder schon brechen, aber in diesem Fall lassen Lautstärke und Schwallhaftigkeit keine Zweifel zu. Wir sind auf 3900 Meter Höhe, vermutlich ist dieses Geräusch hier keine Seltenheit, auch ich spüre wieder leichte Kopfschmerzen und eine Schwere in den Gliedern, die mich jede Bewegung in halbem Tempo ausführen lässt. Zwischen den beiden Betten hängt ein Sauerstoffgerät mit Atemmaske, vor dessen Gebrauch man jedoch angewiesen ist, eine Notrufnummer zu wählen. Um kurz vor zehn klopft es an der Tür.

»Yes? *Ni hao?*«, sage ich.

Eine Frauenstimme antwortet auf Chinesisch, ich verstehe kein Wort.

Es empfiehlt sich, mit abendlichem Damenbesuch in chinesischen Hotels defensiv umzugehen. Es sei denn, man wünscht gerade eine kostenpflichtige »Massage« mit ein paar Zusatzleistungen, die aus orthopädischer Sicht nicht zwingend erforderlich sind.

Erneut höre ich die Stimme, diesmal ist der Ton drängender. Ich mache auf. Vor mir steht eine kleine Dame in tibetischem Chuba-Schafswollmantel, die eine Art blinkendes Tamagotchi in der Hand hält. Sie verlangt nach meinem Zeigefinger, den sie in dem Gerät wie in einer Klammer fixiert. Zehn Sekunden später lässt sie mich wieder frei und blickt auf das Display. Eine 88 und eine 105 stehen darauf, sie nickt zufrieden.

» Hao bu hao – alles gut?«, frage ich.

» Hao – gut«, antwortet sie und macht eine Daumen-hoch-Geste. Ich scheine den Umständen entsprechend gesund zu sein. Die 88 steht, wie ich später herausfinde, für die prozentuale Sauerstoffsättigung im Blut. Ein Wert nahe der 100 ist normal, im Hochgebirge sind aber 88 Prozent noch ziemlich in Ordnung. Und 105 ist mein aktueller Ruhepuls, weit mehr als üblich, mein Herz muss anscheinend ganz schön arbeiten, um die dünne Luft zu verkraften.

Die Dame zieht zum nächsten Zimmer weiter, und ich lege mich hin. Eine gute Sache, die Gäste medizinisch zu überwachen, denn wer ohne vorherige Akklimatisierung in dieser Höhe übernachtet, riskiert ein lebensgefährliches Lungen- oder Hirnödem. Mit einer Paracetamol gegen die Kopfschmerzen versuche ich zu schlafen.

亚丁
YADING

Einwohner: 400
Provinz: Sichuan

GOTT DER WEISHEIT, GOTT DES MITLEIDS

Ich wollte weit weg von der Zivilisation, doch der nächste Tag demonstriert mir zunächst wieder die Perfektion der chinesischen Tourismusindustrie: Ein weiterer Luxus-Shuttlebus (wieder steigt ein junger Mann in letzter Sekunde zu, derselbe wie gestern) bringt mich zum Startpunkt eines kleinen Spaziergangs über Steintreppen und Holzstege, der an einem Parkplatz endet. Dort stehen etwa 20 giftgrüne Elektro-Kleinbusse, die an Caddys erinnern. Mit ein paar anderen Touristen in nagelneuen Outdoorhosen und Turnschuhen steige ich in den vordersten, der bald mit hochtourig kreischendem Motor auf einer schmalen, aber hervorragend geteerten Straße durch das Unterholz brettert. Das Tempo ist halsbrecherisch, offensichtlich rechnet der Fahrer nicht mit Gegenverkehr. Zielhaltestelle ist die Luorong-Steppe, ein Geflecht aus begehbaren Holzstegen über einem Sumpf. Die Umgebung liegt noch im Morgennebel, nur ein paar Pferde und Hütten am Hang kann ich ausmachen.

Ich habe mir vorgenommen, sehr genau auf meinen Körper zu hören und sofort umzukehren, wenn ich mich nicht wohlfühle. Aber gerne würde ich es bis zum berühmten Milchsee schaffen, der auf 4300 Metern liegt. Laut Reiseführer sind es drei Stunden Fußmarsch bis dorthin. Über sauber geschliffene Holzplanken laufe ich los.

Bergwanderungen in China sind häufig enttäuschend, zumindest wenn man hofft, eine weitgehend unberührte Natur zu erleben. Ich habe auf vorherigen Reisen mehrere Berge bestiegen, die im Daoismus als heilig gelten, etwa den Huangshan in der Anhui-Provinz und den Huashan bei Xi'an. Beide sind fast komplett mit halbschuhtauglichen Treppenstufen zugebaut, und etwa alle 100 Meter trifft man auf einen Souvenir-, Erinnerungsfoto- oder Essensstand. Das ist Kardiotraining im Nudelsuppendunst statt Ganz-weit-draußen-Gefühl.

Doch hier bin ich schon bald auf einem Pfad ohne Holzboden und Geländer. Gelegentlich kommen mir heitere Tibeter entgegen, eine Gruppe sammelt mit Eimern und Greifzangen Müll ein. Dann klart der Himmel auf, und plötzlich ragt vor mir ein weißer Koloss in die Höhe, die Nordwand des 5959 Meter hohen Jampelyang. Ein Traumberg mit fast exakt dreieckiger Gipfelpartie, der für Buddhisten einen Gott der Weisheit verkörpert. Der US-Abenteurer Joseph Rock bezeichnete ihn 1931 als »schönsten Berg, den meine Augen je erblickt haben«, und ich verstehe ihn gut. Im von Rock inspirierten Roman »Der verlorene Horizont« befindet sich das Shangri-La-Paradies nicht weit entfernt von einem Berg mit »perfektem Schneekegel« namens Karakal. Die Beschreibung passt. Bin ich endlich dabei, doch noch das wahre Shangri-La zu entdecken?

Ein weißer Ohrfasan mit rotem Kopf und roten Füßen watschelt quer über meinen Weg und zeigt kaum Scheu, dann verschwindet er im Gestrüpp zwischen Nadelbäumen. An einer Eiche rast ein Eichhörnchen nach oben, von einem Hang blicken neugierige Blauschafe herab, abwechselnd eskortieren mich Hummeln und Schmetterlinge. Ganz schön was los in der Natur hier.

Als von Menschen gemachter Akzent wehen immer wieder Gebetsfahnen an Bäumen und Steinhaufen, besonders viele auf einem Plateau, von dem auch die anderen beiden Riesenberge zu sehen sind: Der Chana Dorje (5958 Meter) mit seinem abgeflachten weichen Schneegipfel, in dessen Flanken sich ein Gesicht zu befinden scheint, und der Chenresig (6032 Meter) mit trapezförmigen Steilwänden und einem daraus wachsenden Gipfelknubbel, der ebenfalls wie ein Kopf aussieht. Wie Bühnennebel  steigen Wolken am Fels empor, ein Gitternetz aus Schnee auf den Bergflanken ähnelt riesigen Sanskrit-Schriftzeichen. Mich überrascht nicht, dass diese Naturwunder hier als Bodhisattwas, als göttliche Wesen, verehrt werden. Am Wegesrand hängt in einem morschen Holzgestell eine einzelne zerbeulte Gebetsmühle aus Blech. Sie quietscht vernehmbar, ein Klagelaut pro Umdrehung, das passt irgendwie zu den Strapazen des Anstiegs.

Bald erreiche ich den grünblau schimmernden Milchsee. Ein Ort der Stille, umgeben von einigen der spektakulärsten Berge Chinas, steinernen Symbolen des Unvergänglichen. Die standen hier auch schon vor 100 000 Jahren und sahen damals kaum anders aus, ein beruhigender Gedanke. Außer mir sind nur vier weitere Wanderer bis hierher gekommen, die grasenden Blauschafe am Ufer sind eindeutig in der Überzahl, es müssen Hunderte sein. Ihr Name ist übrigens irreführend, sie haben braunes Fell und sind näher mit Bergziegen verwandt als mit Schafen.

Ich setze mich ans Ufer und esse ein paar Digestive-Kekse. Nur eine halbe Packung habe ich dabei und 1,5 Liter Wasser, schließlich will ich ja mittags wieder im Tal sein.

Ein junger Mann mit schwarzer Brille, Jeanshemd und Skistöcken nähert sich, ich kenne ihn schon.

»Hi, ich bin Vic«, sagt er.

»Hallo! Du bist der, der immer zu spät zu den Bussen kommt«, antworte ich, und er lacht.

»Machst du auch die ganze Kora?«, will er wissen. Er meint eine Pilger-Wanderung im Uhrzeigersinn um den Chenresig, für die man normalerweise zwei Tage braucht. 35 Kilometer über zwei Pässe, soll enorm gut fürs Karma sein.

»Ist das nicht ziemlich hoch und weit?«

»Von hier nur noch sechs Stunden. Du wirkst sehr stark und schnell.«

Chinesen und ihre voreiligen Komplimente. Schon hat er mich um den Finger gewickelt.

»Okay, bin dabei.« Vielleicht sollte ich mal einen dieser Karriere-Workshops besuchen, in denen die Teilnehmer lernen, Nein zu sagen. Andererseits kann ich ja nach einer Stunde immer noch umkehren, wenn mir die Höhe zu schaffen macht.

Wir stapfen also los. Mit jedem Schritt entfernen wir uns weiter vom Jampelyang, dem Berg der Weisheit, und nähern uns dem Chenresig, der für die Tugend des Mitleids steht. Vic kommt aus Peking, arbeitet für eine IT-Firma und verbringt seine Urlaube gerne in der Natur. Die Route zeigt ihm eine Webseite auf dem Handy an, die alle Schlüsselstellen mit Fotos präsentiert. Verlaufen sollten wir uns nicht, eigentlich müssen wir nur darauf achten, dass der heilige Berg immer rechts von uns liegt.

Nach einer anstrengenden Stunde erreichen wir den höchsten Punkt der Tour, einen Pass mit einem Riesengeflecht aus Gebetsflaggen auf 4700 Metern. Das Bergpanorama ist so atemberaubend wie die Kraxelei, ich bin erleichtert, dass es nun wieder bergab geht bis zu einem weiteren See. Ich sehe zwei Männer mit breitkrempigen Cowboyhüten, die auf allen vieren über den Boden kriechen. Auf einer der Kopfbedeckungen steht in Großbuchstaben »Made in China«, ganz so, als wäre das neuerdings cool.

Sind das besonders devote Pilger? Weit gefehlt. »Die suchen nach *Jartsa Gunbu*, dem tibetischen Raupenpilz«, erklärt Vic. »Gute Medizin. Kostet bis zu 300 Yuan pro Stück.« Der Betrag mag etwas hoch gegriffen sein, aber tatsächlich zählt *Jartsa Gunbu* zu den teuersten Naturheilmitteln der Welt. In manchen Regionen Tibets ist er der wichtigste Wirtschaftsfaktor und hat ganze Dörfer zu Wohlstand gebracht. Er entsteht, wenn bedauernswerte Schmetterlingsraupen von einem parasitären Pilz von innen aufgefressen werden, bis nur noch ihre Außenhaut übrig ist. Das Resultat soll, in heißem Wasser aufgekocht, unter anderem gut für Lunge, Nieren, Kreislauf, Herz und Cholesterinspiegel sein, gegen Krebs wirken und die Potenz erhöhen. In der Wissenschaft sind diese Wunderfähigkeiten jedoch umstritten, und sogar Chinas Gesundheitsministerium gab kürzlich eine Meldung heraus, die von Raupenpilzkonsum abriet.

»Schon mal probiert?«, frage ich Vic.

»Ja, ein paarmal«, sagt er. »Ich fühlte mich tatsächlich stärker danach.«

Vielleicht hätten wir den Sammlern gleich etwas abkaufen sollen, denn der Weg fordert uns alles ab. Die Sonne steht senkrecht am Himmel, die kargen Sträucher am Wegesrand spenden nicht den geringsten Schatten. Mir ist schwindelig, und ein Ziel ist nicht in Sicht. Vernünftig ist das nicht, nach nur ein paar Tagen vorheriger Akklimatisierung.

Ich zähle meine Schritte, immer wieder von eins bis sechs, auf Deutsch, Englisch und Chinesisch, sechs mehr gehen immer. Nach vier Stunden müssen wir wieder bergauf, ein zweiter Pass, 4670 Meter hoch. Welche Anstrengungen doch nötig sind, um in diesem 1,4-Milliarden-Menschen-Land Einsamkeit zu finden, einen Ort ohne Überwachungskameras, ohne Handyempfang, ohne Smog, ohne Menschen. Wenn ich noch klar denken könnte, würde ich realisieren, dass ich an meinem persönlichen Shangri-La angekommen bin. Doch ich muss mich auf den Weg konzentrieren, bröckliger Fels ohne Sicherheitsgeländer und Holzplanken, sechs Schritte und noch mal sechs und immer weiter, und ich muss die stärker werdenden Kopfschmerzen ignorieren und darf nicht daran denken, dass ich kaum noch Wasser und Kekse habe.

Eine Ewigkeit später lässt der mitfühlende Chenresig zwei britische Wanderer vor uns auftauchen, Paul und Rudie, die mit sonnenverbrannten Gesichtern im trockenen Gras liegen und rasten. Sie haben eine Nacht im Zelt verbracht, um die Route in zwei Etappen zu teilen, und staunen über unseren Gewaltmarsch. »An *einem* Tag? Wir haben uns schon gefragt, ob es tatsächlich Wahnsinnige gibt, die das machen.« Vor lauter Begeisterung schenken sie uns ein paar Energiegel, mit Himbeer- und Bananengeschmack und laut Etikett 290 Prozent des Tagesbedarfs an Vitamin C. Ich gönne mir zwei davon, vielleicht esse ich dafür morgen mal einen Apfel weniger.

Der Rest des Weges geht nur noch bergab und mündet bald in einen zauberhaften Wald. Der samtweiche Boden ist komplett mit braunen Tannennadeln bedeckt, als hätte jemand 1000 Ameisenhaufen plattgewalzt. Und dann sind da wieder Bodenplanken und Touristen und Schilder, die Sehenswürdigkeiten beschreiben. Diesmal freue ich mich beinahe über das Spektakel, denn wir haben es tatsächlich geschafft, in sechseinhalb Stunden vom Milchsee bis hier. Ich danke Vic, dass er mich zu dieser Irrsinnstour gebracht hat. Vor Erschöpfung denken wir gar nicht daran, WeChat-Kontakte auszutauschen, bevor wir uns verabschieden. Ich bin kein religiöser Mensch, aber heute handhabe ich das mal chinesisch-pragmatisch, man weiß ja nie: Bevor ich in den Luxusbus zurück in die Zivilisation steige, lege ich die Handflächen vor der Brust zusammen und verbeuge mich in Richtung Chenresig, wo der Berggott des Mitgefühls über unvernünftige Wanderer wacht.

Am nächsten Tag erreiche ich nach drei weiteren Stunden auf spektakulären Bergstraßen und zehn Millionen Serpentinen den höchsten Flughafen der Welt. Yading Daocheng Airport, 4411 Meter über dem Meer.

Von außen sieht die Abflughalle aus wie ein riesiges silbernes Ufo mit Schuppen auf der Außenhaut, man dachte wohl, so nah am Weltall sei das naheliegend. Ein Mann mit Rollkoffer kommt mir entgegen, der aus einem tragbaren Inhaliergerät Sauerstoff einatmet. Keine schlechte Idee, vermutlich ist er gerade aus der Provinzhauptstadt Chengdu gelandet, die 3900 Meter tiefer liegt.

Ein kleines Restaurant bietet getrocknetes Yakfleisch, Popcorn und Instantnudeln an, drei Check-in-Schalter fertigen Passagiere ab. Eine Rolltreppe mit der Aufschrift »Please don't stay« (gemeint ist wohl: Bitte nicht trödeln, aber in dieser ungesunden Höhe ist der Hinweis generell berechtigt) führt in den ersten Stock, wo Sitzbänke und WeChat-aktivierbare Massagesessel stehen. Weniger gewöhnlich ist die »Oxygen Bar«, ein einfacher Raum mit gelben Wänden, der an ein Wartezimmer beim Arzt erinnert. Vier Sauerstoffverteiler blubbern an der Wand. Hier bleibe ich eine Weile, die Atemluft fühlt sich tatsächlich weniger dünn an. Stutzig macht mich allerdings, dass es nach Zigarettenrauch riecht – ein unbegabter Innenarchitekt hat den Raucherraum direkt nebenan platziert.

Ich wundere mich, wie wenige Passagiere die Sauerstoffbar nutzen. Draußen sieht man den verkniffenen Gesichtern an, dass viele mit Kopfschmerzen zu kämpfen haben, und auch ich spüre beim Rauskommen sofort wieder Druck auf der Stirn. So hat der folgende einstündige Flug nach Chengdu etwas Erlösendes, auch wenn er in eine Megacity führt, also die Art von Ort, die ich fast zwei Wochen lang bewusst gemieden habe.

成都
CHENGDU

Einwohner: 14 Millionen
Provinz: Sichuan

KINDERGELD

Endlich wieder im Flachland. Ich atme gierig ein, was in einer chinesischen Großstadt natürlich ein Fehler ist. Schon nach wenigen Minuten wird der Hals rau vom Smog. »Ich weiß gar nicht, was du hast«, sagt Huanhai, mein 31-jähriger Gastgeber. »Im Winter ist die Luft *richtig* schlecht. Weil ringsum Berge stehen.« Er trägt ein dunkelrotes Hemd, hellrote Shorts, Ledersandalen und die Nase immer etwas zu hoch, als wolle er die Welt nicht durch seine Brille betrachten, sondern unter dem Bügel vorbeigucken. Wir treffen uns an der U-Bahn-Station Sanwayao, von dort bringt er mich zu meiner Unterkunft. Er hat eine eigene Wohnung für mich, die er normalerweise über Airbnb vermietet, und schläft selbst woanders. Läuft bei mir.

Das Apartment im achten Stock eines Hochhauses sieht aus wie aus dem Möbelhauskatalog und verfügt über Details, die mir fast alles über den Besitzer erzählen. Volle Bücherregale (intellektuell), mehrere Vasen mit frischen Blumen (Sinn für Schönes), mit Panda-Magneten befestigte Katzen-Polaroids am Kühlschrank (tierlieb), fünf in exakt gleichen Abständen ausgelegte Sofakissen (ordentlich bis penibel), edles Teeservice (nachdenklich), Designer-Badewanne in Mosaikstein-Optik (reinlich), aufreizendes Foto eines männlichen Unterhosen-Models neben der Wanduhr (schwul).

Vor einem Jahr hielt es Huanhai nicht mehr aus in dieser Wohnung, denn hier hat er mit Shen gewohnt. Zu viele Erinnerungen. Jetzt wohnt er mit Freunden in einer WG. Shen, sein Lebenspartner, zog nach Guangzhou, sie sehen sich derzeit nur noch einmal im Monat. Er hat einen besseren Job dort, als Bauingenieur, und sie brauchen bald viel Geld, weil sie von Nachwuchs träumen.

»1,5 Millionen Yuan kostet ein Kind, und wir wollen zwei, von jedem Vater eins, einen Jungen und ein Mädchen. Wir wollen *daiyun*, keine Adoption – wie sagt man das? Ach ja, wir suchen Leihmütter in den USA.« Er spricht leise, sucht oft nach den richtigen Worten auf Englisch. »In China geht das leider nicht. Aber es gibt Agenturen, die Komplettpakete anbieten. Inklusive Flüge und Papierkram.«

Er hofft, dass sie in drei Jahren genug Geld zusammenhaben, 180 000 Euro pro Kind. Sein Partner Shen hat einen Abschluss von der Tsinghua-Uni in Peking, einer der besten des Landes, darum verdient er nun viel Geld. Huanhai dagegen hat gerade seinen Job im Management einer Logistikfirma gekündigt. »Ich will noch einmal Zeit für mich haben, bevor die Kinder kommen, weil ich mich dann hauptsächlich um die Erziehung kümmern werde«, sagt er. Zurzeit liest er viele Bücher und betreut drei eigene Airbnb-Wohnungen in Chengdu. »25 bis 30 Tage Auslastung im Monat und nur Fünf-Sterne-Bewertungen, in allen Kategorien.« Er klingt sehr stolz, als er das betont.

Wir verabreden uns zu einer Radtour am nächsten Morgen, dann lässt er mich allein.

Am nächsten Morgen klingelt es an der Tür. Zunächst kommen zwei Arme herein, die mir eine Tüte mit zwei *Baozi*-Teigtaschen und eine Plastikflasche mit kaltem Erdbeermilchtee entgegenstrecken. »Frühstück«, verkündet ein fröhlicher Huanhai, nachdem er den Armen über die Schwelle gefolgt ist.

Radtour bedeutet in China natürlich: Ofo und Mobike. Nach ein paar Stationen mit der U-Bahn leiht er uns über seinen Ac-

排名排名排名排名排名排名排名排名排名排名排名排名

RANKING

DIE NIEDLICHSTEN PANDA-VIDEOS AUF BILDSCHIRMEN IN DER U-BAHN VON CHENGDU

1. Pandamutter fängt Pandababy auf, das von Baum herabklettert.

2. Zoowärter hebt Pandababy hoch, es streckt alle viere von sich.

3. Pandas balancieren Bambusstück auf dem Kopf.

4. Panda-Jungtier tapst durchs Gras.

5. Pandakind klettert in Baumgabel hoch.

count zwei Bikes mit klebrigen Griffen und einem Sattel, dessen Ausziehmarkierung bei 1,80 Meter Körpergröße endet. Die Klingel löst ein Drehschalter neben dem linken Griff aus, jeder Ofo-Anfänger macht also beim ersten Mal versehentlich ein bisschen Lärm, weil er das Ding für die Gangschaltung hält.

Huanhai fährt voraus. Auf seinem Rucksack steht »A great bag – a great me«, und irgendwie passt das zu ihm. Er wirkt in manchen Momenten so sensibel, als bräuchte er sogar von einem Gepäckstück Zuspruch.

Erster Stopp ist einer seiner Lieblingsorte in der Stadt: ein Teehaus in Bauhaus-Architektur mit zwitschernden Vögeln im Garten. Zum Heißgetränk werden marzipanartige Grüntee-Pralinen in Blumenform serviert.

Die Chinesen sagen: »Gehe nicht zu früh im Leben nach Chengdu. Weil du dort behäbig wirst.« Und tatsächlich hat man den Eindruck, die Menschen hier gingen langsamer als in Shanghai oder Peking und seien nicht ständig so in Eile. »Mir gefällt die

Stadt, weil sie liberaler ist als andere«, sagt Huanhai. »Meine Freunde hier finden es in Ordnung, dass ich schwul bin. Und dass ich meinen Job geschmissen habe. Mein Vater dagegen weiß von beidem nichts, er würde es nicht verstehen.«

Sein Vater ist 80, seine Mutter wäre jetzt 76, doch sie starb vor einigen Jahren. 76 minus 31 sind 45, Huanhai ist nicht ihr leibliches Kind. Seine tatsächlichen Eltern kennt er nicht, er weiß nicht einmal, in welcher Provinz er geboren wurde. »*Fanzi*. Wie heißt das auf Englisch? Ach ja: ›child trafficking‹. Kinderhandel.« Er sagt das so lapidar, als sei das nur eine von vielen ganz normalen Varianten, ein Zuhause zu finden. Schon eine seltsame Fügung, dass seine Adoptiveltern einst Geld für ihn zahlten und er jetzt ebenfalls gegen viel Cash an Nachwuchs kommen will. »Sie haben mich von Baby-Kidnappern gekauft damals. Weil sie selbst keine Kinder bekommen konnten. War total üblich in meinem Dorf.«

Heute drohen für solche Geschäfte harte Strafen, immer noch werden jährlich Hunderte Menschenhändler verhaftet. Huanhais Verhältnis zu seinem Ziehvater, einem Bauern in der ostchinesischen Shandong-Provinz, ist eher pragmatisch als herzlich. »Wir sehen uns nur einmal im Jahr, zum Frühlingsfest. Wir reden nicht viel miteinander, nur über Essen und Wetter. Ich weiß, dass ich ihm wichtig bin. Aber nie sprechen wir darüber, was ich eigentlich will.« Besuche im Dorf sind eine Tortur für Huanhai: Ständig kommt die Frage, wann er endlich eine Frau mitbringe. »Dann will ich sterben«, sagt er.

Bis ins 18. Jahrhundert war gleichgeschlechtliche Liebe in China kein Tabu, zumindest wenn man der Literatur aus der Zeit glauben darf. Zu Maos Zeiten dagegen wurden Schwule verfolgt und sogar hingerichtet, obwohl es vom Großen Vorsitzenden heißt, er habe sich selbst nicht ungern von jungen männlichen Bediensteten den Rücken kraulen lassen. *Quod licet Iovi* und so. Erst 2001 wurde Homosexualität in China von der Liste der Geisteskrankheiten entfernt.

Heute gibt es in Großstädten LGBT-Paraden und Gay Clubs, doch bis zu einer umfassenden gesellschaftlichen Akzeptanz ist es noch ein weiter Weg. Auf Online-Portalen finden sich Partner für eine »Lavendelehe« – sie lesbisch, er schwul –, damit in der Familie endlich Ruhe ist. Man kann sich auch eine Fake-Freundin fürs Frühlingsfest mieten, die man dann den Eltern präsentiert. »Für mich wäre das nichts, ich müsste zu viele Lügengeschichten erfinden«, sagt mein Gastgeber. »Und was würde ich machen, wenn mein Vater mich in Chengdu besuchen käme? Das ist wirklich zu kompliziert.«

Sein Partner Shen dagegen sagte seinen Eltern, dass er auf Männer steht. »Sie haben fünf Jahre lang viel geweint, aber inzwischen akzeptieren sie es. Und seit sie wissen, dass wir trotzdem Kinder haben werden, sind sie entspannter.«

Nach einem Rundgang über einen riesigen Blumenmarkt, seinem zweiten Lieblingsort in der Gegend, stellt er eine Frage, die in China nie ganz ungefährlich ist.

»Isst du alles?«

»Ja«, antworte ich.

»Auch scharf?«

Wieder ja.

Also fahren wir zu einem Restaurant, dessen Spezialität sich *ji za* nennt, scharfer Eintopf mit Huhn-Innereien. Lauter Dinge von seltsamer Form, Farbe und Konsistenz, die in einer Brühe treiben. Schmeckt gar nicht übel, das Fiasko kommt erst gegen Ende der Mahlzeit. Man könnte es mit einem Fußballspiel vergleichen, in dem der Torwart 88 Minuten lang die unfassbarsten Dinger hält, keine Unsicherheit, kein Fehlgriff. Und dann verrechnet er sich bei einem einfachen Kullerball, der durch die Beine ins Tor geht, und jede vorherige Großtat ist vergessen.

Mein Kullerball ist eine der roten Chilischoten, von denen ich vorher keine übersehen habe, alle blieben sie im Topf oder auf dem Teller und kamen dem Mund nicht mal nahe. Aber jetzt habe ich eine Sekunde nicht aufgepasst, die Katastrophe ist passiert. Ich schwitze und fange an zu weinen. »Ich glaube, das ist doch ein bisschen scharf für dich«, sagt mein fürsorglicher Begleiter.

Die nächste Etappe unserer gestrampelten »Tour de Chengdu« führt durch einen Park neben dem »Global Center«, dem flächenmäßig größten Gebäude der Welt. Es ist 100 Meter hoch und hat eine Grundfläche von 500 mal 400 Metern.

Ich war vor vier Jahren schon einmal hier, damals markierte der Bau quasi das Südende der Stadt. Jetzt ist er umgeben von weiteren, längst fertigen Hochhäusern, und Richtung Süden entstanden mal eben 16 neue Metro-Stationen. Kürzlich verkündete die lokale Regierung, ganz in den Süden umzuziehen, vermutlich einfach, um ein Zeichen zu setzen für den Wandel, da dort vor Kurzem noch Brachland war. Nächstes Jahr werden zwei neue U-Bahn-Linien eröffnet, bald will sich Chengdu für die Olympischen Sommerspiele bewerben. Chinas langsamste Metropole? Von wegen.

Huanhai hat das Gefühl, dass sich die Stadt auch gesellschaftlich verändert. »Viele in meinem Alter haben Schwule oder Lesben in ihrem Freundeskreis. Und lernen, dass wir ganz normale Menschen mit ganz normalen Problemen sind«, sagt er, als wir wieder zurück in seiner Wohnung sind. Das sei doch schon mal ein Fortschritt im Vergleich zu früher, als er keine Chance hatte, an verlässliche Informationen zum Thema zu kommen. »Als Jugendlicher im Bauerndorf habe ich ernsthaft geglaubt, der einzige Mann in ganz China zu sein, der auf Kerle steht«, sagt Huanhai.

喀什市
KASHGAR

Einwohner: 341 000
Provinz: Xinjiang

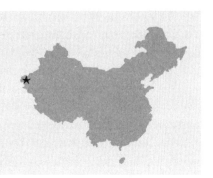

POINT ZERO

Im Flugzeug lese ich eine Art Liebesgeschichte aus der Qing-Dynastie: Als Truppen von Kaiser Qianlong im Jahr 1758 die Stadt Kashgar eroberten, nahmen sie auch eine muslimische Frau namens Iparhan mit nach Peking. Die war berühmt für ihren betörenden Duft, der ihren Körper selbst ohne Parfum umgab. In Seide gehüllt soll sie in einer Sänfte in die Hauptstadt gebracht worden sein, um des Kaisers neue Konkubine zu werden.

Was dann passierte, darüber gibt es verschiedene Versionen, je nachdem, wer die Geschichte erzählt. Han-Chinesen berichten, sie habe die tollsten Gemächer bekommen, sogar eine eigene Oase sei in der Verbotenen Stadt für sie eingerichtet und ein Dattelbaum gepflanzt worden, und schließlich sei sie dank all dem Prunk dem Kaiser verfallen. So galt sie als Symbol für die Vereinigung der Xinjiang-Provinz mit dem Rest des Reiches.

Die uigurische Version geht so: In der Verbotenen Stadt angekommen, wurde die duftende Dame fürchterlich depressiv und ihres Lebens nicht mehr froh. Während man bei Hof der Ansicht war, unmoralische Angebote von Herrschern seien die allergrößte Ehre, beurteilte sie die Lage anders. Sogar Dolche soll sie im Ärmel versteckt haben, für den Fall, dass ihr jemand etwas antun wollte. Die Mutter des Kaisers schlug schließlich vor, sie solle sich entweder ihrem Schicksal fügen oder ihrem Leben ein Ende bereiten. Sie entschied sich für den Tod, anstatt ihre Ehre zu verlieren.

Nicht erst seit dieser Episode aus dem 18. Jahrhundert ist das Verhältnis zwischen der Provinz Xinjiang und der Regierung in Peking angespannt. Die Uiguren sind ein Turkvolk mit eigener Sprache und Schrift, viele von ihnen wären gerne unabhängig von China. Das führt zu heftigen Konflikten, in den vergangenen Jahren kamen bei Anschlägen Hunderte Menschen ums Leben. Peking reagierte mit einer gnadenlosen Überwachungsoffensive und baute Umerziehungslager für alle, die als zu muslimisch auffallen. Xinjiang heißt »neue Grenze«, und nirgendwo sonst im Land kann man so gut beobachten, wohin Kontrollwahn führen kann, wenn er auf die Spitze getrieben wird.

Beginnen wir am heiligsten Ort der Provinz, am Grab der wohlriechenden Konkubine in Kashgar, und arbeiten wir uns dann ins Profane vor. Ihr Sarkophag steht im Abakh-Hoja-Mausoleum, der Gruft einer alten Herrscherfamilie, die heute eine bedeutende Pilgerstätte ist.

Wer herkommt, wird also daran erinnert, wie der chinesische Kaiser eine High-Society-Dame aus Xinjiang entführte, um sie zu seiner Edelhure zu machen. Durchdachte Diplomatie geht anders. Das Mausoleum hat einen quadratischen Grundriss, vier Türme und eine große Kuppel in der Mitte. Metallspitzen ragen in den Himmel, doch sie wirken gekappt. Falls einmal Halbmonde darauf platziert waren, wurden sie anscheinend gewaltsam entfernt. Grüne und blaue Zierkacheln umgeben die Fassade, einige von ihnen fehlen. Dem Gebäude sieht man sein Alter an, endlich mal kein polierter Nachbau, endlich mal Vergangenheit, die echt ist. Ein bisschen Tausendundeine Nacht, ein bisschen Seidenstraßen-Romantik. Sogar die obligatorischen Kränze aus Hightech-Kameras hängen an morsch wirkenden Holzpfählen.

Im Innenraum sind in eine Steinempore etwa 25 Sarkophage eingelassen. Die Namen darauf klingen fremdländisch: Shah Bikem Pasha, Apakhhan Azem Pasha, Turdi Hojam, Borhandin

Hojam. Kashgar ist Chinas westlichste Stadt, die Entfernung zu Tashkent, Kabul oder Islamabad ist erheblich geringer als die zu Peking oder Shanghai.

Das mit »Iparhan« markierte Grab befindet sich, kaum sichtbar, ganz hinten rechts in der dritten Reihe und ist mit einem orangefarbenen Seidentuch bedeckt, an dem eine rote Blume befestigt wurde. Ob sich darin tatsächlich die Überreste der »wohlriechenden Konkubine« befinden, ist umstritten. Der Legende zufolge sollen sie in einer ehrenvollen Prozession, die drei Jahre lang quer durchs Land zog, zurückgebracht worden sein. Historiker nehmen jedoch an, dass sie schlicht in Peking beerdigt wurde.

Auch Jahrhunderte nach Iparhans Tod ist Xinjiang eine Region, über die unterschiedliche Geschichten kursieren, je nachdem, mit wem man spricht. Allerdings ist es in Xinjiang kaum möglich, die Uiguren selbst zu fragen. Jeder Kontakt mit Ausländern wird registriert und macht verdächtig. Die Angst, in eines der Umerziehungslager gesteckt zu werden, zwingt die Menschen zu äußerster Vorsicht.

Ich komme also mit geringen Erwartungen, was offene Gespräche angeht. Ich werde bei niemandem zu Hause wohnen und niemanden dazu drängen, mit mir zu sprechen. Außerdem habe ich vorsichtshalber die Apps von Facebook und Twitter gelöscht, weil hier manchmal kontrolliert wird, was man so auf seinem Handy hat.

Im Taxi vom Mausoleum in die Innenstadt hängt unter dem Rückspiegel ein kleiner Monitor, von dem zunächst pathetische Chor- und Streichermusik zu hören ist, während im Wind eine chinesische Fahne weht. Dann beginnt das Video eines Sprachkurses, einfach mitgefilmt im Klassenraum. Eine Lehrerin steht an einer Tafel, die erwachsenen Schüler sprechen im Chor ihre Sätze nach: »*Zhe shi wo de pengyou, renshi ni wo hen gaoxing* – das ist mein Freund, ich freue mich sehr, dich kennenzulernen«. Der Fahrer lernt das vermutlich nicht, weil er gerne möchte. Sondern aus Angst, wegen mangelnder Sprachkenntnisse ins Lager zu kommen.

In der Altstadt treffe ich Mei Li in einem Kebab-Restaurant. »Altstadt« ist ein wenig irreführend, weil alles neu gemacht wurde. Dreistöckige Betonhäuser reihen sich aneinander, ihre Fassaden wurden sandfarben verputzt, um den orientalischen Look alter Lehmbauten zu imitieren. Auch die zahlreichen Polizeistationen befinden sich in traditionell aussehenden Gebäuden. Mehrere Moscheetüren sind mit schweren Vorhängeschlössern verriegelt, viele Gotteshäuser wurden geschlossen. Dafür hängen an mehreren Wänden Ziertafeln mit Zitaten aus dem »Kutadgu Bilig«, einer Sammlung von Sinnsprüchen eines Weisen

aus Kashgar aus dem 11. Jahrhundert. Sie sind so ausgewählt, dass sie wie chinesische Propaganda klingen, meist geht es darum, auf dem richtigen Weg zu bleiben und böse Menschen zu meiden. Wer in die Altstadt will, muss Checkpoints passieren, Uiguren müssen dabei ihre Pässe zeigen.

Mei Li habe ich über Couchsurfing kontaktiert, sie ist 26 und Han-Chinesin, aber in Xinjiang geboren und aufgewachsen. Zwischendurch hat sie ein Jahr in Shanghai verbracht, zum Studium, aber dann rief nach und nach die halbe Verwandtschaft an, sie solle endlich nach Hause kommen. Sie fügte sich dem familiären Druck und arbeitet nun als Grundschullehrerin. Wenn sie über Uiguren redet, klingt es so, als spräche sie über ungezogene Kinder, vielleicht liegt es an ihrem Beruf.

»Die sind stur. Machen immer Ärger. Und es ist schwer, mit ihnen zu kommunizieren.«

»Warum das?«

»Keine Bildung. Die meisten hören nach der Mittelschule auf. Sie machen dann die einfachen Jobs, Straßenfeger, Busfahrer oder Security. Weil sie nicht gerne lernen.«

»Keine Uiguren unter deinen Kollegen an der Schule?«

»Doch. Mit einer war ich sogar im Malaysia-Urlaub. Als wir zurückkamen, wurde sie von der Polizei verhört. Die wollten sie ins Lager stecken. Aber als sie sagte, sie arbeite als Lehrerin, wurde sie verschont. Ihren Onkel haben sie allerdings festgenommen, nur weil er vor ein paar Jahren in Saudi-Arabien war, in diesem großen Tempel für Muslime.«

»Du meinst Mekka?«

»Ja, genau, in Mekka.«

Es braucht nicht viel, um als verdächtig zu gelten in Xinjiang. Menschen wurden festgenommen, nur weil ihre Wohnzimmeruhr nicht die Pekinger Uhrzeit anzeigte, sondern zwei Stunden früher, die inoffizielle Xinjiang-Zeit.

»Sie checken alle Handys. Wenn du mit jemandem über muslimische Glaubensfragen sprichst oder eine Gebetszeiten-App verwendest, kommst du ins Lager.«

»Und wie lange bleiben die Leute normalerweise dort?«

»Das weiß niemand. Viele Monate. Nur wer einen Test besteht, darf raus.«

»Was für einen Test?«

»Weiß ich nicht. Niemand weiß es.«

»Bist du auch vorsichtig, wenn du dein Handy benutzt?«

»Wenn meine Freunde aus Shanghai anrufen, erzähle ich nie Negatives über die Situation hier. ›Alles ist gut‹, schreibe ich immer. Sie wissen nicht, was wirklich in Xinjiang passiert.«

Dann berichtet sie von einem neuen Regierungsprojekt, das unter dem Motto »Vereint als eine Familie« Besuche von Han-Chinesen bei Uiguren arrangiert. Zwangs-Couchsurfen, sozusagen, für fünf bis sieben Tage, häufig sind die Gäste Parteikader.

»Die Han sollen dabei ein bisschen aufpassen, was die Uiguren so machen. Die Regierung nennt uns Verwandte. Aber wenn du mit den Gastgebern nicht zurechtkommst, kannst du die Polizei anrufen, und die bringt sie ins Lager.«

Was für eine Perversion der Idee von kulturellem Austausch und Gastfreundschaft: Staatlich angeordnet kommen Propagandisten und potenzielle Denunzianten ins eigene Haus, da haben die Leute bestimmt eine Superzeit zusammen.

Ein älterer Einheimischer mit Dopa-Kappe und verboten langem Bart (»unnormale Bärte« sind in Xinjiang illegal, genauso wie Kopftücher für Frauen) schlendert an unserem Tisch vorbei und fragt Mei Li, woher ich komme. »Ah, Deutscher! Faschist!«, ruft er aus. Dann läuft er weiter.

Meine Gesprächspartnerin fühlt sich in ihren Ansichten bestätigt. »Siehst du? Die wissen nichts. Am besten redet man überhaupt nicht mit ihnen.«

»Eben hast du noch gesagt, du warst mit einer uigurischen Kollegin im Malaysia-Urlaub.«

Mei Li lacht. »Das ist doch was anderes. Die ist super.«

In einer Zweierreihe marschieren 16 komplett schwarz gekleidete Polizisten in schwerer Montur durch die Fußgängerzone. Abendpatrouille zwischen Granatapfelsaftverkäufern und Fleischspießgrills. Alle tragen Helme und Schutzschilde, einige haben Maschinengewehre.

Heute ist der 4. Juni, Jahrestag des Tian'anmen-Massakers, und als ein Mädchen auf einem roten Dreirad auf die Patrouille zufährt, muss ich an das berühmteste Foto von damals denken: das Bild von einem Studenten, der sich allein den Panzern entgegenstellt. Hier kreiert der Zufall eine Art Hommage, einen Moment zwischen dem Kind im Blumenkleid und den beiden Bewaffneten in der vordersten Reihe. Für eine Sekunde stehen sie einander direkt gegenüber, und die Gruppe bremst ein bisschen ab. Dann fährt das Kind langsam vorbei, mit erhobenem Kopf und ohne den Blick von den schwarzen Männern abzuwenden. Als wollte es sich die Gesichter einprägen. Keinen Meter sind die schweren Militärstiefel vom Dreirad entfernt, so nah traut sich sonst niemand heran. Wird sich das Mädchen später an diesen Tag erinnern, oder sind solche Begegnungen schlicht Alltag in einer Stadt, die sich wie ein Kriegsgebiet anfühlt?

In anderen Gesichtern ringsum sehe ich Angst, natürlich guckt man hin, in die ernsten Gesichter der jungen Polizisten, manche haben Han-chinesische, manche uigurische Züge. Gezielt werden Einheimische angeworben für Sicherheitskräfte, weil man hofft, damit weniger wie eine Besatzungsmacht auszusehen. Und weil man damit gleichzeitig junge Menschen hin zum Patriotismus und weg von der Religion führen kann. »Ein Sohn beim Militär bedeutet Wohlstand für die ganze Familie«, steht auf Rekrutierungsplakaten an der Hauptstraße.

Als die Patrouille an einem Checkpoint anhält, um in alle vier Richtungen zu sichern, entsteht noch einmal eine interessante Konstellation. Direkt vor ihnen steht ein Blechschild, auf dem die Polizei als Freund und Helfer dargestellt wird, mit einer lächelnden Wachtmeister-Comicfigur als Illustration. Die düstere Realität direkt daneben verwandelt das Bild in eine Karikatur.

Kashgar ist eine Hochsicherheitszone, mit Metalldetektoren vor jedem Restaurant, Einkaufszentrum oder Hotel, mit Polizeistationen und Polizeifahrzeugen an jeder Ecke, mit einer riesigen Mao-Skulptur im Zentrum und mit Chinaflaggen über fast jedem Hauseingang – wer keine aufhängt, kriegt Ärger. Ist das eine Belagerung oder eine Verteidigung gegen Terroristen? Oder irgendwie eine Mischung aus beidem? In jedem Fall offenbart das Vorgehen in Xinjiang, zu welcher Erbarmungslosigkeit Chinas Überwachungssystem schon heute fähig ist. Die Uiguren haben keine Wahl – entweder sie geben ihre eigene Kultur auf, oder sie kriegen fürchterlich Ärger mit der Staatsgewalt.

Horror und Schönheit liegen häufig nah beieinander, und das gilt ganz besonders für Xinjiang. Zum ersten und einzigen Mal auf dieser Reise buche ich eine Gruppentour, zwei Tage Karakorum-Highway mit Übernachtung in Tashkurgan, nicht weit von der Grenze zu Pakistan. Außer mir sitzen in dem Kleinbus ein Paar aus den USA, das in Chengdu arbeitet, drei Chinesinnen und ein weiterer Deutscher. Der Fahrer stammt aus der Hunan-Provinz, er kam vor Jahren als Soldat hierher, hat aber dann umgesattelt auf einen weniger gefährlichen Job im Tourismus.

排名排名排名排名排名排名排名排名排名排名排名排名

FÜNF WEITERE REISETIPPS DES AUTORS

1. Kunst-Bezirk Dafen, Shenzhen
   Hier bekommt man perfekt nachgemalte Van Goghs und Mona Lisas für kleines Geld. Oder ein Öl-Porträt schon ab 25 Euro.

2. Klettersteig am Huashan
   In der Nähe von Xi'an können Wagemutige auf einem Klettersteig mit morschen Holzplanken testen, ob sie Angst vor Höhe haben.

3. Chinesische Mauer bei Chenjiapu
   Ein nicht restaurierter Teil der Großen Mauer, nur 90 Minuten von Peking entfernt. Hinkommen ist nicht ganz einfach, Informationen dazu liefert ein Homestay-Betreiber auf *greatwallfresh.com*.

4. Tagong
   Tibetischer Ort in der Sichuan-Provinz, mit wunderbaren Wandermöglichkeiten zu Tempeln in der Steppe.

5. Huaxi
   Chinas reichstes Dorf befindet sich 120 Kilometer westlich von Shanghai. Wer skurrile Orte mag, sollte mal zwei Nächte im zentralen Luxushotel verbringen, das sich in einem 328 Meter hohen Wolkenkratzer befindet. Mitten im Dorf.

An einem Checkpoint am Stadtrand werden wir zurückgeschickt: Die Regeln seien jüngst geändert worden, Ausländer müssen sich nun an einer anderen Ausfahrt registrieren. Dort werden wir in ein Gebäude mit acht parallelen Sicherheitsschleusen beordert. Wir müssen unsere Ausweise auf ein Lesegerät legen, dann den Daumen auf einen Fingerabdrucksensor legen und gleichzeitig in eine Kamera gucken. Mit chinesischen ID-Karten funktioniert das, aber bei meinem Reisepass versagt die Technik, obwohl ich es mehrfach versuche. Also scannt an einem Schalter ein schwer bewaffneter Mitarbeiter die Dokumente per Hand, fragt nach unseren Berufen und was wir vorhaben. Ich verschweige meinen Journalistenjob und sage, ich sei Lehrer, was nicht komplett gelogen ist, nachdem ich an so vielen Schulen gewesen bin. Wir dürfen passieren.

Eine halbe Stunde später kommt ein weiterer Checkpoint, wieder funktioniert die Technik nicht, es folgt die gleiche Prozedur am Schalter. Neben mir wird eine Uigurin erheblich gründlicher gefilzt, ein Beamter hat ein Kabel an ihr Handy angeschlossen und checkt vermutlich ihre Apps, Chats und Kontakte. Würden sie mein iPhone durchsuchen, fänden sie die App der *New York Times*, Wikipedia, VPN-Programme sowie iranische und türkische Kontakte. Wäre ich Uigure, ich wäre morgen im Lager. Ein Scheißgefühl, die Frau da sitzen zu sehen und für einen Moment froh zu sein, dass ich kein Uigure bin.

Mit der Zeit werden die Berge höher, manche Felsen schimmern rötlich im Sonnenlicht, und die Ortschaften werden kleiner. Am Straßenrand sehen wir nacheinander Yaks, Schafe und Kamele, und plötzlich taucht aus dem Nebel der Schneegipfel des 7700 Meter hohen Kongur auf, des höchsten Berges des Pamir-Gebirges. Wir selbst sind auf etwa 3000 Metern, ich kann die Höhe kaum glauben, der Gipfel über den Steilflanken wirkt erheblich näher und täuscht die Sinne, vermutlich aus perspektivischen Gründen, weil wir uns zu nah davor befinden. Aber ganz erklärbar ist das Phänomen nicht, nach vielen Reisen in verschiedene Gebirge der Welt hätte ich diesen Riesen erheblich kleiner eingeschätzt, und meinen Mitreisenden geht es ähnlich.

Wie weit kann ich meiner Wahrnehmung trauen? Inwieweit ergibt meine Reise ein gutes Abbild des heutigen China? Wie viele Aspekte habe ich ausgelassen, welche Begegnung offenbarte eine tiefere Wahrheit, welches Urteil kann ich mir nun erlauben? Natürlich waren die Menschen, die ich getroffen habe, kein Querschnitt der Gesellschaft: Über Couchsurfing komme ich weder an die Reichsten noch an die Ärmsten heran, sondern meist an Mittelständler, die weltoffen sind und überdurchschnittlich gastfreundlich. Doch wie viel mehr verbirgt sich hinter dem, was man in ein paar Monaten herausfinden kann! Trotz vieler zurückgelegter Kilometer in Zügen und Flugzeugen bleibt das Gefühl, nur ein paar kleine Schlaglichter geworfen zu haben. Aber ein Bild ist entstanden, etwas Sichtbares wie dieser Riesenberg vor mir, wenn auch vielleicht die Dimensionen nicht immer stimmen. Eigentlich bräuchte man eher drei Jahre als drei Monate für eine umfassende China-Reise. Aber dann wären am Ende viele Erkenntnisse aus den ersten beiden Jahren nicht mehr aktuell, weil sich alles so schnell ändert.

Wir biegen in die nächste Kurve, und schon ist der Gipfel für den Rest des Tages nicht mehr zu sehen. Dafür füllt vor uns nun der wuchtige Muztagh Ata den ganzen Horizont aus, ein weiterer Gigant von 7509 Metern. Sein Gipfelplateau ist so flach und breit, dass es schwerfällt, mit bloßem Auge den höchsten Punkt auszumachen. Seitlich frisst sich eine riesige Furche in den Berg, als sei er vor vielen Jahrtausenden auseinandergebrochen.

Direkt unterhalb liegt der Karakolsee, wo der Fahrer eine kurze Pause einlegt. Militärs bauen am Ufer gerade ein paar Zelte auf und bedeuten uns, keine Fotos zu machen, aber was stehen die auch im Weg vor diesem fantastischen Panorama. Weniger abweisend sind die Souvenirhändler, die aus ihren Jurten Jadeschmuck, weiße Filzhüte und Fencheltee anbieten. Wir kaufen nichts und fahren weiter.

Noch grandioser wird es am »Tagharma Viewing Deck«, einer Aussichtsplattform, die diesen Namen wirklich verdient: Ein Fluss schlängelt sich durch grüne Steppe, ein paar Yaks grasen am Ufer, und am Horizont ragen raubtierzahnartig Bergzacken auf, abweisend und gefährlich und wunderschön.

Eigentlich könnten wir nun an jeder Biegung anhalten, die Landschaft ist einfach zu spektakulär. An einigen Stellen können

wir Ruinen von alten Forts und Mausoleen ausmachen. Ich fühle mich winzig in diesem rauen Gegenentwurf zur Bambushain- und Pagoden-Idylle alter chinesischer Landschaftsmalerei. Endlich mal winzig.

Wir übernachten in Tashkurgan, einem staubigen Außenposten, dessen Name auf Tadschikisch »Steinstadt« bedeutet. Von hier sind es noch 130 Kilometer bis zur Grenze zu Pakistan, und im Südwesten können wir schon fast nach Tadschikistan und Afghanistan rübergucken. »K2« heißt das gemütliche Hostel, denn auch zum zweithöchsten Berg der Erde ist es nicht mehr weit.

Preisfrage: Wie viele der 14 Achttausender liegen teilweise auf chinesischem Staatsgebiet? Es sind neun, mehr als in jedem anderen Land. Seltsam eigentlich, dass man China so selten mit hohen Bergen assoziiert. Aber es gibt nun einmal andere Themen, die geografische Superlative aus der Wahrnehmung verdrängen. Am nächsten Tag fahren wir zurück in die triste Realität des »racial profiling«, der Checkpoints und Umerziehungslager.

Was ist bekannt über das Großprojekt, das aus mutmaßlich gefährlichen Muslimen regierungstreue Chinesen machen soll? Ich erinnere mich noch an ein Gespräch mit einem Universitätsprofessor in Peking vor einigen Jahren, der sagte: »China ist nicht so dumm, Islamgläubige schlecht zu behandeln, schließlich machen wir auf der ganzen Welt Geschäfte mit muslimischen Staaten. Wie sähe das denn aus?«

Lange leugnete die Regierung, Umerziehungslager in Xinjiang zu betreiben. Doch gleichzeitig suchte sie per Anzeige nach Arbeitern, um Lager zu bauen, und Aufsehern, die Erfahrung mit dem Dienst in Gefängnissen hatten. Und dann sickerten nach und nach Augenzeugenberichte nach draußen, aus denen sich ein immer klareres Bild ergab. Etwa eine Million der zehn Millionen Uiguren sollen bereits interniert sein, nach Informationen der UN sind es sogar deutlich mehr. Nachdem Satellitenaufnahmen ziemlich eindeutige Beweise lieferten, gab China endlich zu, tatsächlich »Erziehungslager« zu betreiben, in denen Uiguren eine »kostenlose Berufsausbildung« erhielten.

Seit 2016 ist in Xinjiang ein Mann namens Chen Quanguo Provinzgouverneur, der vorher jahrelang in Tibet für Ordnung gesorgt hat. Ein gnadenloser Hardliner mit enormer Expertise darin, wie man einen Polizeistaat aufzieht, genau der Richtige also für die 2014 proklamierte »Strike Hard Campaign Against Violent Terrorism«. Und er brachte Dinge in Gang, wie Wirtschaftsdaten belegen: Im Jahr 2017 stiegen die Ausgaben für Sicherheitstechnologie in Xinjiang um fast 100 Prozent im Vergleich zum Vorjahr – auf 58 Milliarden Yuan, 7,3 Milliarden Euro.

Ein Bericht von Human Rights Watch kam zu dem Ergebnis, in Xinjiang fänden Menschenrechtsverletzungen von einem Ausmaß statt, wie man sie seit der Kulturrevolution nicht mehr gesehen habe. Stark eingeschränkt sind demnach Meinungsfreiheit, Recht auf Privatsphäre, Religionsfreiheit und die Möglichkeit, ein faires juristisches Verfahren zu erhalten. In den Lagern kam es zu ungeklärten Todesfällen und Selbstmordversuchen, die Menschen müssen sich einem Zwangsunterricht aus Staatsbürgerkunde und Sprachunterricht unterwerfen und Lieder singen, in denen sie Xi Jinping ein 10 000 Jahre langes Leben wünschen. Und sie müssen Regeln lernen, Regeln für Uiguren in Xinjiang: Man sagt *Ni hao* und nicht *Salam Aleikum*, in der Öffentlichkeit wird nicht Uigurisch gesprochen, die Partei muss unterstützt werden.

Ein bisschen erinnert mich das an Yangwei, den jungen Autohändler in Foshan und seine »Regeln für Verkäufer«. Nur mit dem Unterschied, dass es hier bitterer Ernst ist. Wer nicht vernünftig lernt, wird mit Schlägen bestraft und muss länger im Lager bleiben. Die *New York Times* kam zu dem Urteil, Xinjiang sei zu einem Polizeistaat geworden, der Nordkorea ähnele, mit einer Art formalisiertem Rassismus, der an Südafrikas Apartheid erinnere. (Letzteres ist nicht ganz präzise, da im Fall von Xinjiang auch viele Uiguren für den Sicherheitsapparat arbeiten.)

In dem Bericht von Human Rights Watch steht ein bezeichnender Satz: »Chinas globaler Einfluss hat weitgehend verhindert, dass es zu öffentlicher Kritik kam.« Das Land kann sich erheblich mehr erlauben als noch vor zehn Jahren, und die Grenzen werden immer weiter ausgetestet.

乌鲁木齐市
ÜRÜMQI

Einwohner: 3,5 Millionen
Provinz: Xinjiang

STUDIEREN GEHEN

Wie ständige Überwachung in der Praxis aussieht, damit kennt sich Alim aus, der in der Provinzhauptstadt Ürümqi wohnt. Zum einen, weil er selbst Uigure ist. Und zum anderen, weil er für die Regierung arbeitet, in der Abteilung »soziale Sicherheit«, die Bürger daraufhin überprüft, ob sie potenziell eine Gefahr für die öffentliche Ordnung darstellen. Hier wird entschieden, wer zum *qu xuexi* verdonnert wird, zum »Studieren gehen« im Umerziehungslager. Alim ist nicht sein richtiger Name, ich werde weder sein Aussehen beschreiben noch erzählen, wie ich ihn kennengelernt habe. Er geht ein großes Risiko ein, indem er sich mit mir trifft. Über seine Beweggründe dafür bin ich mir nicht ganz im Klaren, denn er sieht zwar viele Entwicklungen kritisch, ist jedoch kein Dissident. Unser Gespräch würde auf einen Beobachter von außen wie ein Plausch unter Freunden wirken, doch ich glaube, wir sind beide ein bisschen misstrauisch.

Bei Kardamom-Tee, Gurkensalat und Apfeltabak-Wasserpfeife sitzen wir in einer Art Separee in einem Restaurant, dessen opulentes Teppich- und Edelholz-Interieur man eher in Bagdad oder Beirut verorten würde als in China. Ab und zu kommt ein Kellner und tauscht die Kohlestücke aus, ansonsten scheinen wir keine weiteren Zuhörer zu haben. Ich berichte zunächst ein bisschen von meiner Reise, er spricht von den Schwierigkeiten, in Xinjiang ein Unternehmen zu gründen. Dann lenke ich das Gespräch auf seinen Job und die Frage, wie er und seine Kollegen auswählen, wer ins Lager muss.

»Die Regierung kann nicht in die Köpfe hineinschauen, aber es gibt bestimmte rote Linien. Wenn du die berührst oder überquerst, dann müssen sie dich ins Camp schicken, nur um sicherzugehen.«

»Die Regierung geht dabei aber ein bisschen zu gründlich vor.«

»Das stimmt leider. Die Mama einer Freundin kam ins Lager, nur weil sie ein paarmal ihre Tochter besucht hat, die in der Türkei lebt.«

»Obwohl die Tochter nachweislich dort war?«

»Spielt keine Rolle, das ist ein muslimisches Land. Wenn du auf ausländischen Webseiten nach Informationen suchst, kommst du ins Lager. Wenn du Facebook oder Twitter benutzt, kommst du ins Lager. Und auch, wenn du Drogen nimmst oder deine Steuern nicht bezahlst. Das gilt nur für Uiguren, versteht sich.«

Alim hat eine kräftige Stimme, die Autorität und Stolz und manchmal Verbitterung ausstrahlt. Mir kommt der Verdacht, dass er unter anderem deshalb mit mir redet, weil er sich von niemandem auf der Welt vorschreiben lassen will, mit wem er sich treffen darf und mit wem nicht.

»Dürfen die Lagerinsassen Kontakt zu ihrer Familie haben?«

»Niemand darf dich dort besuchen. Aber gerade wurden die Regeln ein bisschen gelockert: Neuerdings ist ein Telefongespräch pro Monat mit der Familie erlaubt. Gestern hatte ich die Abendschicht und musste betroffene Angehörige besuchen.«

»Das muss ein unangenehmer Job sein.«

»Am liebsten würde ich morgen kündigen, es ist so traurig. Die Leute weinen die ganze Zeit. Ich sage ihnen dann, es wird schon wieder in Ordnung kommen. Aber natürlich weiß ich nicht, ob das stimmt.«

Er nimmt einen tiefen Zug vom Apfeltabak, atmet dichten Rauch aus und hustet. Was für ein absurder Job. Aber solange er für das System arbeitet, kann er sich selbst sicherer fühlen. Zugleich gelten für Regierungsmitarbeiter noch strengere Regeln, was Religionsausübung angeht, als für Normalbürger. Er könnte gefeuert werden, wenn er sich nur ein einziges Mal in einer Moschee blicken ließe.

»Wie begründest du das harte Durchgreifen der Regierung gegenüber den Familien?«

»Es muss doch vorangehen. Sicherheit und Stabilität sind wichtig, und die ›One Belt, One Road‹-Handelsstrecke führt durch Xinjiang. Da darf es keinen Terrorismus geben.«

»Wie viele Uiguren sind in den Lagern?«

»40.«

»40?«

»40 Prozent. Du kannst dir nicht vorstellen, wie viele Lager es gibt.«

Alim nennt eine ungeheuerliche Zahl, das wären etwa vier Millionen Menschen, erheblich mehr als in den Schätzungen der UN oder von Human Rights Watch. Hat er bessere Informationen? Oder nennt er nur eine Zielgröße? Man findet zwar in verschiedenen Quellen die Angabe, dass 40 Prozent die angestrebte Quote ist, was aber nicht heißt, dass sie auch erreicht wird.

Ich frage ihn, wie er, der doch selbst Uigure ist, sich dabei fühlt, so eine Arbeit zu verrichten.

»Ich stehe irgendwie dazwischen. Ich würde mich auf keine Seite schlagen, weder auf die der Uiguren noch die der Regierung. Es gab ein Problem mit Extremismus, dagegen müssen wir etwas tun. Und wir waren nie unabhängig als Staat. Wir gehören nun einmal zu China und sollten uns damit abfinden.«

Doch genau das fällt vielen schwer, zumal die Uiguren seit vielen Jahrzehnten das Gefühl haben, durch Massenzuwanderung von Han-Chinesen wirtschaftlich und kulturell an den Rand gedrängt zu werden. 2009 kam es in einer Spielzeugfabrik in der Guangdong-Provinz zu einer Massenschlägerei zwischen Uiguren und Han-Chinesen, dabei starben mindestens zwei Uiguren.

Daraufhin wurde in Ürümqi eine Demonstration geplant. Laut Alim heizte ein Video, das in sozialen Netzwerken die Runde machte, die Stimmung weiter an. Zu sehen ist ein Mord: Ein orientalisch aussehendes Mädchen tanzt auf der Straße, ein Mann steigt aus einem Auto und attackiert sie, wirft mit Steinen nach ihr, bis sie tot liegen bleibt. Wie ein Virus verbreitete sich das Video, als angeblicher Beleg dafür, wie Han-Chinesen mit Uiguren umgehen. Dabei hatte es, so schrecklich die Tat war, nichts mit China zu tun. In Wirklichkeit war die Aufnahme schon ein paar Jahre alt und stammte aus Usbekistan. Aber welche Macht haben noch Fakten, wenn einmal der Hass in den Köpfen ist. »Ich war verblüfft: Selbst wirklich intelligente Freunde von mir, Leute mit Uni-Abschluss, hinterfragten nicht, was wirklich zu sehen war. Sie wurden sehr wütend auf Han-Chinesen.«

Die Staatsmacht schickte das Militär zur Demonstration am 5. Juli 2009. Es kam zu heftigen Zusammenstößen, und ein Mob zog durch die Straßen, der mit Stöcken und Messern Jagd auf Han-Chinesen machte. Am Abend waren mehr als 190 Menschen tot. Weitere Anschläge folgten, unter anderem in Kunming 2014, als uigurische Angreifer 31 Menschen erstachen. Natürlich musste darauf eine staatliche Gegenreaktion kommen. Doch nun ist die Terrorabwehr zu einem Vorwand geworden für eine ethnische Zwangs-Assimilierung. Alim sagt, dass die Situation aus dem Ruder läuft, seit Hardliner Chen Quanguo in Xinjiang an der Macht ist.

»Der ist komplett wahnsinnig. Ernsthaft, ich habe so einen Hass auf den. Menschen sind ihm egal, er sagt, okay, wenn die kämpfen wollen, lasst uns kämpfen. Er war es, der entschieden hat, die Lager einzurichten. Und es gibt ein paar lokale Gouverneure, die ihre Macht ausnutzen, in Kashgar und Hotan zum Beispiel. Sie schicken einfach jeden zum ›Studieren‹, den sie nicht mögen. Die Menschen haben unglaubliche Angst.«

Wenn ich mein Hotel in der Innenstadt betrete, piepst jedes Mal eine Sicherheitsschleuse. Wegen Kamera, Handy und Portemonnaie. Der müde Wachmann winkt mich trotzdem zum Aufzug durch. Ich muss keine ID-Karte auf das Lesegerät legen, das dann auf einem iPad-großen Bildschirm alle wichtigen Informationen zur Person anzeigt. Weil ich einen ausländischen Pass habe, mit dem das nicht geht, und weil ich nicht uigurisch aussehe. Neben dem Polizisten lehnt ein schwarzer »Riot Police«-Schutzschild mit Sichtfenster aus Panzerglas an der Wand. Diese Schilde sehe ich in Xinjiang überall, Symbole einer Provinz in ständiger Alarmbereitschaft.

Und überall blinken rotblau die Polizeilichter. An keinem Punkt auf den Straßen der Innenstadt kann man sich einmal um die eigene Achse drehen, ohne mindestens eine Polizeistation zu sehen oder ein Polizeifahrzeug mit verdunkelten Scheiben, das quer zum Bürgersteig parkt. Eine Wache alle 100 Meter, so lautet die Regel fürs Stadtzentrum.

Bei einem Rundgang werde ich zweimal überprüft. Zunächst will ein höflicher Polizist am Wegesrand meinen Pass sehen. Weniger freundlich werde ich angegangen, als ich in der Nähe des großen Basars mit dem Handy die große Moschee fotografiere. Ein junger Uniformierter versperrt mir den Weg, ein zweiter steigt aus einem Wagen und fragt mich: »What's the problem?« Genau das frage ich mich auch, dann setzt er einen Funkspruch ab. Beide haben große Maschinengewehre umgeschnallt. Ein dritter Beamter kommt hinzu, er scheint der Vorgesetzte zu sein.

»Delete«, sagt er. »No photos of the mosque.«

»Why not?«, frage ich.

»Bazar photo okay, mosque not«, sagt er nur.

Nachdem ich das Bild vor seinen Augen gelöscht und erneut meinen Pass gezeigt habe, darf ich weiter.

Auf dem Weg zum Basarvorplatz muss ich wieder an Metalldetektoren vorbei, die Marke heißt Guard Spirit, auf einem davon steht der Satz »Please accept inspection consciously«. Mit störrischer Routine lassen die Einheimischen die Checks über sich ergehen. Dann stehe ich in einem Innenhof mit Turm und Backsteingebäuden, alles blitzblank renoviert. Gerade findet eine Tanzvorführung in traditionellen Kostümen statt, dazu musizieren drei Trommler und ein Trompeter auf einem Dach, direkt unter einer riesigen Chinaflagge.

Touristen bilden einen Kreis um die anmutigen Tänzer in ihren farbenfrohen Brokatkleidern, machen Fotos, einige wippen im Rhythmus mit. Später schlendern sie durch die schier endlosen Gänge des Basars, bewundern Kleidung, Köstlichkeiten und Kunsthandwerk, es riecht nach Patschuli, Gewürznelken und Leder. Ein bisschen heile Multikulti-Welt an einem sonnigen Tag, mitten im Herzen von Ürümqi. Auch Dolche sind hier im Angebot, nur dürfen Uiguren keine kaufen, obwohl es zu ihrer Tradition gehört, dass junge Männer zum 18. Geburtstag von ihrem Vater einen Zierdolch bekommen. Heute wird sogar registriert, wie viele Küchenmesser eine uigurische Familie besitzt.

Ich nehme ein Taxi zum Hongshan-Park. Der ist sehr grün, sehr familienfreundlich und gesichert wie ein Gefängnis. »Roter Berg« bedeutet sein Name, weil er sich auf einem rötlichen Riesenfelsbrocken befindet, der einst sehr schroff wirkte, dann aber in den 1950er-Jahren von der Kommunistischen Partei und vielen freiwilligen Helfern begrünt wurde, um weniger abweisend auszusehen. Heute machen Zäune mit Bandstacheldraht und streng bewachte Eingangsschleusen den Effekt wieder zunichte.

Drinnen höre ich beruhigende Bambusflötenmusik, direkt neben den Lautsprechern hängen Sicherheitskameras der neuesten Generation. Ein Schild informiert darüber, dass der Park seit 2006 vom »Komitee zur Evaluation von Touristenattraktionen« zur Nationalen Touristenattraktion der Kategorie AAAA erklärt wurde, das ist die zweithöchste Stufe. Zwischen Ulmen und Ahornbäumen hängen über einem Weg Tausende bunte Plastikpropeller, farblich sortiert, die sich im Wind drehen. Ein Food-

Künstler stellt Lollis aus hellbraunem Zuckerguss in Form von Tierkreiszeichen her, Drache und Pferd sind teurer als Ratte oder Hund. Am Eingang einer Geisterbahn-Attraktion steht eine Gruselfigur mit Schweinekopf in einer Art Seidenbademantel. Den höchsten Punkt des Parks markiert eine schmucke rote Pagode, das Wahrzeichen von Ürümqi, umgeben von obligatorischen Warnschildern: »The garbage does not fall to the ground, the red mountain is more beautiful« und »Cherish your life no crossing«.

Nichts in dem Park mitten in der Xinjiang-Provinz erinnert auch nur im Geringsten an uigurische Traditionen. Wäre da nicht die ungewöhnlich hohe Polizeipräsenz, könnte sich der Hongshan genauso gut in jeder anderen chinesischen Stadt befinden.

Ich setze mich auf eine Holzbank neben einem kleinen künstlichen Teich, der etwa so groß ist wie ein Tennisplatz und weniger als einen halben Meter tief. In der Mitte steht der Nachbau einer alten Wassermühle. Ein konzentriert blickender Junge mit Undercut-Frisur, sechs oder sieben Jahre alt, zieht in einem futuristisch aussehenden Plastikboot seine Kreise im Wasser. Statt Rudern hat es zwei Schaufelräder an den Seiten, die er mit Handkurbeln bedient. Er hat nicht viele Möglichkeiten, er kann entweder im Uhrzeigersinn um die Mühle fahren oder andersherum, in jedem Fall geht es immer im Kreis.

Am Ufer steht die Großmutter des Jungen, beobachtet ihn und ruft ihm zu, er solle rechts herumfahren und vorsichtig sein, um nirgendwo anzustoßen. Dann guckt sie auf ihr Handy, vielleicht tippt sie ein paar WeChat-Nachrichten, vielleicht stöbert sie nach Klamotten auf Taobao, vielleicht checkt sie ihre aktuelle Punktzahl bei Sesame Credit. Der Junge merkt, dass ihn nun niemand mehr beobachtet. Er hört auf zu kurbeln und lässt sich einfach treiben.

DANK

Ohne die Hilfe vieler lieber Menschen wäre dieses Buch nicht entstanden, fünf von fünf möglichen Dankbarkeitspunkten bekommen deshalb Joanna Szczepanska, Stefen Chow, Nora Reinhardt, Anastasiya Izhak, Haifen Nan, Lillian Zhang, Hallie Guo, Janine Borse, Tonia Sorrentino, Gilda Sahebi, Andreas Lorenz, Stefan Schultz, Antje Blinda, Anja Tiedge, Verena Töpper, Ruth Fend, Felicitas von Lovenberg, Bettina Feldweg, Verena Pritschow, Ulrike Ostermeyer, Petra Eggers, Christoph Rehage, Kai Strittmatter, Sébastien Lorandel, die seriöse Schreibgruppe, Luisa und Giorgio in Schilpario, Valentina in Bianzone, Traudl & Uli und meine Eltern.

Außerdem ein Riesen-*xiexie* an sämtliche Couchsurfing-Gastgeber, die mich so herzlich aufgenommen haben, sowie an Binbin aus Guangzhou, Jelena aus Fenghuang, Kurt aus Zhangjiajie, Fire aus Peking, Owen aus Peking, Yane aus Tianjin, Jiannan und Tomas aus Dalian, Taylor aus Qingdao, Him aus Xining, Yung-Chung aus Shanghai, Sunma aus Shenzhen und Gus aus Hongkong.

»Ein wunderbares Buch.«

Süddeutsche Zeitung

Stephan Orth

Couchsurfing im Iran

Meine Reise hinter verschlossene Türen

Piper Taschenbuch, 256 Seiten
€ 10,00 [D], € 10,30 [A]*
ISBN 978-3-492-31083-3

Es ist offiziell verboten. Trotzdem reist Stephan Orth als Couchsurfer kreuz und quer durch den Iran, schläft auf Dutzenden von Perserteppichen, erlebt irrwitzige Abenteuer – und lernt dabei ein Land kennen, das so gar nicht zum Bild des Schurkenstaates passt. Denn die Iraner sind nicht nur Weltmeister in Sachen Gastfreundschaft, sondern auch darin, den Mullahs ein Schnippchen zu schlagen.

Ein mitreißend erzähltes Buch über die kleinen Freiheiten und großen Sehnsüchte der Iraner.

Leseproben, E-Books und mehr unter www.piper.de

Ein wilder Streifzug durch ein Land, das auf der Suche nach sich selbst ist

Hier reinlesen!

Stephan Orth
Couchsurfing in Russland
Wie ich fast zum Putin-Versteher wurde

Malik, 256 Seiten
€ 16,99 [D], € 17,50 [A]*
ISBN 978-3-89029-475-9

Oligarchen und Kartoffelbauern, Kalaschnikows und eingemachte Gurken – Stephan Orth begibt sich auf die Suche nach dem wahren Russland. Er fährt von Moskau über Wolgograd bis Grosny im Süden, von Jekaterinburg über den Baikalsee nach Wladiwostok im Osten. Dabei stößt er nicht nur auf Putin-Anhänger, Waffennarren und wodkabeseelte Machos, sondern auch auf viel Herzlichkeit, unentdeckte Attraktionen und großartige Landschaften. Mitreißend erzählt Stephan Orth von haarsträubenden Abenteuern und überraschenden Begegnungen.

Leseproben, E-Books und mehr unter www.malik.de

MALIK

Selfies, Sissi, Souvenirs – mit einer chinesischen Reisegruppe durch Europa

Hier reinlesen!

Christoph Rehage

Neuschweinstein – Mit zwölf Chinesen durch Europa

Malik, 272 Seiten
€ 15,00 [D], € 15,50 [A]*
ISBN 978-3-89029-435-3

Immer mehr Chinesen zieht es in den Ferien nach Europa. Christoph Rehage hat sich einer dieser Reisegruppen angeschlossen, um herauszufinden, was die Asiaten wirklich über uns und unsere Heimat denken. Der Vorteil: Er spricht fließend Mandarin und kann so die Erfahrungen der Gruppe intensiv miterleben. In seinem klugen und zugleich amüsanten Buch erklärt Christoph Rehage nicht nur die Faszination von Kuckucksuhren und deutschem Babymilchpulver, sondern ermöglicht interessante Einblicke in eine uns fremde Kultur.

Leseproben, E-Books und mehr unter www.malik.de

MALIK

Was bedeutet Chinas Griff nach der Macht für uns?

Kai Strittmatter
Die Neuerfindung der Diktatur
Wie China den digitalen
Überwachungsstaat aufbaut und
uns damit herausfordert

Piper, 288 Seiten
€ 22,00 [D], € 22,70 [A]*
ISBN 978-3-492-05895-7

China ist längst einer der Motoren der Weltwirtschaft. Innenpolitisch stets autoritär, außenpolitisch zurückhaltend. Doch unter Xi Jinping marschiert China nun selbstbewusst in die Welt, gleichzeitig gewährt sich sein System ein Update mit den Instrumenten des 21. Jahrhunderts: Big Data und künstliche Intelligenz machen aus dem Land den perfektesten Überwachungsstaat, den die Erde je gesehen hat. Kai Strittmatter beschreibt die Mechanismen der Diktatur und zeigt, was diese Entwicklung für uns bedeutet.

Leseproben, E-Books und mehr unter www.piper.de